感谢"南昌大学社会科学学术著作出版资助项目"（项目批准号：NCU2017P015）的资助

南昌大学社会学文库

石油产业发展的
组织社会学分析

梁 波 著

Analysis on the Development
of Oil Industry in the Perspective of Organizational Sociology

社会科学文献出版社
SOCIAL SCIENCES ACADEMIC PRESS (CHINA)

目　录

第一章 导 论

一 中国石油产业的转型之问

由美国次贷危机所引发的全球性的金融危机使人们逐渐清醒地意识到，当世界各国的经济体系、大众文化、生活方式等逐步嵌入复杂而宏大的全球化过程时，我们不得不真实而严肃地接受"风险"的全球化。金融危机之所以能够在非常短的时间里迅速地传导并产生全球性影响，一个重要的原因就是当今世界各国的经济已变得越来越相互依赖。从历史的眼光来看，这种全球化的趋势对于现代国家来说又是不可避免的时代潮流。经济全球化对每个国家而言是机遇，也是挑战。在全球经济体系中，不同国家面临的市场机遇、发展机会是有差别的，因而各个国家之间实际上存在着激烈的发展竞争。

如何体现一个国家在发展上的竞争能力与竞争优势？理论与经验表明，一个国家关键性的经济产业的发展是其重要的指标。对于中国这样一个新兴的经济体而言，作为世界上最大的发展中国家，其关键性经济产业的发展水平从根本上决定了其在全球经济体系中的位置。也就是说，理解中国经济的发展，一项重要的内容就是要理解中国国内关键性产业的发展。改革开放以来，随着我国从传统的计划经济体制向现代市场经济体制转型，中国经济的关键性产业也经历了巨大的变化与发展。包括石油、电力、煤炭、钢铁、化工、汽车、通信等在内的重要国有产业在很长的一段时间里成为新中国经济发展成就的代表，为我国的社会主义经济建设做出了巨大贡献。值得注意的是，随着20世纪70年代末80年代初市场化改革的启动，这些在国家经济体系中占据着重要地位的产业为适应新的社会、市场、制度环境，实现自身的持续发展，保持和提升其经营效益、竞争能力与符号优势，相应地实现了在发展模式、战略等方面的转变。其中，由于石油产业特有的经济重要性与战略重要性，其发展尤其受到国家的重视。

中国石油产业经历了从新中国成立后的几次大规模的石油会战，到产业体系相对完善的构建，到20世纪80年代末实现石油供应的自给自足，并向外出口石油。然而，在1988年至2008年的21年时间里，中国石油产业的发展经历了巨大而复杂的变迁。这种变迁可以被称为中国石油产业发展范式的转变（以1998年为发展阶段中间点），即从一种所谓的"封闭-行政化"范式发展为所谓的"开放-市场化"范式。这种变化具体表现为：（1）定价机制从"政府行政定价"到"与市场接轨的定价"；（2）组织形式从"国家行政式企业"到"现代公司制"；（3）市场参与从"政府主导"下的局部有限竞争到"有主导的多元市场竞争"；（4）外部合作战略从"吸引合作"（"引进来"）到"海外扩展"（"走出去"）。

换言之，经过这一巨大的产业发展范式的转型，中国石油产业开始逐步摆脱原有的政企不分的组织形式与管理体制，通过一系列大规模的重组改制，发展出具有现代公司治理结构的产业组织模式；同时，随着改革开放以来由政府自上而下所主导并推动的市场化改革的演进，以及20世纪90年代后期以来全球化进程的加快，中国的石油产业逐步实现了在定价机制、市场准入或竞争方面的市场化改革。同时，在实现产业自身发展能力积累的基础上，中国石油产业积极与国外石油市场、石油产业接轨。通过一系列积极有效的外部合作，石油产业内实现了资本、技术、知识的有效配置与运作。中国石油产业的发展是在市场化、全球化两种主导性的社会进程中实现的，它对中国经济与社会的发展产生了深刻的影响，并构成了中国经济市场化、全球化发展的生动缩影。

那么，如何从理论上理解并阐释20世纪80年代末90年代初以来，中国石油产业发展范式的转变是本研究所要探讨的主要问题。也就是说，中国石油产业巨大的范式转型，从社会学的视域来看，具有哪些深刻的结构性原因，其变迁的根源或动力来源是什么？作为一种组织与制度现象，中国石油产业的范式转型背后深层的复杂影响机制是什么？这构成了本研究重点分析与着力洞察的核心内容。从本质上讲，本研究尝试以中国石油产业发展范式的变迁为例，来讨论经济产业组织与制度变迁的动力来源。

二 市场、制度与网络：产业分析的经典视角

作为一种经济与社会现象，经济产业的发展及其变迁长期以来就是经济学，特别是新古典的产业经济学、制度经济学及社会学、管理学、公共政策等学科研究的重要内容与核心领域。这些学科的研究者从不同的理论视角出发，对经济产业及其发展变迁从不同侧重点进行了研究，并形成了一系列比较经典的理论争论，积累了大量的研究成果，也已经成为世界各国在推动经济增长、促进产业发展、提升经济与产业全球竞争力等方面实施特定的产业发展政策的重要理论依据（Doron，1979；刘易斯，2002；Neumann，1990；Lall，1995）。

关于经济产业的发展及其变迁，从现有的理论研究来看，主要形成了三个重要的理论解释视角，即从新古典经济产业理论发展而来的市场主义[①]的解释视角、经济社会学中以历史制度学派和组织制度学派为代表的制度主义的产业解释视角，以及以网络与社会资本等新兴产业理论为代表的网络主义的解释视角。这三种产业理论解释视角分别强调了不同因素或机制对产业发展及其变迁的主导性解释。换言之，在这三种理论视角下，特定产业的发展及其变迁，是在诸如市场机制、政府及其制度建构、社会网络与社会资本等核心因素的作用下实现的。一国或一个地区在产业发展的特定模式、产业变迁路径、产业选择与发展效果上的差异，都可以归结为这些因素在起决定性作用。

（一）效率、竞争与市场结构：市场主义的解释视角

以新古典产业经济学为代表的产业理论之所以是一种"市场主义"的产业理论视角，主要是因为这种视角下的产业理论解释以自由主义经济观

———

① 关于市场主义与网络主义的界定，主要是为论述的需要为与制度主义相区别而采用的概念。

的主要观点，如市场规律、自由市场、自由竞争、效率或利润最大化等为基本要义，将经济增长与产业的发展理解为在自由市场机制的引导与作用下，实现要素与资源最优化配置的结果。只要坚持产业发展的市场自由开放与完全竞争，就能最终实现经济效用的最大化或者说最优绩效（Lall，2004；斯蒂格勒，1989）。按照亚当·斯密的经典论述就是要充分运用市场这个"无形之手"来实现对产业发展的引导（高国顺，2004）。

市场主义的产业理论把市场机制作为产业发展的动力来源，在特定意义上，这种产业理论认为一个国家或地区特定产业市场的形成、产业规模、产业竞争力的培育以及产业选择、产业政策等，都要建立在自由竞争的市场规律基础上，遵循市场的导向原则，这样才能有效克服产业发展的外部性，降低产业发展的交易成本，实现产业发展的结构性均衡。按照经济学的投入–产出函数，市场主义的产业理论把产业的形成与发展看成各种生产要素的有效集合。在这种理论视角下，市场能够有效地配置货币资本、土地、劳动力、技术等各种生产要素（肖兴志、张嫚，2007；史忠良，2007）。产业的发展与竞争力就是这种投入–产出函数下的必然产物。例如，爱德华·丹尼森就曾提出，经济或产业增长主要决定于五大要素的投入，如劳动在数量上的增加和质量上的提高、资本（包括土地）在数量上的增加、劳动力配置的改善、规模的节约、知识的进展及其在生产中的运用等（王秋石，1997：752）。因此，产业的特定模式的形成及演变也就是在市场机制作用下，（金融）资本、人力资本、产业技术等各种要素组合关系变化的结果。因而，要促进特定产业的形成与发展，提升产业竞争力，唯一可行的途径就是充分发挥市场机制的作用，在特定的产业环境条件下，合理地组合与利用相关生产要素，实现各种资源的优化配置，以获得产业发展的最优绩效（李桂华，2005；郭京福，2004）。

市场主义视角的产业研究理论，在突出强调市场机制的决定性意义的理论立场下，逐步形成了体现该理论视角特色的研究主题或研究的重点领域，主要包括：（1）经济产业行为与市场；（2）经济产业绩效与市场；（3）产业结构与市场；（4）产业规制与市场；（5）产业发展周期与演化。这些研究领域又主要围绕着产业发展的绩效、竞争与组织结构等核心内容展开。换句话说，在市场机制的作用下，特定产业的发展及其变迁，本质上就是关于经济产业发展过程中的经济行为（主要是指产业内、产业外的各种企业的经济行为）、产业竞争（包括产业竞争力、比较优势、竞争优势、特定产业内各个市场参与者之间的竞争行为、政府利用产业政策所实施的规制等）、产业结构及组织形式的演变等方面的具体互动与变迁（徐传谌、谢地，2007；周耀东，2000；Winter et al.，2003）。

关于经济产业行为[①]与市场，市场主义视角的产业理论首先预设产业内的（包括生产商、原料提供商、中间商等）不同经济行动者，其行为决策都建立在行动者的经济理性基础上。对于产业内的经济互动、经济行动环境，各个行动者都拥有充分的信息与完全的理性，在追逐利润最大化或效用最大化的目标指引下，它们展开互动，进行沟通与交易（柴盈、何自力，2006）。市场上的价格信息、供求关系决定了产业内不同行动者的经济行为，如投资行为、采购行为、交易行为等。企业或生产商、投资者都是根据市场的供需状况，理性地决定其经济行为与经济决策（王国成，2009；王秋石，1997）。在这种完全理性的预设下，经济行动者的个体理性行为能够带来（集体的）产业层面的均衡与效用最优化。只要充分尊重自由市场的交易规则，就能够有效地避免产业发展过程中的经济机会主义，克服经济行为的外部性问题（盛洪，1995；Henderson，1997）。马克思在描述自由市场资本主义的发展时就认为，只要是有巨大经济收益的行业或产业，在设定的风险、收益等条件下，企业或个体的经济行动者都会冒险进入。因此，在市场主义的解释视角下，产业内的经济行为都应该遵循市场规律，每个经济行动者的行为都是追求利润与效用最大化的行为，而且在特定的产业或市场中，在特定的时点，存在着各个经济行动、经济目标间的相对均衡，这种均衡是市场作用的自然之物（王仲君，2002）。

关于产业绩效与市场，市场主义视角的理论阐释除了假设产业内的相关行动者都是基于各自的经济理性追求利润与效用最大化之外，它还假设某个产业发展的绩效是包括资本、技术、人力资源在内的各种要素优化组

[①] 经济产业行为可以从宏观与微观的两个层面来理解，例如宏观层面的产业的整合与分解、集体化的产业联盟等现象，微观层面如产业内的经济主体（一般包括投资商、供应商、生产商、中间商、企业等）的资金运作行为（包括投资与筹资行为）、产业的进入与退出、竞争行为等。集体层面的产业经济行为可以理解为产业内个体化的经济行为的综合。

合的结果。在市场规律（如价格与供需）引导机制的作用下，产业发展能够自然而然地实现最优绩效。在这种解释视角下，产业的发展一般被当作"投入－产出"函数的结果。同样，它还认为，任何特定产业的发展都包含着一个绩效最优化的规模效应，即在产业的投入初期，随着各种要素的投入，产业的利润率或报酬率会递增，边际成本会递减；而当要素投入达到一定的比例、产品生产达到一定的规模时，产业的报酬率又会进入一个临界点，继续加大投入不会带来收益的无限增加，而是边际收益实现递减。因此，每个产业的发展都有特定的规模值（曼昆，2001）。至于在产业发展的现实情境中，为什么有些产业会繁荣起来，发展绩效良好，而有些产业则被淘汰，市场主义的解释认为，正是一些非市场的因素，如政府干预等破坏了市场机制作用的发挥，影响了产业发展的自我调整、适应（德姆塞茨，1999；勒布，1999），并最终阻碍了产业绩效的产生与提高。市场主义的产业理论强调应该维护自由市场的运行，推动产业发展中市场机制的有效释放与功能的充分发挥。

产业发展的生命周期与演变同样也是市场主义视角的产业理论所关注的重要内容。在这种理论视角下，研究者将产业的发展与生物学意义上的生命周期进行类比。在对具体产业的经验观察中，研究者指出，产业的发展也存在着生命周期的问题，即一个产业的发展通常要经历所谓的"开发期、成长期、成熟期、衰退期"等主要阶段（李靖华、郭耀煌，2001）。尽管并不是所有的产业都会经历完全相同的生命周期，但影响产业生命周期的因素，主要还是技术进步、技术替代、需求进化、产业比较优势的丧失等（史忠良，2007）。换句话说，基于市场机制的供需状况，作为市场核心要素的生产要素（如技术进步）、要素禀赋等决定了产业生命周期的变化。其中，关于技术与产业变迁的关系研究则是产业演化理论的核心命题或内容。以温特（Sidney G. Winter）、多西（Giovanni Dosi）和尼尔森（Richard R. Nelson）等经济学家为代表的产业演化理论认为，产业随着时间流动而发生的变动，或者说在特定的时点，产业为什么呈现特定的形态是产业演化理论要加以解释的问题。通过建构出特定的产业分析演化模型，这些研究者发现，技术要素（技术的进步）与产业发展（产业结构）之间以一种复杂的方式相互影响，存在着一种共同演化的关系（Nelson，

1995；Dosi & Nelson，1994）。同样，市场主义视角的产业演化理论坚持认为，在市场机制的作用下，依照经济理性组合起来的各经济行动者，通过它们理性化的经济行动，能够实现产业演化的路径优化，达到均衡的理性预期。这些整体产业层面的理性与均衡都是衍生于个体行动者最优化理性动机的集合，也就是说产业演化的动机是多个个体理性动机的结合（Winter et al.，2003）。

在产业竞争研究方面，市场主义视角的理论解释一方面重点分析了不同国家或地区，在产业战略、主导产业选择上的基本机制，即关于产业竞争优势的分析，另一方面突出强调了作为市场机制的自由竞争在解释产业发展上的决定性意义，并结合产业结构或产业构成、产业政策等，集中阐述了竞争与垄断间的关系及其在产业发展与演化方面的重要性。

关于产业竞争优势的分析研究，在市场主义的理论视角下，一个产业在产业生态网络中能够占据竞争优势，一个国家或地区在发展有优势的主导性产业时，都必须对该产业在发展及演变过程中所具有的独特优势展开分析。大卫·李嘉图在亚当·斯密"绝对优势"理论的基础上提出的产业分工理论指出，各个国家或地区在生产条件、产品生产成本等方面的不同，决定了它在某个产业上具有不同的比较优势。按照最优化的国际分工原则，每个国家都应该发展其具有比较优势的产业（林毅夫、李永军，2003）。在此基础上，20世纪初，瑞典经济学家奥林（Bertil Ohlin）和赫克谢尔（E. Hechscher）提出国家之间在资源禀赋上的差异是产生比较优势的原因。而美国经济学家雷蒙德·弗农（Raymand Vernon）则进一步提出了动态比较优势的理论，他认为，生产要素及其动态的变化才是产生比较优势的根本原因（贾若祥、刘毅，2003）。可见，产业比较优势的获得，是建立在资本、劳动力成本、原材料等生产要素、技术条件等市场要素基础上的。这些要素在自由市场机制的流动与配置则是实现产业比较优势的前提条件。

从现有的产业经济学研究来看，关于自由竞争的市场机制的研究是市场主义视角的产业解释最为重要的内容。产业发展及变迁过程中的自由竞争机制不是一个单独存在的因素，它通常还与产业的市场垄断、产业规制、产业结构等方面紧密相连。在市场主义视角的产业理论中，关于这些因素及其相互互动关系的分析主要体现在经典的"产业组织理论"研究中。根据沃德曼（Don E. Waldman）与简森（Elizabeth J. Jensen）的概括，产业组织理论主要关注产业内的组织目标、产业集中度、产业内的进入与退出、寡头垄断、产业规制等方面的内容（Waldman & Jensen，2007）。

产业组织理论作为一种理论体系产生于20世纪30年代，而其起源可以追溯到马歇尔（A. Marshall）的新古典经济学理论。其后斯拉法（P. Sraffa）、张伯伦（Z. H. Chamberlin）与琼·罗宾逊（J. Robinson）的垄断竞争理论以及克拉克（J. M. Clark）的有效竞争理论等都对产业组织理论的形成与发展起到了重要的推动作用（卫志民，2002）。产业组织理论以特定的产业内部的市场结构、市场行为和市场绩效及其内在联系为研究对象，试图揭示产业组织活动的内在规律（牛晓帆，2004）。产业组织理论的形成是以20世纪30年代的哈佛大学为中心，以梅森（Mason）和贝恩（Bain）等为主要代表人物。这就是理论界著名的哈佛学派。他们所建立的理论被称为"SCP"范式（卫志民，2002）。SCP范式的基本分析框架是：市场结构－市场行为－市场绩效－公共政策。其核心是产业的"集中度－利润率"假说。该理论认为，集中的市场结构必然导致削弱竞争的市场行为，从而产生超额利润，破坏资源的配置。哈佛学派的产业组织理论将产业内企业间的竞争与垄断关系作为分析对象，并提出市场结构与市场行为、市场绩效之间存在着因果关系，即市场结构决定产业内的企业行为，而企业行为又决定着市场运行的绩效。在公共政策上，它们积极主张政府采取企业分割、禁止兼并等直接作用于市场结构的公共政策，以恢复和维护市场自由竞争的秩序。因此，这种产业组织理论又被归为结构主义学派（程玉春、夏志强，2003）。

到了20世纪60年代，哈佛大学的SCP分析范式开始成为经济理论界讨论批评的对象，其中最有影响的批判者以来自芝加哥大学的经济学家如施蒂格勒、德姆塞茨和波斯纳（R. Posner）为主要代表。在对SCP范式进行理论批判的过程中，芝加哥学派得以诞生，并最终挑战和取代了哈佛学派的位置（周耀东，2002）。与SCP范式强调从结构到行为再到绩效的单向因果机制不同，芝加哥学派提出，结构、行为和绩效之间应该是双向因果的关系。在威廉·鲍莫尔（William J. Baumol）看来，这种双向因果论是对传统的 SCP 范式产业组织理论的"反抗"（Uprising）（Baumol，1982）。这一学派的学者认为，在产业发展过程中，市场绩效具有决定性作用，不同的企业效率会形成不同的市场结构。正是由于一些企业在激烈的市场竞争中能取得更高的生产效率，它们才能获得高额利润，进而促进企业规模的扩大和市场集中度的提高，形成以大企业和高集中度为特征的市场结构。他们同时认为，高集中度市场中的大企业必然具有高效率，而产生这种高效率的原因主要在于大规模生产的经济性、先进的技术和生产设备、更好的产品质量和完善的企业组织和管理等因素（夏大慰，1999）。在产业规制上，芝加哥学派同样也坚持市场主义的自由放任原则，并认为，只要市场绩效良好，即使市场结构是垄断或寡占的，政府也没有必要进行干预。政府干预有可能不会取得预期效果，相反还不利于市场绩效的提高。芝加哥学派号召政府应该放松规制，减少干预市场，以利于市场的自由竞争，通过市场机制来促进资源的合理配置，进而提高产业生产的效率（徐传谌、谢地，2007：155）。

此后，产业组织理论还涌现出了新奥地利学派、可竞争市场理论、博弈论、交易费用与产权理论、合同理论等，这都推动了产业组织理论的进一步发展（周耀东，2002；肖兴志、张嫚，2007）。尽管新产业组织理论在具体的观点、研究方法上与经典的产业组织理论有所不同，但它们都继承了新古典经济学的基本框架，强调自由市场机制对产业发展与变迁的根本性作用。

（二）国家、制度与产业政策：制度主义的解释视角

作为对新古典经济学以及自由主义治理传统的"反动"，新经济社会学中以历史制度主义和组织制度学派为代表的制度主义解释视角也充分显示了其对产业发展与变迁的独特解释力。

与市场主义的解释视角不同，这种制度主义的解释视角更加突出政府、国家制度建构、特定的产业政策等非市场要素或非市场机制对产业发展的决定性意义。其中，政府产业政策的解释充分突出了政府作为市场主体在一国特定产业发展中的关键性作用。换句话说，具有充分理性的政府通过其制定的特定产业政策和制度建构，选择和主导了产业发展的范式与

演进方向，进而影响了某一产业的市场效率。政府归根结底是决定产业发展的根本力量。政府通过实施积极的产业政策（包括产业鼓励政策、产业税收政策、产业投资政策、技术专利保护政策、关税政策等）来培育产业迅速发展的环境，引导产业朝向政府产业政策设定的目标发展演进。同时，政府也可以动员各种社会资源，利用非市场的产业治理机制等方式提升产业优势，促进产业升级与转换（高柏，2008b；道宾，2008b；道宾，2008a；Campell，1998；Kraemer & Dedrick，2001）。

制度主义视角的产业理论认为，政府是一国或地区产业发展的主导力量。通过积极地干预市场运行，政府能够有效地弥补市场失灵的不足。政府的产业引导、干预行为同样也能够实现较好的产业绩效。在制度主义者眼中，国家或政府是一个具有相当理性与认知能力的自由行动者（高柏，2008b）。所以，在一国的产业发展与变迁过程中，政府具有不可替代的作用。根据一般的观点，政府在产业与经济发展过程中，其积极角色的扮演大致有：提供基础设施与公共服务，保障健康有序的市场秩序，保证公平竞争的市场条件，制定与产业发展相关的政策与制度，推动产业的竞争力提升与产业升级，实施积极的产业治理等（胡乐明，2001；王梦奎，2001）。

制度主义视角的产业理论把国家的角色放在关键位置，并认为国家建设与市场建设是一个互动的、不可分割的过程。高柏教授曾比较具体地概括了制度主义视角下，尤其是组织制度学派视角下的政府功能与角色。他指出，技术进步和竞争使得市场经常处于不稳定的状态，企业面临的重要任务就是要维持它在市场中与竞争对象、供应商以及雇员之间的关系稳定。西方资本主义国家市场体系与产业发展的实践经验表明，每当产业与市场受到外部条件的干扰，处在波动期的时候，交易的各方最终都会将企业推向国家。现代资本主义体系的建立需要通过政府或国家制定产权结构、治理结构、交换规则和控制理念来实现。在对国家本质的理解上，制度主义尤其是组织制度学派把国家看成由一系列政策领域构成的场域。在这个场域中，代表不同利益的群体互动。因此，在这个层面上，市场建设离不开国家的建设。国家在创造市场稳定性的过程中，允许企业使用各种治理机制去处理竞争和冲突，或者直接干预市场行为以达到稳定的目的。借用坎贝尔和林德伯格的观点，对于历史制度主义而言，国家可以通过直接或间接地影响治理机制的选择来构架经济。在资本主义经济里，经济与产业治理模式直接受经济行动主体的策略行为与权力分配的影响。无论是国家的行动，还是国家制度的形式，都可以制约经济行动主体的策略行为与权力。国家既可以影响选择正式或非正式的组织来治理经济与产业，也可以影响双边和多变的交换形式。国家既可以影响经济活动中资源和信息的生产与配置，又可以通过操纵产权来约束经济行动主体的行为（高柏，2008b）。

换句话说，在制度主义的解释视角下，政府具有强大的产业与经济治理的功能，这种作用在资本主义发展的特定阶段也成为各国、各地区采用的主要经济治理方式（Tuan & Ng，1995；Lall，1995；Jones，1999）。在具体的产业治理上，制度主义认为政府的制度建构、产业制度环境建设以及产业政策是影响产业发展的重要因素。其中，政府的制度建构是一个非常综合的系统，它包括直接的产业与经济制度的建构，如产权制度、税收制度、财政制度、补贴制度等，也包括间接的产业发展环境的制度建构，如劳动用工制度、社会福利与保障制度等。同样，政府所实施的特定产业政策也包含了多方面的内容。一般而言，为了提升和保障本国、本地区某一产业的主导竞争优势，政府会利用诸如市场准入、许可证制度、贸易补贴、税收减免等产业政策直接干预和影响产业的发展，为产业发展提供强大的制度性动力。

大量的经验研究表明，政府通过制度建构、制定和实施干预性的产业政策来推动特定产业的发展，都取得了良好效果。肯尼斯·克雷莫与杰森·德雷克在关于中国计算机产业的研究中指出，中国计算机产业在20世纪90年代飞速发展的根本性原因是中国政府的产业与科技政策。中国的计算机产业政策在20世纪80年代早期发生了重大转变，从以获得自主科技为目标的孤立主义的发展路径转向了现实主义的路径——以市场换技术，借以打造具有国际竞争力的计算机产业。这种新的路径明显地借鉴了亚太经济体中如日本、韩国、中国台湾与新加坡的产业发展经验。在具体的产业政策上，从20世纪80年代中期起，政府就关注推动PC机、计算机外围设备与软件的生产，主要政策措施是允许外资公司进入中国的计算机市场，也鼓励本土PC机厂商的发展。此外，中国还在一系列项目上进行了大规模的投资，旨在建立良好的信息基础设施，推动计算机的应用（Krae-mer & Dedrick，2001）。这些都为中国计算机产业发展提供了良好的制度环境与政策条件。同样，约翰·亨弗里关于全球化条件下巴西与印度汽车产业发展的研究也充分突出了政府及其产业政策的根本性作用。他的研究指出，20 世纪 90 年代，由于全球贸易自由化与全球性汽车生产商的大规模投资，包括巴西与印度在内的新兴市场的汽车产业实现了巨大转型，而这种投资所产生的效应在根本上又受到了政府支持性产业政策的影响（Hum-phrey，2003）。

关于政府的产业政策，曼弗雷德·纽曼比较了两种不同的关于产业政策的理论观点，即建构主义（constructivsitic approach）的产业理论与自然演化（evolutionary approach）的产业理论。他充分赞同建构主义的观点，并认为产业政策是一个综合的概念，政府有义务促进社会经济福利的增长。因此，它应该设计出一条促进产业发展与经济增长的路径，建立起提升经济福利的产业结构。他强调指出，关于产业竞争的产业政策就是其中的一种方式。建构主义产业观点的基础预设是，鼓励和保护竞争的产业政策是一种能够使得资源最优配置的手段。因为规模经济与范围经济、外部经济、额外风险等都会妨碍如市场均衡的最优解决方案的达成，市场的失灵必须由政府的干预来加以纠正。在产业发展与经济增长中，政府扮演着重要的角色。首先，它能够为企业与消费者的个体经济行为提供一个规则与支持的框架；它需要提供包括各种有形与无形资本在内的基础结构，例如道路、桥梁等；它需要支持教育的发展和研究活动；它还要促进外部经济、法律规则、一个稳定的货币系统以及社会政策等，并以此来提升应对各种变化的能力。其次，市场不可能完美，特别是当自然垄断出现或者外部性形成时，政府可以通过政府行为以及设定一套规则等来替代私人经济行动，当然，前提是政府机构及其代理者的行动能够产生出比市场机制更好的效果（Neumann，1990）。

如何认识和理解国家、制度与产业政策对特定产业的发展及变迁的影响，制度主义视角的产业理论重视文化观念、意义系统、社会认知等主观性因素的作用。在一定程度上，制度与产业政策的良性实施，取决于社会大众、政府、企业等不同的经济行动主体对政府制定的产业政策背后理念的认知。根据约翰·坎贝尔的观点，历史制度主义认为，基础性规范结构（underlying normative structures）限制了政策观念的作用；而组织制度学派则认为这种限制性的因素主要是基础性的认知（underlying cognitive），因而，组织制度学派的一些学者主张通过认知框架来阐释观念是如何影响政策制定与国家建构的（Campell，1998）。弗兰克·道宾（Frank Dobbin）也认为，以国家政治文化形式表现出来的观念决定了产业政策对产业发展的影响。关于文化，他认为主要包括共享的关于现实的概念、制度化的意义系统以及集体认识等，正是这些文化因素指导了一国或地区特定产业政策的制定。他同时也强调，认知结构在一定意义上是被理性化了的，政策制定者会想当然地将之视为现实的一部分。以 19 世纪铁路时代的铁路产业政策为例，美国、英国和法国等国家在历史上形成的关于制度、政治的认知结构决定了它们在铁路产业政策上的差异。法国政治文化中强调集权化的国家制度以及国家统治权的传统是这种政策秩序的关键因素，其结果是，法国巴黎的政治精英在规划铁路发展的时候使用了强力手腕，以确保自利的铁路公司不会过分偏离公共利益。相反，在美国，政策制定者将市场、地方自我管理与社区管治等当作政治秩序的来源，因此，美国铁路政策的制定权都放置在州政府以及地方政府，并且通过州际商务委员会（Interstate Commerce Commission）来推动市场发挥其作用。在英国，个体的政治自治是政治秩序的基本因素，而由政府或其他私人行动者占据支配地位则是政治秩序的破坏力量，因此英国的政策与法国不同，铁路规划完全交给私人投资商（道宾，2008a：20~21）。

可见，在制度主义视角的理论解释下，产业政策对产业发展所起到的作用还取决于一国或地区在制定产业政策时所认同的意义系统。例如，高柏教授在其代表作《经济意识形态与日本产业政策：1931~1965 年的发展主义》中就深刻地分析了日本历史上的经济发展主义的意识形态如何影响了长期以来，尤其是第二次世界大战后日本经济与产业的飞速发展。他指出，由于受到德国历史学派思想的影响，以及马克思、熊彼特和凯恩斯等西方经济理论传统的影响，日本 20 世纪 30~60 年代的三个连续的产业政策范式都强烈地体现出了发展主义经济意识形态的影响。在他看来，日本的发展主义经济意识形态主要体现在其产业政策中管制经济、优先鼓励生产、促进出口与高增长等方面。这种发展主义的产业政策具有几个明显的特征：第一，政府以产业政策来保护幼稚产业与国内市场，不鼓励外资进入，同时积极发展本国的战略产业；第二，在产业层面上以产业行会、卡特尔和企业集团等非市场治理机制来协调经济主体的生产过程，避免过度竞争；第三，努力建立内生的创新体系，进行独立自主的研发并创立自主品牌，以迅速的产业升级和高附加值产品为基础进行出口扩张和经济增长；第四，在培养国家竞争力时，政府不是指定特定的企业去一味扶持，而是通过寡占竞争的机制来选择；第五，重视经济发展和政治稳定的平衡；第六，在企业治理层面重视协调而轻监控；第七，以牺牲经济结构升级为代价追求政治稳定。高柏教授研究的结论是，正是这种历史上形成的发展主义的经济意识形态决定了日本后来特定的产业政策模式，进而决定了日本产业与经济的发展成果（高柏，2008a；高柏，2006）。

制度主义理论视角对意义系统、认知与意识形态的强调，在一定程度上也表明，产业或市场在某种意义上可以被看作社会建构的产物。在制度主义的理论视角下，产业的发展与市场的形成会受到政府制度建构以及产业发展所处的制度场域的影响。例如，布迪厄（Bourdieu）就把产业或市场当成一种场域，这种场域里包含着各种关系，如国家、企业等不同行动者间的关系（斯韦德伯格，2005：94）。与之类似，尼尔·弗雷格斯坦也把产业或市场当作一个（政治的）场域。在他的市场制度创建的政治学中，弗雷格斯坦似乎暗示，产业的发展或市场的建构本身就受制于（由"各类支配群体"、产权、治理结构、交易规则、国家/市场干预的主导模式等要素构成）特定的政治场域或制度场域。在关于企业内主导的具有合法性控制观问题上，弗雷格斯坦认为，在新市场的发展初期，规模最大的那些企业最有可能通过创立控制观和政治联盟来控制竞争。但是，起决定性作用的还是国家制度。国家可以通过有意和无意的行动，阻止企业创立稳定的控制观。所有控制观的建立都是围绕着当前合法的和非法的市场行为的认识而展开的。更为经常的是，国家对经济行为的管制会改变产业市场的权力平衡，使得市场从一种控制观转向另一种控制观（弗雷格斯坦，2008：73）。这充分表明，关于交易、政治合法性等各方面的社会建构、观念认知、制度建构等都会深刻地影响到特定产业或市场的发展。

相对于市场主义视角的产业解释强调市场机制的核心功能，制度主义视角的产业理论更注重非市场治理机制的意义。根据高柏教授的分析，产业治理中的非市场治理机制是一种不同于市场机制的经济治理结构或治理手段。他举例指出，在德国工业化的过程中，非市场的治理机制就是一种曾经占统治地位的治理结构，如建立全国性的卡特尔企业联盟组织、工会参与企业的管理、银行与企业建立稳定长期的合作关系、高度组织化的市民社会等（高柏，2008b）。

约翰·坎贝尔等在《经济治理与美国经济结构变迁》一文中则建构了一个关于产业治理机制的理想类型。他们认为，根据市场中组织的正式整合程度、合作的范围两个维度进行划分，产业治理的可动用机制除了市场机制外，还存在着责任网络、等级、监控、提升性网络、行会等五类非市场治理机制。这些非市场治理机制和政府之间存在着一些特殊的关系，至少（政府）在一定程度上帮助产业内的经济行动者获得了对交易原则的认同。例如，商业行会能够获取成员的支持与合作，主要依赖于国家干预的威胁和权威认同，同时能从政府部门获取一些其他的资源（坎贝尔等，2009：11）。

苏珊·赫尔普尔与珍妮特·科尔则以日本、美国汽车元件产业为例，考察了20世纪50~80年代，在汽车元件的生产 - 供应链条上关系结构的变化。日本的汽车生产企业，通过建立起生产商与供应商之间的一种合作机制，使得各种知识与信息能够有效地传递，从而不断增强供应商技术创新能力的提高。这种新的非市场的合作机制得到了日本政府部门的支持与引导，有力地促进了日本汽车产业的成功（Helper & Kiehl，2004）。

在特定意义上，政府与非市场治理机制之间的关系有助于人们理解现实情境中制度主义色彩的产业治理。在西方协调市场经济中，一方面，政府支持非市场治理机制，鼓励私人企业的自律性，并为这种自律提供一定的自治空间，政府也经常把这些非市场治理机制作为实施公共产业政策的工具。就解决市场失灵问题而言，非市场治理机制是政府进行直接管制的一个替代。另一方面，政府也必须监督非市场治理机制，以确保非市场治理机制不会侵犯公共利益（高柏，2008b）。这也是国家干预型产业政策与治理受到质疑之所在（Demsetz，1971；Boltho，1985）。

（三）网络、社会资本与嵌入性：网络主义的解释视角

以网络、社会资本与嵌入性等作为核心概念来解释特定产业发展的网络主义的理论视角代表了一种新近兴起的产业研究路径。在这种解释视角下，企业间建构起来的关系网络（包括生产性企业网络与非生产性的社会关系网络）、企业所拥有的社会资本以及企业对特定关系与网络结构的嵌入等是影响特定产业发展的核心机制。在网络主义的解释视角下，特别是在所谓的嵌入性理论视角下，人类社会的经济行为被理解为嵌入特定的社会文化与制度结构。网络主义视角的产业理论坚持认为，在市场机制与制度机制之外，还存在着第三种作用机制，即网络机制对特定产业发展所具有的独特解释力。这方面比较有代表性的主要是在格兰诺维特的嵌入性理论提出之后进行的大量关于企业社会网络与产业（集群）的研究（Granovetter，1985；Pearson & Richardson，2001；Uzzi & Gillespiem，1999）。

从具体的研究策略上看，网络主义视角的产业理论主要从两个切入点来考察网络、社会资本与嵌入性对产业发展与变迁的影响：（1）对产业内企业间形成的社会关系网络、社会资本、嵌入性等具有的（结构）属性进行分析，进而探讨这种特定的网络结构及其属性对产业发展的影响（Burt，1992；Windolf & Beyer，1996；Uzzi，1999）；（2）在网络、社会资本、嵌入性等与产业之间建立起直接的分析性联系，具体探讨这些要素对产业发展产生影响的原因、机制等（Koenig & Gogel，1981；Lincoln et al.，1996；Podolny & Page，1998；朱华晟，2004）。

由于网络、社会资本、嵌入性等概念在具体的应用情景与分析层次并不完全一致，所以这种网络主义视角的理论解释在对产业发展进行分析时就呈现一种复杂的混合状态（Borgatti & Foster，2003）。从变量间关系来看，网络主义视角的产业理论主要包括（企业）网络与产业发展、社会资本与产业发展、嵌入性与产业发展[①]三个方面的研究主题。

---

① 这种三分法是基于不同研究者（特别是西方英文文献作者）在具体研究中所使用的概念与内涵的差异，但并不否认网络、社会资本与嵌入性之间具有的相似性与一致性。诚如乌兹（1996）所言，研究者在探讨嵌入性对经济行动、产业发展的作用时，总是表现得比较模糊，更多的研究都很难勾勒清楚嵌入性与社会资本、社会关系网络之间的关系（Uzzi，1996）。

关于网络与产业发展，网络主义视角的产业理论认为，基于生产供应关系、生产协作网络以及社会关系网络等而形成的企业间网络结构对产业发展具有重要意义，它从根本上决定了特定产业及企业的发展成败、运行模式以及网络中资源的摄取等（吉国秀、王伟光，2006；Lechner & Dowling，1999）。

从网络与产业方面展开的代表性研究有很多，例如罗宾·皮尔森与戴维·理查德森在其研究中以 1776～1824 年英国利兹、利物浦、曼彻斯特以及英格兰西部的四个火灾保险投资商群体为例，分析了这些投资商之间历史上形成的关系网络对其产业投资行为（如投资的取向，即和谁进行商业往来）的影响。他们的研究指出，网络是人类经济活动的重要部分，它由社会文化、政治影响以及市场机制等综合而成。网络成员共享的道德态度、价值系统与正式规则及制度一样，能够降低商业交易的风险与成本。没有经济行动者仅仅依赖制度性安排或一般性道德来防止机会主义的风险、搭便车行为与欺诈。相反，他们更倾向于与有良好声誉的行动者进行交易。借由资本与信用网络建立起来的联系，提升了交易网络中的信任，降低了信息成本，并进一步导致了信用网络的扩展、资本的扩大和传播。非经济形式的联系如亲属关系、社会关系、宗教、政治与文化联系等提升了经济联系的网络（Pearson & Richardson，2001）。

保罗·温多夫和尤根·贝耶尔的研究首先比较了英国和德国的 1100 多家大型公司在资本网络与连锁董事会网络上存在的差别。其研究发现，英德两国的公司在网络结构上存在着较大差异：德国公司的所有权高度集中（一般由非金融行业持有股份），英国企业的产权集中度较低（由金融行业持有，最高持股比例不超过 5%）。他们进而分析了这种差别性的连锁董事会组织网络对产业内企业资本投资行为的影响（产业企业连锁董事会的网络结构如何形塑其资本投资的网络）。他们认为，公司网络是一种介于市场与等级制之间的组织形式，兼具市场与科层体制的功能。由所有权与连锁董事会形式结成的公司网络可以被看成一个集体行动者，其组织结构的形式决定了网络内企业间的竞争、合作与控制关系格局。他们区分了两类不同结构的网络对产业内公司决策的影响。在公司网络中，如果每个企业相互持股的比例均等，那么这种公司网络可以被称为"均等结构"（egalitarian structure），没有单一的企业成员能够控制其他的企业，其决策的达成基本上是由一致同意的方式来实现的。另一种网络结构则是所谓的中心网络（star network）结构，在这种网络结构中，有一个占主导地位的企业，周围是一些卫星企业。这种结构的企业网络具有一种等级结构特征，决策更多地由占据中心位置的企业做出（Windolf & Beyer，1996）。

尼廷·诺瑞与卡洛斯·加西亚-彭特试图超越已有的网络分析框架，提出了一个新的分析框架来解释全球产业中战略联盟网络的结构及其意义。他们将这种全球性的战略联盟网络结构分为两类：战略群（strategic groups）结构和战略组（strategic blocks）结构。战略群结构是由那些具有相似的战略能力的公司构成，而战略组结构是由那些具有相似战略联系的公司组成。他们以 1980 ~ 1990 年全球汽车产业为例指出，产业的全球化破坏了产业内原有的结构与竞争均衡，给产业内的企业带来了两个主要挑战。（1）企业必须做出判断，其现有的战略能力能否使其竞争位置得以维续。显然，它们需要获得比现有能力更为宽泛的战略能力，而且它们必须知道如何才能在短期和长期内获得这些能力。（2）企业面临着如何控制竞争不确定性的问题。企业对于竞争对手的战略反应是不确定的，新的竞争对手使得企业需要面对不同的战略互动机制。在这种情况下，企业间战略联盟的建立就能够使公司间通过建立协商性环境的方式来控制竞争中的不确定性（Nohria & Garcia-Pont，1991）。

克里斯丁·莱切勒与迈克尔·唐宁则借用区域产业网络的概念分析了企业的社会关系网络对区域产业集群或产业区块的形成所具有的意义。其研究指出，区域产业网络或产业集群的形成离不开企业间社会关系网络。企业社会关系网络中的活动、正式与非正式的合作、战略联盟的使用，以及去中心化的专业化增长等都会导致新的结构与关系，进而使得产业区块形成特定形式。因而，区域企业或产业网络的形成源自社会关系网络，没有任何区域性的产业网络不是基于社会关系网络（Lechner & Dowling，1999）。

与其他研究强调企业网络结构所具有的资源提供属性不同，伯特在其"结构洞"（structural holes）理论中指出，在产业网络中，那些占据着"结构洞"位置的企业或个体具有相对的优势。通过与不同的产业网络间建立起"连接桥"（bridge）的关系，或者说扮演中间人的角色，这些处在"结构洞"位置的个体或企业就能够利用与多个网络的关联来获得他人的信息与控制优势（Burt，1992）。

此外，值得一提的是，传统的关于网络内企业关系结构的分析多是基于一种平等的相互关系假设，而玛玛塔·帕里利用社会网络理论的框架考察印度汽车配件产业中的公司网络后发现，公司间网络中除了存在水平的相互关系，还存在一种垂直的关系。也就是说，在公司间网络中，各公司之间存在着一种"不平衡的权力"（unequal balance of power）。垂直关系的产业网络中的这种不平衡的权力改变了传统意义上的产业网络中企业间的互动关系模式与格局（Parhi，2005）。

关于社会资本与产业发展，网络主义视角的产业理论重点分析了产业内企业社会资本的属性、质量、数量等特征及其对产业发展的差别性意义。这一系列的研究总体上认为，社会资本的数量、质量直接影响产业内企业在资源获取、信息传递以及降低企业运行成本等方面的能力。产业内企业应该尽可能地摄取到数量更多、质量更好的社会资本，借以增强其竞争优势（惠宁，2006；李胜兰，2008；Batjargal，2003）。

经典的社会资本理论认为，社会资本是现实或潜在的资源的集合体，这些资源与拥有一定制度化的共同熟识和认可的关系网络有关，换言之，与一个群体中的成员身份有关。社会资本从集体拥有的角度为每个成员提供支持，在这个词语的多种意义上，它是为其成员提供获得信用的信任状（张文宏，2003）。

社会资本作为一种获取资源的方式对特定产业的发展，特别是产业内企业的发展具有重要作用。具体而言，社会资本为产业内的企业提供了能够摄取经济资源、信息资源、物质资源等各种有用资源的可能性与行动能力。以国内的相关研究为例，有研究者实证性地分析了社会资本对企业筹资能力的影响。该研究指出，企业的筹资能力与社会资本、社会网络的存在、联系的强弱以及网络构造等直接相关。社会资本与社会网络直接决定了企业从外界获取信息、资源和公共支持的通道，广泛的社会联系和相互作用使企业能够有效地获得生产要素和较低成本的资金，更容易找到各类供应商和代理商，从而建立起良好的商业关系。而且这种关系越强，企业就可以获得越丰富的资源，对资源的可摄取性（accessibility）就越强（范晓屏，2007）。

有关研究还讨论了信息传递、交易成本与产业集群之间的关系。社会资本能够有效地整合产业内企业间的交易互动行为，降低产业运行的交易成本，进而提升产业发展的经济效率。以产业集群的形成和运作为例，有研究者分析了社会资本与产业集群间的互动关系并指出，作为社会资本特定形式的企业网络是一种与市场和企业科层制不同的组织类型，是介于企业和市场两者之间的一种规制结构，它包括了从特许经营到战略联盟等多种制度安排形式，企业社会资本实际上是指企业之间的关系，企业网络组织就是一种重要的社会资本。产业集群是企业网络组织的一种形式，它建立在相互认同、互惠与信任的社会资本的基础上。在产业集群内部，上下游厂家以及相关服务机构的聚集有利于形成较为稳定的供应关系，从而减少交易费用。集群特有的社会资本优势，即平等的市场地位，相当程度上保证了交易双方互惠互利经济目的的实现。开放的信息交流环境可以有效地减少交易前后的签约、监督和再谈判等道德风险和机会主义及交易成本。这些社会资本因素减少了产业集群内企业间合作中的协调与摩擦成本，提高了交易效率，降低了交易失败的风险，从而推动了产业内的专业化分工和企业间的合作。社会资本不仅会影响到产业集群的空间位置，还会影响到产业集群的发展速度：一方面，在其他影响因素不变的前提下，社会资本存量越大，起点越高，产业集群的发展就越快；另一方面，空间内同一产业的社会资本增加越快，意味着交流越频繁，联系越紧密，降低了交易成本，增强了创新能力，产业对外部更具有吸引力，社会资本的增值速度也就决定了产业集群的发展（惠宁，2006）。

朱华晟在关于产业集群发展动力的研究中也表达了类似的观点。他指出，以社会网络为表征的社会资本是浙江产业集群发展的三大核心因素之一。传统的血缘、亲缘和地缘关系构成了浙江农村地区基本的社会网络，家族关系是社会网络的核心。亲缘关系的存在有助于集群企业在创业初期充分调动各种资源。家族（庭）工厂中，家族成员有相同或相近的亲缘关系，接受相同的家族文化熏陶，有着相同的家族价值观念和利益目标的追求，彼此之间存在天然的信任关系，明白企业的命运与家族的前途休戚相关。这种文化特征决定了家族式企业在一定程度上更容易团结一致，具有较强的生命力、抗震力和凝聚力（朱华晟，2004）。

有研究者在对韩国企业对华投资的研究中也发现企业的社会资本对其经济网络发展的重要影响。在初期，部分韩国投资者进入中国，并通过关系介绍吸引更多的韩国人到中国投资，作为一种社会资本形式的社会关系网络使信息的传播更为迅速有效。共同的文化使得众多投资者更容易产生信任，有利于集群内部分工协作。从积极的方面看，企业的社会资本强化了经济性的联系，使得在华韩资产业集群能够形成较好的分工协作格局，降低组织内部的谈判、搜寻、合作成本，特别是较强的本国复制性能够有效减少国际合作中的文化冲突，降低跨国管理的难度，使产业集群更有竞争力（苑雅文，2007）。

社会资本对产业发展的意义还表现在它为产业内的企业或交易互动双方提供诸如规则、习惯、地方文化等共识性的知识。有研究者在考察了企业社会资本与产业集群的关系后指出，产业集群中社会资本的存在有利于隐性知识（Tacit knowledge）的传递。这种隐性知识其实只可意会、不可言传，它依赖于特定的时间和空间环境，没有标准化、公开化的形式，也不可能通过市场调查取得。因此，学习和创新是一个互动和非常规的过程，需要互动双方大量面对面的信息沟通与交流，而这正是建立在人与人间相互信任的网络基础上的。在产业集群形成与发展的过程中，企业拥有的社会资本能够部分地抵消纯粹市场关系中的机会主义行为和未来的不确定性，减少风险，增强产业集群的集聚性效应（何雄浪、李国平，2006）。

关于嵌入性与产业发展，经济社会学中嵌入性的理论通常认为，人类社会的经济行为总是嵌入一定的社会文化与制度结构之中，人类的经济行为会受到其所在的社会、文化与制度环境的影响。嵌入性（Embeddedness）概念最初来自卡尔·波兰尼（Karl Polanyi）关于前现代社会经济行为特征的论述（余晓敏，2006）。后来，马克·格兰诺维特在《经济行动与社会结构：嵌入性问题》一文中正式提出"人类行为与制度是如何受到社会关系影响的"这一经典问题。通过这篇有重要影响的文章，格兰诺维特探讨了在现代工业社会，经济行为在多大程度上嵌入宏观社会关系结构中的问题。他认为，新古典经济学对人类行为是一种"低度社会化"（un-desocialized）或原子化行动者（atomized-actor）的解释。一些改革派的经济学家试图找回社会结构的影响，这种过分强调社会结构的分析又是一种"过度社会化"（oversocialized）的解释。格兰诺维特明确指出，人类社会的经济行为嵌入社会结构之中，而核心的社会结构就是人们社会生活中的社会网络，信任则是嵌入网络的主要机制（Granovetter，1985）。其后，他又进一步将嵌入性分为"关系性嵌入"（relational embeddedness）和"结构性嵌入"（structural embeddedness）。关系性嵌入是指个体行动者的经济行动是嵌入其与他人互动所形成的关系网络中的，其个人关系网络中的因素会对其经济决策和行动产生重要影响；结构性嵌入则认为行动者所处的网络优势是与其他社会网络相联系的，并构成了整个社会的网络结构。正是这两种嵌入性使经济行动者之间产生了信任和互动，保证了交易的顺利进行（Granovetter & Swedberg，1992）。

后来，更多的学者将嵌入性理论运用于对产业发展的解释，其中最具代表性和影响力的是乌兹（Brian Uzzi）等人的产业研究。通过对美国纽约地区服装公司的调查，乌兹在其研究中分析了嵌入性的来源与后果，尤其是对产业内企业经济绩效的影响。他认为，嵌入性是一种交换制度，能够提供与市场相关的独特机会。那些嵌入网络中的公司比那些只具有一般市场关系的企业，通常具有更多的存活机会。然而，他同时指出，尽管嵌入性概念对于理解标准的新古典经济理论的社会学意义上的失败有用，但它不能具体解释社会关系是如何影响到经济后果的。因为已有研究中的核心观点——经济行为是嵌入到社会关系之中的，这种社会关系有助于促进经济交易——只是一种模糊的概念。乌兹认为，在一种嵌入性的交易逻辑中运作的组织网络，主要是通过公司间资源的收集（interfirm resource pooling）、合作与协调适应等机制来改善企业的经济绩效。但同时，这种网络也会使经济行为发生偏离，如对网络外的公司实行新信息与机会的屏蔽（Uzzi，1996）。在另外一项关于企业金融资本市场的研究中，乌兹与吉里斯派（Gillespie）采用结构性嵌入的视角，具体分析了社会资本如何影响金融产业（资本市场）的运作。其研究假设认为，银行与借贷企业间关系的质量，以及借贷者与银行间的关系网络结构会影响企业偿债的成本。他们的研究发现，关系的持续度与关系的多样性会影响企业资本借贷的成本。在网络层次，那些拥有由嵌入性关系（embedded ties）与正常关系

（arm's-length ties）组成的混合型关系网络的企业比那些仅有单一类型关系网络的企业付出的资本成本更低（Uzzi & Gillespie，1999）。

在国内相关研究中，网络主义关于嵌入性与产业关系的研究把考察产业内企业的经济行为嵌入特定的文化与制度结构的过程作为重要内容，并具体分析了嵌入过程中产业内企业所具有的社会资本对企业自身发展的积极作用。比如，有研究分析了外资企业向本土产业集群的嵌入过程，发现外资企业社会嵌入的过程可以划分为四个阶段：（1）外资企业网络与本土企业网络的形成；（2）企业间网络依赖性加强，信任关系建立，规模效应显现；（3）外资企业网络开始波动甚至部分瓦解，开始向本土企业延伸；（4）外资企业越来越多进入到本土企业网络体系，出现融合状态。社会关系的嵌入能够为外资企业提供知识、信息等有价值的稀缺资源，彼此的互动与信任形成社会资本，降低了交易成本与组织结构网络化风险，行动者能够在网络中获取各种资源（周石生，2008）。

网络主义的产业研究还深入地分析了嵌入性何以能够对产业的发展，特别是产业内企业的发展施加关键性的影响。例如，朱瑜等（2008）曾规范地分析了产业网络中社会嵌入的影响机制及其效用。其研究认为，产业网络是具有互助关系的组织在网络结构中的特定关系形态，组织间的沟通、协调与整合均通过网络中的各种经济活动来完成。组织在建立和维持产业网络关系时，不仅要考虑经济因素的影响，还要考虑社会关系和社会制度的影响，即经济行为是嵌入一定的社会结构和社会网络之中的。产业网络的社会嵌入性使得经济组织双方拥有更多的机会与利益，并通过规范性的标准，影响双方未来的合作形式与信任关系。基于社会关系建立起来的网络关系结构能使组织之间产生信任和依赖，避免产业网络中的欺骗行为。欺骗行为的避免并不在于产业网络中某种制度和规范的建立，也不在于共通的社会道德的约束，而是具体的组织之间网络结构的约束力。产业嵌入性促进了产业网络的延伸与发展。

（四）三种视角的产业理论解释的比较

通过以上梳理和分析，我们大致可以对比出市场主义、制度主义与网络主义视角的产业理论解释在一些基本要义上的差别与不同。就最根本的解释机制而言，市场主义、制度主义与网络主义等三种视角的产业理论解释，分别强调了市场机制、政府及其产业政策、社会网络等因素对产业发展的决定性意义。

市场主义视角的产业理论在坚持新古典经济学关于市场、自由竞争、利润最大化、效用最大化等理论预设的基础上，建构了对产业发展的解释框架。市场主义视角的产业理论坚信，只要特定产业自由竞争等条件具备，市场机制充分发挥效用，产业发展就能够实现理论上的均衡与最优化。西方发达市场经济国家的经济与产业发展历史模式充分反映了市场主义视角产业解释的特征。在分析层次上，这种解释视角是从个体主义的层次对产业经济现象展开分析，尤其是通过建构基于充分竞争的新古典经济分析模型来论证市场机制对产业发展效率的意义。

制度主义视角的产业理论解释则是在与市场主义视角的对话过程中形成的。如果把产业研究各种视角的解释看成一个连续谱，那么市场主义位于连续谱一端，制度主义位于连续谱的另一端。与市场主义的解释相对应，在制度主义的解释视角下，国家、国家的制度建构、产业政策等是影响产业发展的决定性因素。制度主义视角的理论解释相信，在具有充分行动能力与理性认知的政府的规划与引导下，通过积极、有效、合理的产业政策以及相关的制度建构，特定产业的发展就能有效地克服自由市场可能带来的缺陷，如负外部性、机会主义、搭便车等问题。因此，在特定的发展时期，实行积极的产业政策是提升产业竞争力，促进产业升级，扩展产业规模，改善产业绩效的有效方法，甚至是政府引导产业发展的主导机制。这一产业治理论断已经被以日本为代表的东亚经济发展模式以及以中国为代表的新兴经济体的发展模式所支持。在分析的层次上，与市场主义视角的个体主义分析层次不同，这种制度主义视角的产业解释是在更为宏观的制度与结构层次进行的分析。

相对于市场主义与制度主义的分析视角，网络主义视角的理论解释看到了关系网络作为一种中间机制联结市场与制度的作用，它试图综合市场主义与制度主义在产业分析上的优势，化解两种视角的产业解释之间的张力，以形成一种更具综合性、更具现实解释力的产业分析视角。网络主义视角的产业解释隐含着一个基本预设：市场机制和制度机制要有效发挥作用，实现产业的良性治理，还必须借助社会网络机制的重要联结作用，打破市场与政府（规制）的二元对立。无论是市场主义的产业治理，还是制度主义的产业治理都在一定程度上存在"机制失灵"的危险。如果不能有效地处理好市场和制度对产业发展发挥作用的方式及程度，就有可能使产业发展出现危机，要么是发展停滞、产业衰落，要么是产业发展的虚假繁荣、结构失衡、形成泡沫。正是基于这一点，网络主义视角的解释认为，产业内的企业关系网络、社会资本能够跨越市场与制度的二元对立，建构出一个适度的有利于产业发展的小生境（niche）或组织生态系统，即一种内部化的关系互动机制，进而克服产业发展中市场的外部性以及制度的非预期后果。因此，在分析层次上，相对而言，网络主义视角的理论解释是在较中观的层面展开的分析。

表 1 - 1　市场主义、制度主义与网络主义三种视角的比较

指标与维度	市场主义	制度主义	网络主义
核心机制	自由市场、竞争	政府及其制度建构	企业网络与社会资本
分析层次	微观分析	宏观分析	中观分析
理论基础	自由主义经济学	规制经济理论	社会资本理论
治理旨向	产业效率与资源配置	产业升级与竞争优势	机制协调与产业整合
分析优势	适用于分析产业内的竞争现象	适用于分析产业的规制与保护性政策	适用于分析产业的关联、联盟、集群、一体化
可能缺陷	市场决定论	制度决定论	网络决定论

以上三种解释视角从不同的理论预设和逻辑出发，都有一定的解释力和分析优势，但也存在自身不可避免的不足：作为一种应然的解释逻辑，市场主义视角的产业分析是在新古典经济学的框架下思考问题，过分强调市场机制的绝对作用。它没有看到，绝对自由竞争的市场机制在现实产业发展过程中是不可能存在的，实现产业最优化或均衡的现实条件并不存在。同时，它无法回避产业发展过程中市场机制有可能存在的缺陷，过分否定政府及其产业政策的积极作用，因而极有可能陷入一种"市场决定论"的窠臼，即在市场与产业发展之间并不是一个简单的直接线性的关系。这种视角的理论解释早已经为后来的政治经济学、经济社会学的理论

所批判。

以经济社会学的制度学派为代表的制度主义视角的产业分析，强调了国家及其制度建构、产业政策对产业发展的影响，是对自由市场产业理论的"反动"，对产业发展理论进行了开创性的研究。然而，这种理论视角似乎跑到了另一个极端，即过分强调政府及其产业政策的决定性，似乎过于放大政府的能力与理性。特别是它无法克服政府积极干预产业发展过程中的制度外部性，如寻租、腐败、代理、特殊利益集团等问题。另外，制度主义视角的产业理论，其社会学传统意义上的"结构"倾向十分明显，认为一国的产业政策与制度结构对产业发展具有决定性的影响。它似乎暗示，只要设定好尽可能充分完善的产业政策及制度，产业发展最优化的状态就可以直接实现。尽管该理论也强调了社会认知的重要意义，但这种认知也是建立在已有的制度结构基础上的，建立在市场主体充分理性或完全理性的基本预设基础上的，而且最主要的是政府作为经济引导者的认知。制度主义视角的产业解释，过分强调政府作为产业推动主体的作用，而没有看到产业发展过程中，在微观行动领域里不同行动者间的互动关系，因而它有可能陷入一种"政府决定论"或"制度决定论"的窘境。

网络主义视角的产业分析强调社会网络、社会资本与嵌入性的意义，有一种综合的取向。但正是这种综合的取向与理论分析框架模糊了市场、政府在产业发展中的角色扮演，更多地强调宏大的社会、制度与文化结构对产业发展的影响，在中观层面上就体现为社会网络与社会资本的作用。网络主义视角的引入，有可能误导人们对产业经济现象的认识与理解，使人们对产业发展的解释停留在泛化的层面。在特定意义上，这种产业的解释视角更多呈现的是产业网络、社会关系网络、社会资本等关系的结构，而很难看到政府、市场等主体或机制的影子。也就是说，网络主义的产业理论体现出更强的结构刚性（无处不在的网络结构），没有体现出各产业发展主体在具体互动过程中各自的行动与角色扮演。对网络的普遍性、结构独特性、差异性、工具性等属性的过分强调，使网络主义视角的理论解释有可能体现出一种较明显的"网络决定论"的倾向。

市场主义、制度主义与网络主义的解释视角代表了目前学术界关于产业发展的三种最重要的解释视角。由于它们在具体的理论解释上存在着较强的差别与张力，这似乎可以给我们带来两个方面的重要启示。

其一，就理论推进的角度而言，这三种视角的理论解释之所以在具体的解释机制上存在着较大的差异，除了基本的理论预设与理论来源的差别之外，一个重要的影响根源还在于，在解释产业的发展与变迁上，它们都采取了一种相对结构化的处理策略，即它们只注意到了产业发展过程中的三种不同的结构因素，即市场、制度、网络。并且，它们简单地在市场、制度、网络与产业之间建立起了直接的线性关系，似乎特定产业的发展就是市场、制度、网络等变量的必然产物。它们从根本上都忽略了产业发展过程中潜藏着的基于权力关系、权力游戏的行动者间的互动结构，即市场、制度与网络能够对产业发展产生影响，在本质上还取决于在产业发展的具体行动领域，不同自由行动者之间的权力关系建构与权力游戏，这构成了推动产业发展与变迁的深层结构。从这个意义上，我们可以预见，至少在产业社会学研究领域，应该引入新的分析视角，即基于自由行动者间权力关系及权力游戏的决策分析视角，它有可能标示着社会学产业研究视角的一个重要转向。

其二，运用市场主义、制度主义与网络主义的分析视角来理解甚至指导全球化时空条件下中国的经济与产业发展具有非常重要的现实意义。经济的全球化过程使中国的经济与产业发展已经被深刻地卷入到全球体系之中。在全球产业链不断细化与分工日益专业化的情况下，如何推动中国产业，特别是关键产业的良性发展，提升我国产业的全球竞争力是一个重要的产业治理课题。改革开放以来的实践表明，中国的产业发展模式与发展路径的构建，应该充分发挥市场机制、产业政策或产业调控以及产业网络等因素的积极作用。政府可以通过相对理性、积极有效的产业政策，在充分发挥自由市场机制的基础上，充分运用产业网络与社会资本的资源动员与产业协调整合的功能来培育和促进关键产业的发展，打造中国产业的竞争优势。

三　石油产业研究的理论转向及其意义

（一）产业研究的理论转向

从文献来看，关于中国石油产业的研究仍主要集中于产业经济学与国际政治关系研究领域①，社会学对该产业的研究比较少。中国石油产业的经济学研究重点是对石油产业结构、市场竞争度、市场集中度、产业管理体制等问题进行描述性与对策性的分析（习文静，2007；杨嵘，2004b；陈立，2001；韩学功，2006；董秀成，2005）。由于石油对国民经济的发展具有重大影响，所以，大多数研究更关心如何改善中国石油产业的市场结构、提高经营运作效率、最大限度地保障中国石油供给的安全等问题（管清友、何帆，2007；诸文娟、刘宏伟，2006）。石油产业的问题也经常出现在地缘政治、国际关系的研究视野中。这些研究认为，石油是一种战略性商品，石油产业的发展必然受到国际政治因素的影响。中国石油产业的发展需要借助国家力量的增长，借助国家外交的努力，减少国际因素的消极作用（李玉洁，2008；Ma & Andrew-speed，2006）。从研究方法与理论框架来看，已有的相关研究呈现四种形态。第一类是以产业经济学、技术经济学等学科知识为指导的针对具体问题，如石油产业结构、产业竞争等进行的比较技术性的研究（傅琦，2007；王明明、方勇，2007）；第二类是一般的规范性分析，针对特定的问题（如石油产业竞争问题、石油管理体制改革问题、石油产业国际化经营战略问题等）展开对策性的讨论（杨嵘，2001；李连仲、李连第，2000）。这类研究相对缺乏一种成熟的理论框架。第三类是指一些观察家或人文学者所开展的关于中国石油产业的具有较强"启发式"的研究（钟飞腾、林峰，2006；宋连生，2005；严绪

---

① 关于中国石油产业，形成了一些较有代表性的学术专著，比如，王丹在《中国石油产业发展路径：寡占竞争与规制》中将产业组织理论中的经济学分析与规制经济学中政府作用的分析结合起来，分析了中国石油产业的市场结构以及政府产业规制的演变，进而对中国石油产业组织的运行机制进行了较为深入的探讨；王海江（Haijiang Henry Wang）在《中国石油产业与市场》（China's Oil Industry and Market）中考察了中国市场经济体制改革的过程，具体分析了中国政府的石油产业政策对石油产业（包括原油生产、石油炼化加工、成品油等）及市场运行的影响；张近（Jin Zhang）在《追赶与竞争：中国石油产业大公司的案例研究》（Catch-up and Competitiveness in China：the Case of Large Firms in the Oil Industry）中主要对中国石油产业的政府管理体制及产业政策进行了分析，具体考察了在产业政策变革的背景下，石油产业内的几大石油公司、石油生产企业等不同的应对与行动；Tatsu Kambara 与 Christopher Howe（2007）在《中国与全球能源危机：中国石油与天然气产业的发展与展望》（China and the Global Energy Crisis：Development and Prospects for China's Oil and Natural Gas）中较为具体地研究了中国石油产业的发展历史、石油资源的地理分布、石油勘探与炼化以及中国政府对石油产业监管政策的变迁等，进而思考了中国如何走出能源危机等。

朝，1998）。这类研究一般具有较强的现实关怀，主要思考石油产业与中国国家发展的相关关系。第四类主要是以博弈论为方法和理论基础的关于产业内企业竞争合作行为的研究（李岳，2004；叶传华，2005）。这类研究通过建立符合古典经济学理论假设的经济分析模型，并模拟和分析博弈双方的行动策略，说明不同经济行动主体之间基于经济理性的博弈能够促进产业经济效率的提升。总体上，关于中国石油产业的既有研究基本上以静态结构性的分析为主，比较缺乏对长时段产业制度变迁中行动者互动及其深层影响的考察。

区别于结构性分析占主导的既有研究，本研究试图引入法国组织社会学决策分析的推论方式来考察中国石油产业的发展变迁。也就是说，特定产业的发展并不是简单地由市场、制度、网络等单一结构要素决定的结果，而应该是在具体行动领域中，两个或多个自由行动者之间权力游戏的产物。权力游戏过程中行动者之间的互动、谈判、协商不停地改变着既有的行动场域，使得特定产业的发展呈现一种复杂的过程并由此形塑特定的产业发展模式、制度与范式。

为此，本研究以中国石油产业 1988～2008 年发展范式变迁为主要研究对象，揭示这一变迁所隐含的深层动力机制。本研究的具体思路主要体现为如下几方面。

研究因变项：石油产业范式的转变，具体操作性测量维度包括：（1）定价机制（从政府行政定价到与市场接轨的定价）；（2）组织形式（从国家行政式企业到现代公司制）；（3）市场参与格局（从政府主导下的局部有限竞争到多元市场竞争）；（4）外部合作战略（从"引进来"到"走出去"）。

研究自变项：具体行动领域中，相关行动者（如政府、企业、社会群体等）间就石油产业发展中的具体问题所形成的权力关系及权力游戏。这种权力关系与游戏构成了中国石油产业发展范式变迁的深层动力来源。

研究策略及内容：首先，本研究把中国石油产业自 1988 年以来的发展划分为两个阶段（1988～1998 年为早期的"封闭－行政化"范式阶段，1998～2008 年为"开放－市场化"范式阶段），从整体上描述两个范式阶段石油产业发展的基本经验及特征；其次，分别从定价机制（本书第四章）、组织形式（本书第五章）、市场参与（本书第六章）、外部合作（本书第七章）四个维度的产业转型经验出发，利用组织决策分析的推论工具深入分析和勾勒出上述维度中石油产业制度变迁所隐含的行动逻辑。

（二）理论转向的意义想象

全球性金融危机的爆发及影响使社会学研究者们意识到这样一个基本的"事实"：经济现象及经济问题本质上是一个社会的现象与问题，它涉及人们各种各样的经济行为、建构和规制经济行为的各种制度和文化系统以及其背后"隐藏"着的各种现实的互动关系与机制。金融或经济危机与整个社会系统危机是紧密相连的。这使得社会学对社会经济问题的认识与理论阐释更具重要性与紧迫性。在借鉴已有研究成果与经验的基础上，本研究运用组织社会学决策分析的视角与推论方法，深入考察中国石油产业（1988～2008 年）的发展范式变迁，以及这种范式变迁背后隐含的权力游戏，具有较重要的研究意义。

从国家产业治理的角度来看，对中国石油产业的发展范式演变路径进行具体的考察，有利于呈现中国石油产业的历史演化特征。特别是通过对每一阶段围绕在政府、企业与特定社会群体间发生的权力游戏的勾勒与分析，有利于进一步厘清石油产业发展过程中面临的主要问题及其深刻的结构性原因，有助于改进和优化国家对石油产业的治理。在全球化日益发展的时代，对于如何保证中国石油产业的健康可持续发展及壮大、制定与实施合理可行的石油产业治理政策、保证国家的石油战略安全，本研究或许能够提供一些重要的启示。

就理论推进层面而言，本研究引入组织社会学决策分析的方式，能够较好地与新古典的产业理论、经济社会学制度学派的产业理论以及社会网络学派的产业理论进行对话，在一定程度上改变产业研究的结构化倾向而将之引入行动分析的取向。换句话说，引入决策分析之后，产业发展的解释能够实现从结构取向到行动取向的转变（也有可能标示着产业研究理论视角的决策分析转向），更加注重在具体行动领域中，行动者之间的权力游戏对产业发展的意义与影响。换言之，在承认结构变量作用的同时，反向揭示出行动过程对制度结构的影响。这是本研究的理论创新与意义所在。

第二章　石油产业范式的转型

石油是现代经济社会发展的重要能源。随着科学技术的进步以及工业革命的发展，石油作为一种重要的生产性能源发挥着越来越重要的作用，而且由于石油资源的不可再生性及难以替代性，石油逐渐成为世界各主要工业国家竞相争夺的稀缺资源。石油作为工业的血液已经成为一种重要的战略性资源，日益左右着世界经济的发展与政治社会的运行。20世纪70年代以来的历次石油危机已经充分显现了石油及其产业①的核心重要性。改革开放以来，中国经济实现了高速的增长，创造了中国经济增长的奇迹。从某种意义上说，中国经济取得巨大成功部分是包含石油产业在内的各类关键性重要产业发展支撑的结果。令人瞩目的是，中国的石油产业经历了新中国成立后的从无到有、从弱小到壮大的艰辛发展历程，逐渐成为影响中国经济与社会发展的最重要的产业之一，和钢铁、纺织、汽车、化工、煤炭、电力等主要工业产业一起构成了中国经济发展的重要基础。比较而言，中国的石油资源并不丰富，经济的飞速增长对石油产业的依赖性与日俱增（Blair et al.，2006；Haider，2005）。这种资源供给的有限性与经济发展对能源高度需求之间的矛盾为我们提出了重要的研究课题。

① 从产业组织的角度来说，石油产业是指勘探、开发、储运、加工和销售石油及石油产品的企业集合。具体来说，它包括石油开采业、石油加工业及石油化工业。石油开采业是指勘探开发油气资源的企业集合，统称为上游；石油加工业是以石油、天然气为原料生产石油产品（如汽油、煤油、柴油、润滑油等）的企业集合，与石油及天然气的储运、石油销售统称为下游。随着产业的融合，原先属于化学工业的石油化工业也融进了石油产业，使得石油产业链条进一步延伸。因此，石油产业就是以石油天然气的开发为上游，以石油天然气的勘探、炼制、化工、销售为下游的一条石油产业链，在国民经济和社会发展中具有重要的作用（王国志，2005）。

理解中国经济的发展离不开对中国石油产业的考察。历史表明，改革开放以来，随着各项市场化改革的进行，包括石油产业在内的很多传统的国有工业产业都主动或被动地卷入到了市场化的进程当中。从计划经济体制到市场经济体制是中国经济体制的伟大转型。在这种宏观制度背景下，中国石油产业也逐步开始了其适应市场化、全球化的改革与变迁过程。回顾改革开放以来中国石油产业的发展历程，尤其是 20 世纪 80 年代末 90 年代初以来中国石油工业的发展路径，我们可以做出这样一个判断：中国石油产业在 21 年（1988～2008 年）时间里实际上经历了一次深刻的发展范式的转型。

　　我们将这种产业范式①的转型具体地概念化为：从 1998 年之前的"封闭－行政化"范式转变为 1998 年之后的"开放－市场化"范式。具体表现为：（1）在石油产业的定价机制方面，由原来的政府行政定价机制向逐步与市场机制接轨，特别是与国际石油市场接轨的定价机制的转变；（2）石油产业的企业组织形式从"国家行政式企业"到"现代公司制"的转变；（3）石油产业的市场参与格局由之前"政府主导"下的局部有限竞争向"多元市场竞争"或"有主导的多元竞争"格局的演化；（4）石油产业的外部合作战略经历了从"吸引合作"，借以引进先进作业技术和国外资本，到"海外扩展"，进而输出资本、技术与服务的转变。也就是所谓的石油产业实现了从"引进来"到"走出去"的外部合作战略的历史性跨越（见表 2－1）。

表 2－1　石油产业范式的转型

	1998 年前	1998 年后
产业范式	封闭－行政化	开放－市场化
定价机制	政府行政（计划）定价	与市场接轨的定价
组织形式	国家行政式企业	现代公司制

---

①　所谓"产业范式"，借用库恩范式概念的基本内涵，本研究中将其做如下界定：特定产业在发展演化过程中形成的一种特定形态与图示，这包括产业的基本市场结构形态，引导产业发展的核心机制特征，以及产业发展过程所反映出来的基本的行动逻辑、组织方式、制度理念、社会价值导向等。

续表

	1998 年前	1998 年后
市场参与	政府主导下的局部有限竞争	多元市场竞争
外部合作	"引进来"（引进技术、资本）	"走出去"（输出技术、资本与服务）

中国石油产业从封闭 – 行政化的范式向开放 – 市场化的范式转变，意味着指导或引导石油产业发展的根本原则、理念、机制、模式、产业行为等各个方面的重要变迁，也暗含着中国的石油产业所面临的市场、制度、文化等组织环境或结构性背景条件的变化。中国石油产业的这次重大的范式转变对中国石油产业、中国的经济发展而言足以产生深远的历史影响。

一　改革开放前的石油产业

历史文献表明，中国有开采石油的悠久历史。[①] 早在西周到秦汉时代，在今天的陕西、甘肃、四川一带就已经发现了石油。尽管我国是世界上最早发现和利用石油的国家之一，但是到新中国成立时，中国仍然是一个石油产业非常落后的国家。新中国成立后，为了解决国内经济发展的能源供应瓶颈问题，中国政府努力构建起了规模庞大、体系较为完整的石油产业体系。石油产业的发展壮大为保证中国经济发展提供了重要的能源支持，为中国的经济与社会建设做出了巨大贡献。我们可以从两个方面（石油工业体系与石油生产、石油管理体制）来具体描述从新中国成立到改革开放前这段历史时期中国石油产业的艰辛发展历程。

从石油工业体系构建与石油生产来看，新中国成立后，建立起了适应社会主义计划经济建设的石油工业体系，抓好石油资源的勘探与开采是这一时期石油产业发展的重要内容。早在 1949 年 9 月玉门油田刚刚获得解放之时，中国的石油（原油）年产量才 12 万吨，其中天然石油 7 万吨、人

---

① 北宋沈括在《梦溪笔谈》中曾有这样的关于石油的记载："鄜、延境内石油，旧说'高奴县出脂水'，即此也。生于水际，沙石与泉水相杂，'惘惘而出'，土人以雉尾挹之，乃采入缶中，颇似淳漆，燃之如麻，但烟甚浓，所沾帷幕皆黑。予疑其烟可用，试扫其煤以为墨，黑光如漆，松墨不及也，遂大为之。其识文为'延川石液者'是也。此物必大行于世，自予始为之。盖石油之多，生于地中无穷，不若松木有时而竭。"

造石油 5 万吨，石油产业还处于萌芽状态。后来，为创建新中国的石油工业，1952 年 8 月，毛泽东主席命令将中国人民解放军第 19 军第 57 师转业为石油工程第一师。以师长张复振、政委张文彬为首的全体指战员从此成为石油产业的一支生力军，为建设一支具有严格组织纪律、高度献身精神的石油产业大军打下了良好的基础。东北地区的几个人造油厂在设备、材料、技术人员严重缺乏的情况下，依靠技术人员和老工人的努力，仅用两年半的时间就恢复了抚顺、桦甸、锦州等几个主要人造油厂的生产。经过三年恢复，到 1952 年底，全国原油产量达到 43.5 万吨，为 1949 年的 3.6 倍，为新中国成立前最高年产量的 1.3 倍。其中天然油 19.5 万吨，占原油总产量的 45%；人造油 24 万吨，占 55%。生产汽、煤、柴、润四大类油品 25.9 万吨，比 1949 年提高 6 倍多。[①]

玉门油矿是我国第一个五年计划期间石油工业建设的重点。为了加强勘探，广泛采用"五一"型地震仪和"重钻压，大排量"钻井等新技术，先后发现了石油沟、白杨河、鸭儿峡油田。老君庙油田也扩大了含油面积，并开始按科学程序进行全面开发，采取注水和一系列井下作业等措施。到 1959 年，玉门油矿已建成一个包括地质、钻井、开发、炼油、机械、科研、教育等在内的初具规模的天然气石油工业基地。当年生产原油 140.5 万吨，占全国原油产量的 50.9%。玉门油田在开发建设中取得的丰富经验，为当时及以后全国石油工业的发展提供了重要借鉴。[②]

按照第一个五年计划的部署，石油勘探首先在我国西北地区展开。1955 年 10 月，克拉玛依第一口井——"克 1"井喷油。从 1956 年开始，石油勘探实现了部署调整，集中力量在大盆地和地台上进行区域勘探，实现了新中国石油勘探史上的第一个突破。到 20 世纪 50 年代末，全国已初步形成玉门、新疆、青海、四川 4 个石油、天然气基地。1959 年，全国原油产量达到 373.3 万吨，上述 4 个基地共产原油 276.3 万吨，占全国原油

① 参见《中国石油工业发展史》，中国石油天然气股份有限公司官网，2017 年 8 月 28 日，http://center.cnpc.com.cn/bk/system/2017/08/28/001658962.shtml，最后访问日期：2018 年 8 月 12 日。

② 参见《中国石油工业发展史》，中国石油天然气股份有限公司官网，2017 年 8 月 28 日，http://center.cnpc.com.cn/bk/system/2017/08/28/001658962.shtml，最后访问日期：2018 年 8 月 12 日。

总产量的 73.9%。四川天然气产量从 1957 年的 6000 多万立方米提高到
1959 年的 2.5 亿立方米。在人造油方面,经过扩建和改造,东北各人造油
厂的产量有了大幅度的增长。同时,还在广东茂名兴建了一座大型页岩油
厂。1959 年人造油产量达到 97 万吨,当时在世界上处于领先地位。①

随着石油勘探开发的发展,石油加工也得到了相应的发展。在此期间
新建了兰州、上海、冷湖、克拉玛依炼油厂,改建了玉门、独山子、锦西
石油五厂和大连石油七厂,特别是兰州炼油厂的建成投产,使我国炼油技
术提高到一个新水平。1959 年,全国生产汽、煤、柴、润四大类油品
234.9 万吨,主要石油产品自给率达到 40.6%。②

1959 年原油产量虽然达到 373.3 万吨,但石油工业仍然是国民经济的
薄弱环节:一是原油产量远远不能满足国内对油品的需求;二是原油产量
绝大部分在西北地区,而消费大部分又在东部沿海地区;三是需要大量进
口油品。由于当时国际环境的变化,油品进口几乎断绝,要摆脱落后被动
局面,就必须在勘探上取得突破,寻找并开发大油田。1960 年,在党中央
的领导和大力支持下,石油工业系统集中精兵强将,开展了著名的大庆石
油会战。“大庆会战”是在十分艰苦的条件下进行的,当时正处于三年困
难时期和苏联中断对我国援助的艰难时期,几万人来到毫无依托的大草
原,但是广大石油职工不怕艰难困苦,打了一场艰苦的勘探仗。会战的第
一年就基本探明了油田的面积和储量,当年就实现出油外运。随后又用了
两年的时间组织开发建设,到 1963 年大庆油田形成年产 600 万吨的原油生
产能力,其当年生产的原油占全国原油产量的 67.8%。大庆油田会战的成
功激发了全国石油勘探与生产的热情,之后又相继拿下山东胜利油田、天
津大港油田,在我国石油工业历史上实现了重大突破。到 1965 年,全国原
油产量达到 1131 万吨,基本实现了原油和油品全部自给。同时,我国石油
工业的布局也发生了重大变化,东部地区原油产量已占全国产量的 88.2%。

①　参见《中国石油工业发展史》,中国石油天然气股份有限公司官网,2017 年 8 月 28 日,
http://center.cnpc.com.cn/bk/system/2017/08/28/001658962.shtml,最后访问日期:2018
年 8 月 12 日。

②　参见《中国石油工业发展史》,中国石油天然气股份有限公司官网,2017 年 8 月 28 日,
http://center.cnpc.com.cn/bk/system/2017/08/28/001658962.shtml,最后访问日期:2018
年 8 月 12 日。

石油生产基地的分布基本适应了国民经济发展的需要。①

随着大庆等油田的开发,我国原油产量迅速增长,原油加工也得到了迅速发展。从1963年到1965年仅用三年时间,我国石油工业先后攻克了硫化催化裂化、铂重整、延迟焦化、尿素脱蜡以及配套催化剂和添加剂的制造技术,新建了加氢裂化装置和常减压、延迟焦化、催化裂化联合装置等共13套,进行了以"三航"(航空汽油、航空煤油、航空润滑油)、"两剂"(催化剂、添加剂)为重点的产品攻关,使我国自产的石油产品由1962年的416种增加到1965年的494种,汽、煤、柴、润四大类油品的收率从1962年的50.8%提高到1965年的56.9%。1965年,石油工业生产汽、煤、柴、润四大类产品617万吨,自给率达97.6%,提前实现了"三年过关,五年立足国内"的目标。②

"文化大革命"期间,尽管中国石油工业的生产受到了一些影响,但是石油勘探与生产仍然实现了较大发展。大庆、大港、胜利等油田的石油生产达到较大规模。到1978年,大港油田原油年产量达到315万吨。胜利油田原油产量则从1966年的130多万吨,提高到1978年的近2000万吨,成为仅次于大庆油田的第二大油田。1976年,大庆油田年产量突破5000万吨,为全国原油年产1亿吨打下了基础。1966~1978年,我国原油产量以每年18.6%的速度增长,年产量突破了1亿吨,原油加工能力增长5倍多,有力保证了国家的需要,缓和了能源供应的紧张局面。从1973年起,我国还开始对日本等国出口原油,为国家换取了大量外汇(见图2-1)。③

在石油炼化方面,为发挥中央和地方的积极性,以石油工业部为主,国家陆续兴建了茂名、大庆、南京、胜利、东方红、荆门、长岭等7个大型炼油厂。以地方为主先后建设了天津、武汉、安庆、浙江、广州、九江、乌

---

① 参见《中国石油工业发展史》,中国石油天然气股份有限公司官网,2017年8月28日,http://center.cnpc.com.cn/bk/system/2017/08/28/001658962.shtml,最后访问日期:2018年8月12日。

② 参见《中国石油工业发展史》,中国石油天然气股份有限公司官网,2017年8月28日,http://center.cnpc.com.cn/bk/system/2017/08/28/001658962.shtml,最后访问日期:2018年8月12日。

③ 参见《中国石油工业发展史》,中国石油天然气股份有限公司官网,2017年8月28日,http://center.cnpc.com.cn/bk/system/2017/08/28/001658962.shtml,最后访问日期:2018年8月12日。

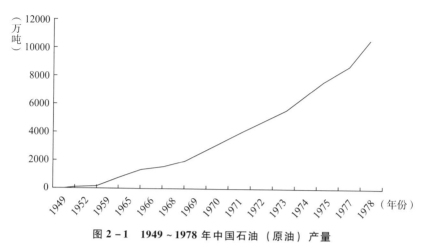

图 2 - 1 1949~1978 年中国石油（原油）产量

资料来源：根据《中国统计年鉴》相关年份数据整理。

鲁木齐、吉林、鞍山、石家庄、洛阳等 11 个大中型炼油厂。到 1978 年，全国原油年加工能力已达 9291 万吨，基本上与我国原油生产规模相适应，当年实际加工原油 7069 万吨，生产四大类油品 3352 万吨，品种达 656 种。①

从新中国成立到改革开放之前，中国石油产业在建设石油工业体系、努力提高石油产量的同时，还不断建立和完善适应计划经济条件的石油管理体制。由于石油是封闭的计划经济条件下重要的能源资源，因此，从石油产业初建开始，国家就实施了对石油产业绝对严格控制的管理体制。这种绝对服从于政府管制与计划色彩浓厚的石油管理体制，为短期内石油产业的发展提供了与其相适应的制度基础。

1950 年 4 月，国家召开了第一次全国石油会议，讨论关于石油产业的建设问题。1954 年 9 月，国家设立了燃料工业部，并在其内部设立了石油管理总局，负责新中国的石油工业生产建设。1955 年，为了大力发展能源工业，第一届全国人民代表大会第二次会议决定撤销燃料工业部，成立石油工业部、煤炭工业部和电力工业部。石油工业部负责石油工业的生产建设工作，地质部和中国科学院分别承担石油资源的普查工作和科学研究工

---

① 参见《中国石油工业发展史》，中国石油天然气股份有限公司官网，2017 年 8 月 28 日，http://center.cnpc.com.cn/bk/system/2017/08/28/001658962.shtml，最后访问日期：2018 年 8 月 12 日。

作。独立的石油工业部的成立表明国家对石油产业的重视，而石油工业部
确实也很好地承担起了全面加强石油工业建设的工作。例如，我国大庆、
胜利、辽河、大港等几大油田，都是在当时石油工业部的统一部署下，经
过数次石油会战逐步建成投产的。从此，中国开始了较大规模的石油工业
发展。从1953年到1959年，用于天然石油建设的资金在石油工业建设总
资金中的比例达71%。到1970年6月，燃料工业部、石油工业部、化学
工业部合并，成立了燃料化学工业部。1975年，第四届全国人民代表大会
第一次会议决定撤销燃料化学工业部，成立了石油化学工业部和煤炭工业
部。1978年，第五届全国人民代表大会第一次会议决定撤销石油化学工业
部，恢复成立石油工业部。1980年，成立国家能源委员会，负责管理石
油、煤炭、电力三个部门（杨帆，2008）（见图2-2）。

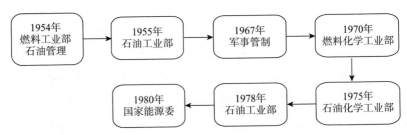

图2-2 中国石油产业管理体制沿革（新中国成立至1980年）

国家对石油产业的行政计划管理体制使得石油资源的开采、加工、炼
油、石油建设配套工程、成品油市场流通、石油产品定价权等都完全置于
政府特别是中央政府的严格控制之下。石油资源由国家通过战略部署（运
动式的大会战）来统一勘探开采，石油投资完全由国家按照石油生产的需
要有计划地投入。对于原油加工与成品油生产，国家实行计划指标与配额
制的管理方式，成品油的生产总量、各类油品的产量结构等都由国家计划
制定和掌控。以成品油的销售管理体制为例，改革开放前，国家对成品油
销售实施的是计划经济条件下的商业管理体制。在计划管理体制下，成品
油销售属于商业管理范畴，由各级商业部门管理，其经营管理体制沿袭了
传统的商业运行模式。1950年5月，国家在国内贸易部下成立了中国石油
公司，1958年随着国家商业体制改革，又先后更名为商业部燃料局、石油
局，负责对成品油进行管理，并形成了以大区和中心城市设立一级站、在

有关地县设立二级站、三级站为主体的三级批发销售体系，同时承担对地方石油经营单位的业务协调职能（杨帆，2008）。

与此同时，各省、地、县按照行政区划建立各自的经销机构，即各级石油公司。由于成品油处于严重短缺状态，国家对石油销售体制实行严格计划管控。1950 年国家制定了石油统购、统销暂行办法，规定凡汽油、柴油、煤油、燃料油供应，均由中国石油公司统一经营，各级石油经营部门按照统购统销政策严格实行定量供应，不能擅自跨出行政区域进行供应和经营。当时国营的石油公司只是政府附属部门，完全按照统购统配管理办法负责当地的市场供应任务（杨帆，2008）。到 20 世纪 80 年代，尽管石油供应已经有富余，石油工业管理机构几经变迁，石油流通分工也曾经有过大的调整，但是，国家始终没有放弃对石油生产与流通的管理职能，原油和成品油等一直都实行统购统销的计划流通方式。[1]

二　石油产业的"封闭-行政化"范式

1978 年党的十一届三中全会开启了中国社会发展新的历史阶段，它标志着中国社会开始了具有历史性意义的巨大转型。改革开放政策的推行，使经济建设成为（当时）中国社会发展的中心议题。根据党的基本路线，改革就是要解放生产力，发展生产力，就是要改革既有制度中束缚生产力发展的环节。就中国石油产业而言，尽管当时中国社会已经迈入了市场化改革与转型的时代，但是中国石油产业的发展（总体上）更多的还是继承了计划经济体制下的发展模式。与 1978 年之前石油产业完全由国家行政部门来主导运作的模式有所不同，改革开放后，国家再次对中国石油产业的管理体制进行了变革。1982 年，国家撤销了之前成立仅两年的国家能源委员会，其下属的石油部、煤炭部、电力部开始实行直接由国务院领导的体制。在石油产业的组织形式上，成立了国家石油公司。1982 年 2 月，中国海洋石油总公司成立，由石油部归口管理，全面负责中国海洋石油的对外合作业务，独享在对外合作海区进行石油勘探、开发和销售的专营权（董

---

[1]　参见《我国石油工业管理体制和流通体制变迁》，中塑在线资讯，2010 年 5 月 19 日，ht-tp：//info. 21cp. com/Info/Topic/201005/334853. htm，最后访问日期：2018 年 8 月 12 日。

星亮，2004）。

1983 年 7 月，为了对全国重要的炼油、石油化工和化纤企业进行集中管理，国家将原石油部等部门及部分石化企业合并，组建了中国石油化工总公司，专门负责全国石油产品的生产与原油加工炼制。1988 年 9 月，国家再次撤销石油工业部、煤炭工业部和电力工业部，成立能源部。在原石油工业部的基础上组建了中国石油天然气总公司（以下简称中石油）。在能源部内设立石油总工程师办公室，负责协调中石油和中国海洋石油总公司（以下简称中海油）的开发、生产建设业务。[①] 至此，中国石油产业形成了由国有三大石油总公司分割主导的基本格局。换言之，1988 年，中国石油产业封闭 - 行政化范式的基本格局已经奠定并总体延续到了 1998 年（尽管期间在局部领域进行了零星的改革）前后。

1. "封闭 - 行政化"范式的总体特征

从产业发展范式来讲，1988～1998 年，中国石油产业的发展总体上呈现较为明显的"封闭 - 行政化"范式的特征。在这一范式下，石油产业发展的总体市场环境具有较强的封闭性，开放度不够。也就是说，围绕石油产业所构建起来的石油市场具有较强的封闭性，参与竞争与互动的经济行动主体比较少。而且主导市场内经济行动的核心机制主要是非市场的行政计划机制，即国家对石油产业的行政控制比较明显，对国内石油市场的政策性规制与限制保护比较强，外部竞争者很难获得市场准入的机会。

在"封闭 - 行政化"的发展范式下，中国石油产业较多地沿袭了改革开放前计划经济体制下的产业发展模式，政府是引导经济与产业发展最重要的主体。在这一阶段，尽管已经成立了中石油、中国石油化工总公司（以下简称中石化）以及中海油三大主要的国营石油公司，但对石油产业发展起到决定性影响的仍然是中央政府及其石油管理部门（而且，三大国营石油公司仍然承担较多的行政职能，具有较强的行政色彩）。石油资源的勘探、开采、石油炼化、石油化工等各个环节的生产也基本上受国家的行政计划指令控制。比如，石油资源区块的分割、石油生产环节的分割、石油贸易（国内贸易、国外贸易）等领域的事务从根本上都分属不同的行

---

① 《我国石油工业管理体制沿革一》，《中外能源》2008 年第 6 期。

政管理部门。因此，尽管改革开放后中国进入了市场化变革的阶段，但中国石油产业市场化的步伐却相对缓慢，离真正的市场化、开放化格局的距离还相对遥远。

关于封闭行政化范式下的中国石油产业，学界在对其产业特征的描述上基本达成了一致，即一种依靠行政分割而形成的"上下游分割、内外贸分治、海陆分家"的专业化分割主导格局（习文静，2007；杨嵘，2004b；刘毅军，1998）。

2. "封闭－行政化"范式的具体内涵

如前所言，1988～1998年，"封闭－行政化"是中国石油产业的基本范式。中国的石油产业在一种相对封闭的市场、制度与政策环境下演化发展。尽管在有限领域、局部环节引入了某些市场机制的要素，如1992年后成品油营销市场民营资本的进入，[①] 但是石油产业在石油定价机制、市场竞争与市场参与、管理体制与企业组织形式、外部合作等主要方面，仍然呈现较为明显的市场封闭性，政府行政计划控制的色彩仍然比较浓厚。

首先，就石油定价机制而言，1998年之前，中国的石油产品定价基本上是一种政府行政指导定价，而且在很长的一段时间里实行的是政府固定定价机制（常海虹，2008）。如果按照严格的市场原则，那么石油及石油产品在流通市场上的价格应该是按照消费者与供给者之间的供需关系决定。如果市场上石油产品供大于求，则石油产品价格应该下降；如果出现供不应求的情况，则石油产品价格应该上涨。这符合自由市场经济的基本理念。但是在"封闭－行政化"的产业范式下，中国石油市场主要由非市场的定价机制所主导。这主要是指国家紧紧地掌控了石油产品的定价权。由于我国长期实行相对低的石油价格政策，因此，在计划色彩还比较强的阶段，政府力图通过控制石油价格的方式来实现石油市场的稳定，更主要的是为了保持整体国民经济能够免受石油价格波动带来的震荡性影响。

当然，为了适应市场化改革的需要，国家曾在一段时间里对石油产业实行过定价机制的探索性改革。20世纪80年代初，由于我国石油生产遇

---

① 1992年国家出台相关政策开放了石油的经营销售，鼓励民营资本进入。

到了较大的瓶颈，大庆油田等主要的石油生产企业的增产率开始降低。为了激励石油生产企业的积极性，国家在1981年实施了原油包干政策。所谓原油包干政策就是指政府允许石油生产企业（油田）在完成国家一亿吨原油生产量的基础上，将超额完成量按国际市场价格出售或出口，其收入作为石油勘探开发基金。由此便产生了石油定价的"双轨制"，并逐步形成了以国家定价为主、计划内外多种价格并存、计划外实行最高限价的局面（王燕梅，2008；杨嵘，2004b）。但是由于双轨制导致了石油市场价格的混乱，国家在1994年取消了双轨制，重新回到了国家统一定价。[①]

从双轨制的废弃到回归政府统一定价，我们可以发现，在1998年前的"封闭－行政化"的产业范式下，市场化定价的尝试并没有成为主导的定价机制。在政府或国家力量的干预下，石油产业的定价机制尚不能反映市场供需的波动，相反，仍然只是一种行政计划的产物。有研究者指出，20世纪80年代开始实行的双轨制本质上是一种封闭的政府行为，市场机制只是扮演了有限的角色（Wu，2003），政府定价机制的恢复本质上又是对市场化取向的价格管理体制改革的一种倒退（王燕梅，2008）。

与定价机制相关联，"封闭－行政化"的产业范式下，石油市场的流通消费领域也呈现较强的国家行政控制特征。与1978年之前的石油流通体制稍有不同，1988～1998年，国家对石油流通市场的控制主要是通过三大国营的石油公司（以中石化为主）来执行。双轨制期间，除石油生产企业拥有部分超额原油的销售处置权外（超额原油的量占整个流通市场的比例非常小），在这一阶段，政府通过国营的石油公司，以授权特许经营的方式掌控着石油产品的流动与配置。国家的相关政策明确规定：由国家计委对国内生产和进口的原油、成品油实行统一配置，石油天然气总公司生产的原油除油田自用和合理损耗以及国家计划内出口外，全部安排给石化总公司组织各炼油厂加工，油田不再以油换电、换物，也不再直接向地方提供原油资源，炼油企业一律不准搞各种形式的国内原油来料加工，也不得直接向市场销售成品油。同时，国家还确定了"一统、一主、二辅"体制，即石油分配、生产统一由国家（国家计委、国家经贸委）管理，成品

---

① 参见《我国石油工业管理体制和流通体制变迁》，中塑在线资讯，2010年5月19日，ht-tp：//info.21cp.com/Info/Topic/201005/334853.htm，最后访问日期：2018年8月12日。

油销售主渠道是中石化,辅助渠道是中石油和地方炼厂。[①]

就市场竞争与市场参与而言,在"封闭－行政化"的范式下,1998年之前,中国石油产业的市场格局特征可以概括为:政府主导下的局部有限竞争,以政府行政主导为主,局部竞争为辅。换言之,1998年之前,国家对石油产业的行政化控制还体现在石油市场的高度规制性。当然这种主导不是政府作为经济行为主体直接进行控制,而是通过授权的方式给予几大国营石油总公司以特定的市场经营权力。国营石油公司在石油勘探、石油开采、石油加工、石油炼化等石油产业的上中下游(生产价值链)实行了专业式的分割垄断。同时,这些大型的国营石油公司还对石油资源、石油市场按照行政与地理区域实行了区域分割主导(如海陆分家),彼此形成了一个个独立的石油企业系统。在这种专业化分割主导的情况下,基本谈不上市场的开放以及自由公平的市场竞争。因此,在"封闭－行政化"的产业范式下,中国石油市场主要是一种非市场化、非竞争性的市场格局,市场的参与者以及参与程度非常有限。特别是在上游的石油勘探和开采领域,在下游的石油加工炼化领域,以及石油进出口贸易领域,主导的经营权分别属于中国石油天然气总公司(专营陆上石油业务)、中国海洋石油总公司(专营海上石油业务)、中国石油化工总公司(主营石油加工与炼化业务)、中国化工进出口总公司(专营石油进出口业务)等。因而,这样一种市场分割主导的格局又被学界称为"五龙治水"[②](苟三勇,2006)。

如前所言,1988~1998年,中国石油产业也进行过较为零星的市场化改革,其中在市场竞争方面,一个较重要的体现就是国家曾允许和鼓励民营资本进入中国的成品油市场,这主要是指自20世纪90年代初曾经短暂繁荣兴盛过的民营加油站。20世纪90年代初,中国的改革开放进入了一个发展道路的徘徊期,改革的进程开始放慢。为了继续推进改革开放进

---

① 参见《国务院转发国家计委、国家经贸委关于改革原油、成品油流通体制意见的通知》(国发〔1994〕第21号),1994年4月5日。

② 所谓"五龙治水"主要是指中国石油天然气总公司、中国石油化工总公司、中国海洋石油总公司、中国化工进出口总公司、新星石油公司。其中,新星石油公司成立于1996年,并被赋予了类似的石油市场控制权。但新星石油公司维续的时间并不长,2000年被中石化兼并。

程，1992 年邓小平进行了历史上著名的"南方谈话"，为进一步的改革开放指明了方向。在石油产业方面，国内石油零售市场上也首次出现政策松动，民营资本被允许进入石油经营市场（主要是指成品油零售市场）。1993 年后的五年时间里，民营石油企业飞速发展，市场扩张迅速，几乎控制了全国近 60% 的成品油零售市场（加油站业务）（刘长杰、张向东，2006）。民营石油企业的扩张一度让人们看到了中国石油产业市场化的希望，但是 1998 年前后，由于石油市场的混乱，走私现象严重，国家对石油市场进行了清理整顿，取缔了大部分的民营中小石油企业，[①] 中国石油市场重新回到了被三大石油巨头垄断的局面。

所以说，在政府行政主导下，中国石油产业的市场化竞争格局没有形成。相反，国营石油公司在石油市场的主导优势不断得到强化，产业壁垒较明显。根据相关研究的概括，"封闭 - 行政化"范式下的中国石油产业存在着严重的政策性壁垒、规模经济壁垒、技术性壁垒等（王冠，2008），限制了非国有资本的准入。

1998 年之前，中国石油产业的管理体制及石油企业的组织形式也是反映这种"封闭 - 行政化"范式的重要方面。在"封闭 - 行政化"的产业范式下，中国石油产业的管理体制基本上沿袭了改革开放前政府对石油产业的行政控制，但是控制的形式并非 1978 年之前的由中国石油部等行政部门来直接控制，而是通过其他的一系列政策方式，如投资方式、财政审批方式等对石油企业进行管理（寿铉成，1997）。1992 年，国家撤销了能源部，中国石油天然气总公司、中国海洋石油总公司、中国石化总公司直接接受国务院的领导，更加明确了三大国营石油巨头的市场地位与产业职能。

1998 年之前，国家对石油管理体制以及对石油企业行政治理方式的部分改革，虽然一定程度上实现了政企分离的目标，但是政府的行政职能并没有完全从石油企业里退出来。中国石油天然气总公司、中国海洋石油总公司、中国石化总公司等本质上还是一个行政机构性质的单位，尽管表面上是经营性企业的形式。但在具体职能上，它们要实施相当多的政府行政职能（Gao，2002），如组织与协调石油生产、石油产业的政策制定与实施

---

① 参见《国务院办公厅转发国家经贸委等部门关于清理整顿小炼油厂和规范原油成品油流通秩序意见的通知》（国办发〔1999〕38 号）。

等。因此，这些国营的石油公司实际上是一种政企合一的企业，在管理上，各总公司代行政府职能；在生产经营上，实行高度规制（杨嵘，2004b）。彼得·诺兰在对中国石油产业机构改革的研究中指出，1988年，石油工业部改组为中国石油天然气总公司时，它就被授权控制原石油工业部属下的资产，对下属生产企业拥有所有权，同时，还保留了许多前石油工业部的部级职权，包括制定环境保护管理政策等。中国石油天然气总公司继续成为中国国内石油勘探与生产的主体（诺兰，2000），这种半行政的企业组织形式严重地妨碍了石油产业市场经营效率的提高。这也是1998年石油产业大改革为什么要对三大石油公司实行重组的原因之一。

同时，必须指出的是，1998年之前，中国石油产业的"封闭－行政化"范式并不必然是绝对的市场封闭范式。在外部合作及其战略方面，中国石油产业主要采用了"引进来"的方式，即在局部领域、局部范围内引入外来资本与外来先进技术服务于中国石油资源的勘探和开发。只不过，由于石油资源的战略安全性以及"封闭－行政化"范式下专业分割的市场格局等因素，石油产业"引进来"的外部合作战略只停留在了较小的范围内，以石油资源的勘探与开发合资合作为主。其中以两个最重要的政策推行为重要标志，分别是：1982年发布的《中华人民共和国对外合作开采海洋石油资源条例》、1993年发布的《中华人民共和国对外合作开采陆上石油资源条例》。这两部具有里程碑意义的法规开启了中国石油产业对外开放的步伐。通过这两部法规，国家分别赋予了中国海洋石油总公司、中国石油天然气总公司独家经营海洋石油资源或陆上石油资源的特许权（包括对外合作经营的特权）。任何外国石油公司都只能和这两家国营石油公司进行业务合作。

3. "封闭－行政化"范式下的石油产业状态

在"封闭－行政化"的产业范式下，中国石油产业的主导力量仍然是国家，国家通过三大石油公司对石油产业的勘探生产、原油加工、石油产品流通等实施较强的行政干预。中国的石油产业总体上沿袭了1978年前的产业发展模式。这一阶段，中国石油产业在原油生产规模上基本上维持了前一阶段较高的水平，但石油产量增幅开始减缓。通过较大规模的石油生产，国产石油基本上满足了国民经济发展的需要，并有一部分石油产品出口。从石油产量来看，在增产非常困难的情况下，全国石油产量仍然维持在一亿吨以上的水平。中国已经成为世界最主要的石油生产国之一。同期，我国的石油消费也随着经济的发展而增长。例如，1990 年，我国石油消费总量为 11469 万吨，基本接近当年石油总产量。特别是 1993 年，我国首次成为石油净进口国，标志着我国石油开始需要依赖对外进口（见表 2－2）。

表 2－2　1990～1997 年中国石油产量与消费量比较

单位：万吨

	1990 年	1991 年	1992 年	1993 年	1994 年	1995 年	1996 年	1997 年
产量（原油）	13828	13979	14203	14400	14607	14879	15729	16034
消费量	11469	12423	13373	14777	14949	16069	17507	19677

资料来源：计通，1995、1999；刘宏杰、李维哲，2007。

与此同时，在"封闭－行政化"的范式下，中国石油天然气总公司等国营石油公司获得了特许权力，它们主导着石油产业的经营。由此，在一个结构基本封闭、竞争弱化的市场格局下，中国石油产业实现了非常高的产业集中度。

三　石油产业的"开放－市场化"范式

20 世纪 90 年代中后期以来，我国在推动国内经济体制改革的同时，也逐步积极且大规模地参与全球化的进程。在全球生产价值链分工上，中国依靠成本低廉的劳动力比较优势而成为世界上最重要的制造业"生产工厂"。中国经济在全球化力量的作用下，逐步走向一种更为宽泛、更高层次的开放。中国石油产业在经过"封闭－行政化"范式阶段相对稳定的发展后，以 1998 年石油产业的大变革以及之后的系列重组为标志，中国石油产业进入新的发展阶段，走上了新的发展路径。中国加入世界贸易组织更是加速推动了这种转型。换言之，1998 年的石油产业改革开启了中国石油产业发展范式上的巨大转型，即由"封闭－行政化"范式转向了"开放－市场化"的发展范式。

1. "开放－市场化"范式的总体特征

"开放－市场化"的范式意味着中国石油产业在社会与制度环境、共享的产业行为与治理规则、产业发展的目标定位等各方面发生着重大变化。这种转型对中国石油产业的继续成长，尤其是积极进入国际石油市场参与国际竞争等具有非常关键的作用。具体而言，1998 年后，中国石油产业"开放－市场化"范式总体呈现为：在产业发展的空间、市场、社会与制度环境上，中国石油产业进入了一个更加开放的格局。其面临的诸如市场竞争、市场发展机遇、产业发展的制度性约束等都比之前更加复杂。石油产业的发展已经不得不从原有的计划保护性体制下走出来，去开拓更广的发展空间。石油产业原来的封闭性产业体制结构有所松动，市场更加开放，非国有的资本、技术、企业等能够在扩大的市场领域与国有石油公司展开竞争合作。与此同时，中国石油产业也能够更加深入地参与全球石油合作，积极拓展中国石油产业的海外发展空间。

此外，在"开放－市场化"的产业范式下，中国石油产业的产业行为，如作为经营与竞争主体的市场行为，包括投资行为、风险规避行为、合作与联合行为等，开始更多地按照"高水平"的市场化机制来进行引导，而不是绝对地依靠行政性的机制（与国家的特殊行政关系）来进行规制。石油产业需要更好地遵从市场化规则、国际经济发展的惯例，与国际石油市场、国际石油发展经验接轨，实现中国石油产业在发展能力、发展层次上的提升。在"开放－市场化"范式下，中国石油产业运作主体的市场化特征更加明显，尤其是传统的国有石油公司更加突出其市场化主体的属性，而非国家行政机构的属性。石油企业在参与市场运作尤其是海外的石油资源竞争合作的过程中，是一种真正意义上的市场法人，其经济行为是一种市场行为。石油企业的组织形式、内部治理结构也朝向更加严格的现代公司制度或现代企业制度形式。经验表明，经过 1998 年的改革以及之后一系列的改制重组，中国石油产业逐渐形成了"上下游一体化、内外贸一体化、产销一体化"（既有竞争又有合作的）的市场化基本格局（陈立，2001；邵德刚，1999；Wu，2003；Cole，2003）。

2. "开放－市场化"范式的具体内涵

1998 年石油产业大改革和大重组，尤其是中国加入世界贸易组织之后，中国石油产业在定价机制、产业管理体制与组织形式、市场参与或市场竞争、外部合作战略等方面实现了重大转变。

首先，1998 年以后，在"开放－市场化"的产业范式下，中国石油产业改变了旧范式下政府行政定价的机制，逐步实行与市场接轨尤其是与国际石油市场接轨的定价机制（李书田，2006）。这种与市场接轨的定价机制旨在强调和反映市场机制在石油产品价格形成中的作用，并借以反映石油产品的供需状况以及国际石油市场的波动情况。20 世纪 90 年代中期之前，[①] 我国一直实行的是低油价政策，随着国际石油价格的波动，在特定时间里很容易造成国内成品油价的倒挂，[②] 不利于整个石油产业的健康与均衡发展。国家被迫再次实行由政府统一定价的方式。

1998 年后，国家先后多次出台政策文件，意图改革石油产品的定价机制，形成既反映国际国内石油市场变化，又合理调节产业发展利益的新石油定价机制。1998 年国家计委发布的《关于原油与成品油价格改革问题的通知》（国家计委〔1998〕52 号）就指出：原油与成品油价格改革的目标是建立起与社会主义市场经济相适应，以市场为导向的定价机制，这种定价机制是基于政府对国际石油市场价格变化的反映与控制。在这样的背景下，国家先后对原油、成品油的定价机制实施了重大改革。其中 1998 年的价格改革实现了原油价格与国际市场的接轨。原油的基准价格不再由国家计委制定公布。2000 年，国家又对成品油价格进行了改革，实现了国内成品油与国际市场成品油价格的接轨。具体是以新加坡石油期货同类油品收盘价为基础，再加上由供求双方自行商定的贴（升）水，最终确定国内成品油的终端市场价格（徐若然，2006；武璟，2007；陈冬梅，2006）。2001 年，成品油基准价调整为以新加坡、鹿特丹、纽约三地成品油交易价格为基础，标志着国内成品油价格"挂钩联动"机制进一步完善（董秀成，2005）。之后，国家进一步实现了将国内成品油与国际原油价格挂钩的方式，[③] 改变了之前国内成品油与国际成品油交易价格挂钩的方式，体现了国家对成品油定价机制的进一步完善的努力。

"开放－市场化"范式下与国际石油市场接轨的石油定价机制反映了

---

① 在 20 世纪 80 年代至 90 年代早期，国内石油价格曾经试图与国际市场接轨，但未能成功。可参见 Philip Andrews-speed, Stephen Dow & Zhiguo Gao, 2000：5 - 20。

② 所谓成品油价格倒挂就是指国内成品油的价格低于同期国际市场上的原油价格。

③ 参见《国务院关于实施成品油价格和税费改革的通知》（国发办〔2008〕37 号）。

国家在石油产业市场化、国际化方面的努力。相对于"封闭－行政化"范式下的石油定价机制，已经是很大的进步。大多数的研究者认为，1998～2008年，中国石油产业石油定价机制总体上处于"逐步与国际市场接轨"的阶段（徐若然，2006；Gao，2002；王燕梅，2008）。

　　管理体制与组织形式的变化是中国石油产业范式变迁的重要内容。在"开放－市场化"的范式下，中国石油产业的管理体制得到进一步的改革。国家逐渐从对石油产业的直接或间接控制、干预中"退身"，更多地依靠非行政的方式来实施影响，如通过制定影响石油产业运行的法律法规的方式引导产业的发展与治理（陈立，2001）。在1998年中国石油产业改革之后，国家首先就将原来遗留给三大国有石油公司的一部分行政职能收回，由专门的国家行政机构来承担。在组建中国石油天然气集团公司（CNPC）和中国石油化工集团公司（Sinopec）的同时，原总公司所有的管理职能分别由国土资源部、国家石化局等部门承担（陈立，2001；王燕梅，2008）。两大国有石油公司从原来兼有行政职能的总公司转变为市场化的企业公司。国家层面石油管理体制的变革改变了石油产业政企不分的局面，使石油企业成为现代企业制度意义上的公司企业成为可能。

　　从组织形式来看，"开放－市场化"的产业范式下，石油企业（具体指传统意义上的国有石油企业）开始实施自身内部治理结构与企业组织形式的变革。尽管1998年的石油产业改革是在政府行政主导下实施的，但其改革的结果是，中国石油天然气总公司、中国石化总公司转变为现代企业制度意义上的市场化的企业——中国石油天然气集团公司、中国石化集团公司。从"总公司"到"集团公司"名称上的转变本质上代表了石油企业组织形式、内部治理结构、产权组合结构的根本转变。石油公司成了组织市场经营活动和运作的主体，即所谓的"自主经营、自负盈亏、自担风险"的现代企业。1998年之后，中石油、中石化在内部治理结构方面也实施了一系列的变革改造，结合多次复杂的企业兼并与重组，两大国有石油公司成功地实现了股份化改造，并根据资本市场的严格要求，将其核心资产实施了打包上市。1999年，中国石油天然气集团公司发起成立中国石油天然气股份有限公司，并于2000年在纽约和香港资本市场上市。中石化下属的中国石化也于同年在纽约、香港、伦敦等证券交易所上市。2001年，中国海洋石油有限公司也成功在纽约和香港上市（张明松，2007）。中国石油企业的上市一方面标志着其组织形式的现代化改造的成功，另一方面也反映了中国石油产业市场化程度的提高。中国石油产业的组织形式基本上实现了从政府行政式企业向现代公司制的转变（Nolan，2002；Wang，1999）。

石油产业"开放－市场化"范式还体现在石油产业的市场竞争格局与市场参与的变化。在"封闭－行政化"范式下，中国石油市场基本上由三大国营石油公司垄断。1998年之后，国家对石油产业进行了大规模的重组改造，一个重要的内容就是打破传统的上下游分割、内外贸分割、海陆分割的分割格局，引入市场机制，提升中国石油产业的运行效率。国家对石油产业的改革与重组就是要在保持各自优势的同时，建立统一、开放、竞争、有序的全国石油资源、石化产品和技术服务市场，实现石油产业上下游、内外贸、产销的一体化。此次改革的一个重要效果就是，石油产业在三大领域的垂直一体化改造，改变了之前三大国营石油公司分割垄断的格局，使得每个公司在石油勘探、开采、原油加工、石油炼化等各个环节和领域都能实现市场进入，改变了原来由中石油垄断原油生产、中石化垄断石油炼化的格局。这也意味着，在保持国有石油企业在石油市场垄断优势的情况下，较好地在三大石油公司之间引入市场竞争机制，借此提升石油产业的运行效率。

在实现三大国有垄断石油企业竞争的同时，1998年后，在市场化与全球化日益深入发展的背景下，中国石油市场的市场化、开放化水平取得了较大程度的提高。这主要体现为，国家通过法律政策适时且适当地扩大石油产业的市场开放领域，引入非国有的石油资本与企业参与中国石油市场的竞争。根据中国加入世界贸易组织的承诺，中国政府分别于2004年12月、2006年12月对外开放了中国成品油零售市场和成品油批发市场（朱和，2005；张旭海、武玉平，2005）。这意味着，传统的以中石化、中石油为代表的国有石油公司对中国石油产业的行政性主导在一定程度上被打破，外资、民营资本等有机会进入成品油的零售与批发市场，增强了石油市场的市场竞争和参与。在"开放－市场化"范式下，石油产业市场的参与格局被形象地描述为"三分天下"①的市场结构（孙艳莉，2009）。

应该指出的是，1998年前，中国石油产业的市场格局是一种国家行政主导下的局部有限竞争形态。相比之下，在"开放－市场化"范式下，中国石油产业的竞争领域更加扩展，竞争程度更加提高。无论是在成品油零售市场，还是在成品油批发市场以及石油进口市场，国有石油公司、外资石油公司、民营石油公司之间的竞争呈现更为复杂、更为激烈的形态。加上国有石油公司之间的竞争，中国石油产业在"开放－市场化"范式下的市场竞争与市场参与更像一种有主导的多元市场竞争格局（王丹，2007：91）。

从外部合作方面来看，在"开放－市场化"的产业范式下，中国石油产业除了在国内石油市场积极引进资本、技术合作外，还积极主动地实施"走出去"的战略，即中国石油企业在实现自身竞争能力壮大的基础上，适时、主动地参与国际石油市场，对外实行石油资源投资和技术、服务的输出。通过"走出去"的外部合作战略，中国石油企业，特别是三大国有石油公司开始逐步地接触、了解和熟悉国际石油市场的运作特征、规则等，加强了与国外大型石油公司的竞争与合作，实现了中国石油企业的国际化跨越。早在20世纪90年代初，国家提出石油产业要实施"走出去"战略后，以中石油为代表的中国石油企业就开始了跨国经营的探索，参与海外石油资源开发与石油生产服务。但是，相对而言，中国石油企业早期的跨国经营战略还只是停留在起步阶段，水平比较低。海外合作的主要形式也局限于如石油开采钻井服务、石油工程服务、石油劳务输出等，即便是有石油投资，也只是很小的规模（朱芳，2004）。1998年之后，中国石油企业的海外扩展才进入快速发展阶段（卢叶春，2007；张宁，2009；Ma & Andrews-speed，2006）。中国石油企业海外业务扩展主要以国有的三大石油公司为主体，即中石油、中石化与中海油。海外业务拓展的主要形式主要有两种：一是对海外的国有油气田采取分成合同的形式参与油气田的勘探开发；二是对完全私有化的油气田采取收购原有股东股权的方式介入这些油气田的开采（隋舵，2005）。

---

① 即国有石油公司、民营石油公司与外资石油公司三大力量参与石油市场竞争的格局，下文中有时写作国有石油企业、民营石油企业和外贸石油企业。

中国石油企业实施"走出去"的外部合作战略，充分展现了中国石油企业的自信心，标志着中国石油企业能够以独立的市场化企业的形式参与到国际石油资源的开发与合作过程中。更为重要的是，在我国经济发展对国外石油资源依赖程度日渐加深的背景下，中国石油产业实施"走出去"战略对保证石油资源的进口及石油供应安全起到了重要的作用。在市场化与全球化日益发展的情况下，中国石油产业"走出去"的外部合作战略，改变了早期以"引进来"为主的外部合作模式，提升了石油产业外部合作的层次，扩展了竞争与合作的范围。它构成了中国石油产业范式转型的重要内容。

"开放－市场化"范式下的石油产业状态。随着石油产业市场化改革的深化以及中国参与全球化程度的加深，中国石油产业形成了"开放－市场化"的发展范式。在市场力量与国家调控的作用下，中国石油产业实现了稳定的发展。首先，在保持国内石油产量稳定的情况下，石油进口规模逐年扩大，经济增长对国外进口石油的依赖不断增强（见图2－3）。以2005年为例，中国石油的对外依存度达到40%（张福琴等，2007）。其次，从行业集中度来说，尽管三大国有石油公司占整个石油产业的比重仍然具有绝对优势，但是三大公司间的市场份额却发生了显著变化（见表2－3）。中国石化公司在原油生产领域的比重实现了较大幅度的提高，而中石油则在石油炼化领域增加了市场占有率。这在一定程度上改变了原有

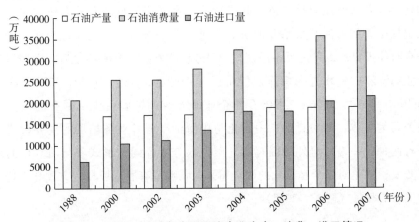

图2－3　1998～2008年中国石油产业生产、消费、进口情况

资料来源：根据历年《中国统计年鉴》整理。

的市场竞争格局。

表 2 - 3 中国石油产业总体市场集中度分析 (1997 vs 2005)

集团公司	原油生产 (%)		原油加工 (%)	
	1997 年	2005 年	1997 年	2005 年
中石油	88.91	58.42	14.45	33.72
中石化	0	21.65	81.24	45.43
中海油	10.24	17.63	0	0
三大公司合计	99.15	97.7	95.69	79.15

资料来源：习文静，2007。

第三章 产业变迁的"决策分析"

一 作为组织现象的产业范式变迁

组织社会学作为社会学的一门分支学科,从 20 世纪 50 年代形成之初(斯科特,2002),就致力于对人类社会生活中的组织现象进行认识和阐释。组织社会学主要关注现代工业社会中诸如企业、工会、医院、教育机构、小团体等具有一定正式结构的组织。同时,还热衷于考察这些不同的机构组织在特定的制度、文化、市场、技术等组织环境中所表现出来的具体行动过程及其影响 (斯科特,2002;李怀,2005)。在组织社会学的观察视野下,现实社会生活中的组织在一定程度上是构成社会结构、社会生活的基本"细胞",一切的社会现象从本质上而言都是组织现象。作为人类社会经济生活领域重要内容的"产业"或"产业现象",其本身就是组织研究的重要对象。在本研究中,我们将中国石油产业发展范式的变迁纳入组织社会学的研究视域来进行理解。

(一) 组织现象:产业变迁的认知定位

按照一般的理解,所谓组织现象就是指有关社会生活的组织结构及组织方式,通过这些具体的组织结构及组织方式,实现整个社会的协调与整合。因此,组织可以被理解为社会的一个构成单位以及社会生活运行的方式。具体到石油产业发展范式的变迁,以 1998 年为界,中国石油产业经历了从"封闭-行政化"范式到"开放-市场化"范式的转型。这种宏大的范式转型实际上代表了一种较为典型的组织现象。

（1）产业的组织制度与组织方式。从组织的意义上讲，石油产业范式的转型意味着石油产业的组织方式、组织制度发生了质的变化。在"封闭－行政化"范式下，石油产业的组织方式基本上是一种基于行政命令的计划型的组织方式。在这种组织方式下，石油产业实际上缺乏真正的市场经营属性的主体，而是由体现国家意志的行政性的国营石油总公司来进行角色扮演。在"开放－市场化"的产业范式下，组织石油产业发展的核心主体则主要是朝向市场原则、适应全球市场竞争的现代石油企业。这种产业组织主体及其性质的转变，意味着引导石油产业发展的组织制度或组织理念的变革：是固守计划，还是尊重市场？而这也正好反映了当时中国社会实施改革开放抉择的基本理论基础。

中国石油产业范式转型作为一种组织现象还具体地表现为石油产业内石油企业组织结构的变化。尽管关于组织的确切概念，组织社会学界还存在较多的争论（周雪光，2003），但是欧美的组织社会研究一般将组织定义为有具体的正式结构、有明确的制度规则、有共享的组织文化和观念的一种社会组织形态。对中国石油产业而言，在前后两个范式的转变过程中，石油企业的组织形式、组织结构发生了显著的变化。在公司性质上，实现了从具有国家行政职能的国家行政式企业向符合现代企业制度要求的市场化公司的转变。同时，在企业的内部治理结构上，借鉴西方国家现代市场化公司的组织结构，建立起了更适应市场环境需求，与国际接轨的内部治理机制，如石油公司的股份制改造使公司内部治理机制从行政治理转变成了法人治理（严绪朝，1998）。石油产业管理体制与内部组织结构的变化表明，石油产业范式的转型包含着组织社会学意义上的组织或制度的变革。

石油产品定价机制的变化同样也可以被理解为一种产业组织变迁现象。在"封闭－行政化"的范式下，国家直接干预的力量比较明显，计划经济体制的色彩还没有完全消退。因此，在关键的战略性资源——石油产品的定价机制上，国家选择了非市场化的定价机制。定价机制在本质上是一种组织石油流通与消费市场的制度或方式。这种组织制度决定了石油产品的价格形成方式。在"封闭－行政化"的范式下，中国石油产业在石油产品定价机制上实行的是一种政府行政定价的组织方式与组织制度。这种组织制度决定了国家行政权威是石油产品价格形成的决定性力量。例如，在1994年之前近十年的时间里，中国石油产品的定价实行的是双轨制定价模式，但是由于双轨制带来了一个市场多种价格的混乱局面，影响了石油市场良性秩序的形成和管理，而且从根本上损害了石油市场与国民经济的稳定。因此，政府通过自己的行政权威收回了部分石油产品由市场定价的方式，彻底地回归了计划经济体制下政府指导的统一定价方式。相比于"封闭－行政化"范式下政府指导定价的石油价格组织制度、组织方式，1998年之后，石油产业的价格组织方式与制度开始向市场定价转变，能较好地反映国内外石油市场供需状态的与国际市场接轨的价格组织方式成为决定中国石油产品价格的关键因素。从这个意义上讲，宏观的产业范式转变包含着具体的价格组织方式、组织制度的变化。

市场的参与方式或市场竞争机制实质上也代表了一种产业的组织方式与组织制度。在现代经济学体系中，市场参与或市场竞争标明了特定产业市场的运行状态，反映了商品市场中供给关系、竞争性的企业间关系形态。但在组织社会学的视角下，围绕着特定产业而构建的市场竞争或市场参与本质上是一种组织市场成员间关系，协调不同市场主体间利益的组织机制或组织制度。在这样一种组织机制或组织制度下，市场就是一个组织网络或场域。在这个组织网络中，实现了利益在不同竞争主体、交易主体之间的分配和传递。具体到中国石油产业，1998年之前，基于政府行政主导而形成的三大国营石油总公司垄断决定了石油产业市场的基本形态、基本利益格局。由三大石油总公司在不同生产环节、不同区域进行分割垄断，决定了当时中国石油产业是一种严格"僵化"的计划组织形态，充分的市场竞争难以形成，市场没有竞争性的主体。因此，在这种国家行政主导的市场参与的组织制度与组织方式下，中国石油产业呈现较明显的市场结构封闭性特点。而在"开放－市场化"的产业范式下，竞争的市场组织方式、组织制度开始有步骤地引入多元市场竞争要素，中国石油产业的市场结构形态随之发生了较大的变化：市场竞争程度得到扩展和提升，在特定领域形成了一种相对开放的市场组织结构。因此，市场参与或市场竞争的组织方式的变化也意味着中国石油产业范式转型中的一种重要的组织或制度变迁。基于这一点，我们也可以确认，石油产业范式的转型本质上是一种组织现象。

此外，中国石油产业在外部合作战略方面的变化也反映了在协调和整合与外部石油行动主体（外资石油公司）、外部石油市场等关系上具体的组织制度与组织方式的转变。作为一种特定的对外竞争与合作的关系组织方式，无论是"封闭－行政化"范式下的"引进来"，还是"开放－市场化"范式下的"走出去"，都充分体现了中国石油产业在特定阶段具体的组织制度与组织方式。其中，"引进来"体现了一种试图通过"市场换技术、市场换资本"的外部合作组织方式；而"走出去"则代表了一种积极的"输出资本、输出技术、获取市场"的外部合作组织方式。因此，从"引进来"到"走出去"标志着中国石油产业外部合作组织制度与组织方式的深刻转变。

（2）产业的微观组织过程与组织行为。现代组织社会学研究关于组织现象的理解有两方面的含义，除了前文所言的组织是一种形式的结构外，组织现象还可以被理解为一种组织的过程（organizing process）以及此过程中包含的一系列的微观互动行为（李友梅，2001；克罗齐耶、费埃德博格，2007）。

中国石油产业范式的变迁除体现为诸如定价机制、管理体制与组织方式、市场参与、外部合作等具体的组织与制度的变化外，还生动地体现为在这种宏观的组织与制度变迁过程中隐含的一系列复杂的微观组织过程或互动行为。在特定意义上，这种微观的组织过程与组织行为构成了石油产业范式变迁的深层内涵。在产业范式转型的过程中起到决定性作用的实际上是诸多复杂的微观组织过程与组织行为。具体而言，围绕着石油产业特定方面的组织与制度变迁，不同的行动主体间发生着复杂的微观互动。这种微观互动可以是冲突、竞争，也可以是沟通、协商、谈判与合作，其最终的结果是实现行动者各自所期待的目标，如市场份额、利润、垄断地位等。由于每个互动主体各自的目标不同、行动能力不同、可动用的社会资源不同，以及所围绕的互动事件的差别与转换，在石油产业范式转型过程中，这种多层次的、多指向的、多主体的微观组织过程因此变得复杂，更加具有不确定性、或然性、流动性（翁定军，2004）。本研究重点关注的组织现象即在具体的组织制度、组织方式变迁过程中的复杂微观组织行为。在这个意义上，中国石油产业的范式转型是一种有意义的组织现象。

（二）集体行动：产业变迁的过程实质

石油产业范式的转型作为一种组织现象，其背后实际上包含着一系列复杂的微观组织行动或组织过程。这种微观的组织行动构成了石油产业范式转型的过程形态。如何理解和看待这些复杂的微观过程，传统的政治学理论通常将其理解为不同利益主体或利益集团之间的政治冲突与政治斗争过程，在政治博弈过程中实现利益的分配（祝灵君，2003）。但是根据组织社会学的基本观点，构成产业变迁真实形态的这些复杂的微观组织行为实际上是一种集体行动，而且是一种有组织的集体行动（费埃德博格，2005；李友梅，2001）。围绕着石油产业范式转型中的特定事项，关联着多个不同的行动主体，例如石油公司、消费者、政府部门、跨国公司等，它们的目标、特质都不一样，具有一定的异质性，这决定了在具体的微观组织行动过程中各行动主体间的利益差别、认知差别与行为方式差别。因此，实现特定的微观组织过程，就意味着需要在不同的行动主体间建构起一种集体行动。通过这种集体行动，实现对不同主体利益、目标和行动的整合与协调。奥尔森在《集体行动的逻辑》中深刻地分析了不同规模的组织结构情况下，在公共物品的提供上，实现集体行动的可能性（奥尔森，1995）。具体到中国石油产业的范式转型过程，其间围绕着特定事项而发生的任何微观组织过程，在本质上都是一种集体行动的努力。尽管不同互动主体基于各自的理性，在利益目标、观念、社会资源的拥有与动员等方面存在差别，但是任何已经发生了的组织与制度变迁，都必然意味着特定的集体行动的发生。通过被整合到这种特定的集体行动过程，组织及利益相关者的利益目标得到了或多或少的实现。

石油产业范式的变迁意味着多个集体行动的发生。从1998年前的"封闭－行政化"范式转变为1998年之后的"开放－市场化"范式，作为一种特定的组织现象与组织过程，其过程实质上就是一系列的复杂集体行动。无论是在定价机制、企业组织形式上，还是在市场参与、外部合作上，都存在着微观的集体行动。通过这个微观集体行动，各个行动主体进入了一种可以协商、谈判、妥协、讨价还价的行动领域，进而在或多或少实现自身目标的过程中促进具体的组织与制度层面的变革。相对而言，这种复杂的集体行动过程不同于正式组织结构下的正式互动过程，它具有相对的开放性，具有较强的权变性，是一种非结构化的瞬时（temporal）的过程。无数个这样的微观集体行动便构成了石油产业范式变迁过程的真实样态。

（三）秩序与合作：产业变迁的后果

产业变迁过程中复杂集体行动的结果是各个行动主体的利益、目标得到了最低限度的协调和整合，从而实现了特定问题的解决，即（反映在表观的层面上）发生了特定的组织与制度的变迁，原有的组织与制度被新的组织与制度所取代，比如石油产业的市场参与格局及相关政策的变化。如此，从社会学关于"秩序"何以可能的设问出发，我们可以把产业范式转型过程中复杂集体行动的结果理解为特定的组织秩序或市场秩序，或者说组织性合作的生成。换言之，任何确实的集体行动最终都朝向特定的组织秩序与合作的形成，组织秩序与合作是微观集体行动的产物。

关于秩序与合作的生成，社会科学界大致提供了这样几种答案：自由主义经济学主张基于效益最大化的经济理性（交易）实现秩序和合作的可能；制度主义者则强调一种制度化的秩序与合作，通过建构起各种有效的制度与规则来规约个体的行动，减少不确定性，从而实现一种基于规则的秩序；契约论者认为可以通过主体间的基于自由、自愿的理性契约来实现一种促进人类社会发展的秩序；马克斯·韦伯则勾勒了人类社会秩序与合作生成的理想类型，有基于命令统治的强制性秩序与合作，也有基于领袖魅力和情感（包括意识形态）的卡利斯马型（情感自愿）秩序与合作，也有现代科层制意义上的基于权利－义务的法理型秩序与合作（卢梭，2004；索尔坦等，2003；哈耶克，2003；韦森，2001；韦伯，1997）。尽管这些达成秩序与合作的方案互有不同或有所交叠，但是从组织社会学的观点来看，所有这些关于秩序与合作的因素都可以被整合进不同行动主体之间所展开的微观集体行动过程。在这种微观的复杂集体行动中，不同的行动主体会动用各种可能的资源与要素来实现与其他行动者的互动、谈判、讨价还价，进而使集体行动或组织运作的结果能够对实现自身的目标有利。在这层特定的意义上，我们可以将中国石油产业范式转型过程中一系列集体行动的结果理解成特定的组织秩序与合作的生成。

二　组织决策分析的引入

（一）产业研究的决策分析

本研究从组织社会学，尤其是法国组织社会学决策分析的视角出发，将中国石油产业发展范式的转型理解为一种特定的组织现象。这一组织现象包含着一系列复杂的微观集体行动。通过这些微观的集体行动，围绕着石油产业特定问题而联系起来的不同行动主体，其差异性的利益目标、行动方式被整合进有组织的集体行动，进而实现一种特定的组织秩序与合作。

法国的组织社会学决策分析是一种不同于"盎格鲁－撒克逊"组织社会学的组织研究（克罗齐耶、费埃德博格，2007）。它注重将人类社会组织现象的观察和理解置入到微观的互动层面，而不是局限于对正式组织结构的考察。在这种微观的互动过程中存在着不同行动者之间讨价还价的权力关系。通过建构起特定的权力关系，行动者在组织运行过程中可以动员起其他行动者掌握的关键资源，来达成自我目标。组织决策分析将这种微观的互动过程看作一种有组织的集体行动。有组织的集体行动是行动者努力建构的产物，而不是一种先验的自然存在物。通过一系列的微观权力互动或有组织的集体行动，最终实现正式结构或制度层面的变革。组织决策分析作为一种独特的组织分析视角或推论方式，主张对传统的结构化、自然与封闭系统的组织理论进行质疑，找回在具体的组织过程中行动者所具有的自主性与自由行动余地。行动者通过自己所掌握的自主性与自由余地，反过来实现了对组织结构的再造。换句话说，在组织决策分析的视角下，结构并不完全限定行动者的自由，结构性的组织形式、制度、规则并不能完全限定作为行动者的个体的自由行动空间（李友梅，2001；克罗齐埃，2002）。通过对微观的权力互动与有组织的集体行动的强调，组织决策分析实现了组织研究从结构分析、制度分析到行动分析的转向。这种特定的分析视角对于分析产业范式转型过程中的微观政治过程、权力互动等具有较强的洞察力和解释力。

产业研究中组织决策分析视角的引入在一定程度上意味着，在对经济产业的社会学考察中，存在着一种新的分析路径。这种路径不同于所谓的产业的市场主义视角的理论解释、产业的制度主义解释以及产业的网络主义视角的理论分析。在产业的决策分析视角下，特定产业的发展模式、发展路径等并不是市场、制度乃至产业内企业社会关系网络的必然产物。尽管市场、制度、网络确实能够对产业发展与变迁施加重大影响，而且在特定的历史阶段、特定国家的经济增长与产业发展的经验也能够使市场、制度与网络的产业效用得到验证。然而，如果只是"不假思索地"把市场、制度与网络当成产业发展的决定力量，那么，从解释的层面来看，这种研究还只是一种停留在表层结构的分析。尽管产业的发展不可避免地会受到市场机制、国家制度建构与产业政策、企业的社会关系网络或社会资本的影响，但是从市场、制度、网络到特定产业发展之间并不是一种直接线性的关系。研究者还需要寻找到在市场、制度、网络与产业之间起到真正作用的机制，即影响产业发展的深层机制。

（二）推论方式与分析图式

1. 作为一种推论方式

根据克罗齐耶与费埃德伯格的观点，和其他的组织社会学具体理论不同，诞生于 20 世纪 60 年代的法国组织社会学决策分析不是一种具体的组织理论，不是一种理论意识形态，而是一种接近和分析现代复杂社会的经验研究步骤或推论方式（李友梅，2001：124；克罗齐耶、费埃德伯格，2007：220）。从研究的方法论上讲，组织决策分析实际上就是一种分析工具。这种分析工具或推论方式的基本预设就是：组织是一种建构之物，而非结构化与先验的自然之物。组织不是一种如同技术主义控制论的组织观所认为的那样，存在着一种放之四海而皆准的自然法则（克罗齐耶、费埃德伯格，2007：218），人们的各种组织行为都是建立在对自然法则的遵从和依附之上的。因此，这种推论方式始终坚持认为组织合作问题与人类活动的建构性，组织本身就是有待解决的问题，而不是事物的一种自然秩序的结果（克罗齐耶、费埃德伯格，2007：218）。

组织决策分析的基本推论是建立在对人类社会组织以及组织现象本身的可理解基础之上的。通过对组织概念的复杂化阐释，组织决策分析发现，存在于组织中的行动者实际上并不是韦伯所谓的科层制意义上的一种"臣服者"。组织不是一种伺服系统，而是一种开放系统（费埃德伯格，2005）。在组织这样一个人为建构起来的开放系统中，在面临着正式结构的组织限制前提下，行动者总是拥有或多或少的自由余地或自由行动的空间，通过运用自己的自由余地，在与其他行动者和组织进行协商、谈判和沟通、讨价还价的过程中建构起一种相互影响的权力关系，进而实现自己的利益保护与目标达成。在组织决策分析的推论模式下，行动者拥有的自由余地和其掌握的不确定性来源相关。行动者能够掌控某种对其他行动者关键性的不确定性领域，就有可能拥有对其他行动者而言的一种权力。根据决策分析推论的基本出发点，组织中具有一定行动能力的自由行动者建构起互动的权力关系及权力游戏，本质上都是围绕着要解决的某个具体问题而展开的。通过建构起行动者间的权力关系与权力游戏，行动者之间就达成了某种程度上的合作，最终解决其最初希望解决的问题或困难（李友梅，2001；费埃德伯格，2005；克罗齐耶、费埃德伯格，2007）。这些基本推论逻辑就构成了组织决策分析展开实际推论的基本立场和径路。

根据克罗齐耶和费埃德伯格在《行动者与系统：集体行动的政治学》中的阐述，组织决策分析实际上同时服从于两种推论模式，这两种推论模式相互补充，相互矛盾，并相互交叉。这两种推论模式是策略性推论模式和系统性推论模式（克罗齐耶、费埃德伯格，2007：220）。在比较两种推论模式的差别时，克罗齐耶明确指出，策略性推论模式从行动者出发，来发现只有它才能通过自己的限制来解释行动者行为表面上不合理的系统；而系统性推论则是从系统出发，追溯组织构建规则的偶然性、任意性、自然的维度，而行动者恰是这一维度的根源（克罗齐耶、费埃德伯格，2007：220）。简单地说，组织决策分析的策略推论和系统推论在进行分析推论时，所选择的切入点存在差别。策略性推论是从行动者到游戏，而系统性推论则是从游戏到行动者。他们还认为，两种推论模式潜藏着两种相互对立的逻辑，即策略性分析属于归纳法，建立在某个谈判和计算的模式之上；系统性分析属于演绎法，作为某种目的与和谐的逻辑加以分析。在前一种逻辑里，人们试图明白，每个行动者在与合作者进行谈判时将如何计算自己的利益；在后一种逻辑中，人们试图明白，什么样意图的聚合与等级化形式作为行动者必须参与的游戏的结局有可能得以确立（克罗齐耶、费埃德伯格，2007：226）。

关于策略性推论，克罗齐耶等人认为进行策略性推论，其分析的图式有四个基本内容：首先，组织的每个参与者都可以被视为具有自身策略的行动者。这些策略的合理性既不能依据行动者的偏好与动机来理解，也不能依据他们行动的结果来理解，它是与行动者要解决的具体问题相联系的；通过行动者的策略以及他们掌握的不确定性领域，分析者可以发现他们之间建构的游戏；在权力游戏中，行动者屈从于游戏规则是一种理性的选择。无论其初始动机如何，他们（策略的）最重要之处在于在寻求实现共同目标的过程中进行合作；有组织的行动是一种文化建构，为行动者的行动提供了方向，以获取最低限度的合作，同时允许行动者有最低限度的自由余地，成为自由代理人（克罗齐耶、费埃德伯格，2007：220～221）。关于策略性分析，克罗齐耶在《科层现象》一书中提供了巴黎会计师事务所、联合垄断企业车间等两个经典案例（克罗齐埃，2002）。通过这两个案例，其具体地呈现了策略性推论模式的特征。

关于系统性推论模式，克罗齐耶等人在批判控制论的自然主义系统模式与结构功能主义系统模式的基础上指出，具体行动系统不是一种先验的图解，而是进行社会活动和展开社会关系必不可缺的人类建构之物。确认具体行动系统的存在，也就假设了其中必然存在某种游戏，帮助人们协调关系，整合各种对立的行动策略。在这个包容性的系统中，各方间的冲突、谈判、联盟和游戏变得可能（克罗齐耶、费埃德伯格，2007：233）。在进行系统性推论时，克罗齐耶与费埃德伯格借助法国省级政治行动系统、肾脏透析服务两个经典案例，概括了具体行动系统决策分析的基本内容：首先，发现存在于系统各部分之间的分裂和割裂程度。这一点是监管模式最主要的特点之一。距离是管理的一种手段，它给予处在系统症结之处且在管理之中扮演特殊角色的人以优势。其次，讨论占主导地位的一种或多种沟通模式。许多具体行动系统建立在保密性和沟通的不可能性之上。所有的行动系统都强加给行动者一些沟通上的限制，或者建立在一些限制之上。再次，分析系统的结构化程度，具体而言就是指游戏、游戏之间的衔接和等级化模式。所有这些构成了用来理解具体行动系统的决定性因素。最后，分析系统的有限性问题，尤其是多个系统的交叉问题，即多个监管机制在同一个情形下操作的问题。所有的具体行动系统都是开放式的，最主要的不同点是系统对内和对外开放程度的不同。这种开放程度影响着系统建成后某个特定时间内，系统接纳或排斥外部行动者的能力，以及系统中的行动者们在游戏的结构中变换位置或改变游戏的能力（克罗齐耶、费埃德伯格，2007：238）。

无论是策略性推论还是系统性推论，尽管其代表的具体切入路径或观察视角存在差别，但都试图解释组织中自由行动者之间基于权力关系而建构起来的权力游戏以及行动者的具体行动策略等，都是一种对组织现象中微观的有组织集体行动过程的解剖与分析图式。

2. 问题取向

法国的组织社会学决策分析作为一种推论方式，首先是一种问题取向的分析方式。所谓问题取向，根据李友梅教授的概括，法国组织社会学的研究不是以定义自己为出发点，而是始于其所观察的领域的具体问题。组织社会学研究一开始就涉及的重要方面是广泛意义上的社会组织或者说一种行动领域以及这类社会组织在其中产生的复杂背景和促使其运作的原动力（李友梅，2001：78）。可以看出，组织社会学决策分析的推论起点就是具体行动领域或组织领域中提出的问题。根据克罗齐耶与费埃德伯格的观点，这个"问题"首先就是对"什么是组织"进行反思，即在组织社会学决策分析视角下，作为研究对象的"组织"本身也是一个问题，或者说是"作为问题的组织"。关于组织的反思和理解，组织决策分析的重要贡献是对传统组织理论中组织的含义进行了解构。决策分析在与传统的技术的、政治的、现象学的组织观念对话批判的基础上指出，一个既定的组织，永远不会对一个行动者产生完全的限制。行动者总是能够保证一定的自由度和协商的余地。凭借这种自由余地，每一位行动者能够对其他行动者拥有某种权力，这种权力来源于它所控制的对其他行动者能够产生重要影响的不确定性来源。这种力量能够实际地影响行动者自身策略的制定和实施（克罗齐耶、费埃德伯格，2007：78）。因此，组织中的行动者总是具有两种相互矛盾的行动倾向：一方面是进攻性的倾向，即要竭力控制和削弱组织中的其他行动者，来满足自身需求；另一方面是防守性的倾向，即要尽力规避其他行动者的攻击性行为，保护自己的自由余地不被他人控制。因此，决策分析认为，对行动者而言，组织根本不存在如控制论所言的无处不在的控制或控制的普遍性，也不是如戈夫曼等现象学者所研究的那样，过于突出行动者的意向与主体性，而忽略了组织对行动者的整合作用（克罗齐耶、费埃德伯格，2007：83）。

根据组织决策分析一以贯之的立场，组织应该是一种复杂的组织。费埃德伯格提出，组织社会学所观察的组织不是简单地指日常生活中见到的如医院、学校、社区等具有严格正式结构及科层等级的封闭结构组织，而应该是围绕着行动者要解决的诸种问题及解决方案而建构起来的一种有组织的集体行动。在这种有组织的集体行动中，每个人都要遵从一定的游戏规则，但同时又具有自己自由行动和算计的可能性。每个人都会同意最低限度的条件，以实现可持续的交易。基于这种有组织的集体行动，在不同的行动者之间、不同的行动之间，会建立起一个又一个的局部秩序。这种局部秩序不是一种严格的正式组织结构，而是一种边界模糊、权变性的组织形态。通过局部秩序，人们能够发现和选择新的资源，选择诸种从事冲突性合作游戏的方法（费埃德伯格，2005：169~179）。

从组织研究的理论演进来看，组织决策分析之所以对传统的组织观进行解构，提出"作为问题"的组织的观点，实际上存在着组织理论发展演进的背景。或者说，组织决策分析对组织的解构是为了应对传统组织理论中难以回答的问题。主流的组织社会学的形成与发展实际上反映了欧美现代工业社会的发展进程。在对组织现象的研究中，传统的组织理论都把组织看成一个一个的正式组织结构，具有形式化的规章制度、严格的工作程序以及确定的解决问题的最佳方案。在对早期的科学劳动管理理论、组织行为学派与人际关系学派、韦伯关于科层制的消极现象、默顿关于科层制的反功能、帕森斯关于社会结构的理论等进行梳理反思的基础上，组织决策分析学派对传统的"组织"概念进行了重新阐释（李友梅，2001），即组织实际上是一种有组织的集体行动。在这种集体行动中，行动者建构起基于权力关系的游戏。这种游戏如同一种局部秩序的生产者，可以成为一些社会构造。游戏总是有问题的、不完善的、偶然性的。由于所围绕的问题及行动者的行为随时会发生变化，游戏也会发生变化，从一个游戏演变为另一个游戏（李友梅，2001：119）。

20世纪60年代，克罗齐耶在《科层现象》一书中对于法国科层制组织的运行机制进行了研究，并提出了科层制组织的恶性循环的概念。这标志着组织决策分析对组织内涵的理解推进到了一个新的程度。在此之前，组织概念的复杂化经历了三个发展阶段。第一阶段，那些关于劳动和科层制的人际关系的经验研究发现，组织中的成员除了受到正式结构的限制外，还保存着大量的自身的动机。非正式结构的提出表明，组织是一种包含情感的自然系统的结构。第二阶段是关于科层制的"反功能"、"组织的恶性循环"以及"优势"联盟的研究中对组织目标与组织结构关系的讨论。第三阶段是以奥尔森等人为代表的关于"有组织的无秩序"的概念讨论（李友梅，2001：109～118）。这些研究为组织决策分析学派提出组织是一种"有组织的集体行动"提供了理论借鉴。

组织决策分析的问题取向首先表现为其对组织概念的解构与复杂化。从具体的研究策略或切入点来讲，这种问题取向意味着组织决策分析是从组织行动领域的行动者要解决的具体问题出发的。这个具体问题，也就是行动者基于特定的权力关系建构起来的有组织的集体行动要解决的问题。从另一个侧面讲，就是在什么具体问题上，行动者之间必须建构起一种合作与协商取向的有组织的集体行动。例如，奥尔森集体行动的逻辑主要是讲通过实现经济行动主体的集体行动来解决公共物品有效提供的问题，即如何防止公共物品提供中的搭便车问题（奥尔森，1995）。由于行动者之间建构起来的权力关系或集体行动总是处于一种随时变化的过程中，组织决策分析观察到的具体问题实际上非常复杂、多样、多变，但是有一个标准，即围绕这个具体问题，不同的行动者需要联系起来，被整合进一种权力关系。同时在这种关系中，每个不同的行动者由于其拥有的自由余地和控制的不确定性领域不同，各自拥有的对他人的权力也有差别。在这种权力游戏中，各方借助一种集体行动进行谈判、协商、妥协，最终实现自身的利益目标。也就是说，游戏或有组织的集体行动针对的具体问题，涉及相关联的行动者的利益（广泛意义上的利益，如财富、利润、地位、职位、声誉等）。因此，利用组织决策分析的推论方式，首先就要找到使权力关系或集体行动成为可能的这个具体问题。例如，克罗齐埃关于科层制工业企业车间操作工与机器修理工之间权力关系的案例就表明，围绕着机器发生故障的概率与机器修理的问题，机器修理工对操作工就拥有了一种相对的权力（克罗齐埃，2002：101；李友梅，2001：131）。

3. 结构的超越与建构主义

（1）超越正式与非正式结构。组织决策分析从一开始就明确其对传统组织理论，特别是那种具有技术性、经济性的结构决定论的组织观念的质疑。传统的结构组织理论要么把组织看成具有严格规则制度与等级秩序的正式组织，组织结构对组织内个体的限制无处不在（克罗齐耶、费埃德伯格，2007），要么看成，像人际关系学派认为的，一个情感的集合体，正式组织内的非正式结构对应着组织成员的个体情感的需求（韩宁会，2003）。更有甚者，社会学的现象学理论、常人方法学更是抛弃了整合社会成员个体行为的组织，而关注于个体行动背后的主观意识（侯钧生，2001：237~282）。因此，在组织决策分析看来，这些关于组织及组织结构的理解都不足以反映人类社会组织生活运行的真实状态。组织决策分析的推论模式并不严格区分正式结构与非正式结构，而是将组织结构整合到具体的权力游戏过程之中。在组织决策分析看来，行动者之间围绕具体问题而建构起来的权力游戏对其中的行动者而言，具有最低限度的规则与结构限制，使行动者间的互动能够继续维持。但组织决策分析也认为，组织结构对行动的限制是有限的，不能完全控制行动者所拥有的自由余地和不确定性领域。行动者既受到组织结构的影响，也能够利用组织结构为其服务。组织结构也可以作为行动者加以利用的工具或资源，来实现权力游戏中对其他行动者拥有相对优势的权力。因此，在组织决策分析中，组织的概念更多地被理解为一种特定的行动领域，或者说是游戏的场域。组织的结构具有权变性、边界模糊性、非连续性等特征。通过这样一种操作界定，组织决策分析就超越了传统组织研究对组织及组织结构的理解，超越了所谓的正式组织与非正式组织的二元划分。组织变成了一种有组织的行动领域，一种被建构起来的局部秩序（费埃德伯格，2005：169），更有利于洞

石油产业发展的组织社会学分析

察组织与制度变迁的深层逻辑。

（2）建构主义色彩。与组织决策分析对正式组织与非正式组织分类的超越相联系，组织决策分析具有非常明显的建构主义色彩。克罗齐耶与费埃德伯格在谈到行动者之间为了解决具体的问题而进行的集体行动如何实现这一问题时就明确指出，集体行动不是一种自然现象，而是一种社会建构（克罗齐耶、费埃德伯格，2007：1），其本身就是一个可以被建构的问题。与人们通常的想法相反，组织的问题以及集体行动的模式，并不是一些"自然的"数据现象，既不会自发地出现，也不会自发地存在。它们不是人类各种互动行为发展出的自然结果，更不是有待解决的问题的"客观结构"事先确定的逻辑产物，也就是说，并非"生产力"以及"技术和经济发展阶段"强加于人类的外部决定因素总和的结果。这些集体行动是一些有针对性的解决方案，由那些相对独立的行动者利用自己特有的资源和能力来创立、发明并加以确定（克罗齐耶、费埃德伯格，2007：2）。从这一关于集体行动的论述就可以明显地看出组织决策分析的建构主义色彩。

实际上组织决策分析从不掩饰自身建构主义的特点，无论是行动者之间的权力游戏、权力关系，还是行动者的行动策略、行动方案等都是特定意义上的建构之物（李友梅，2001）。游戏是一种建构之物，旨在使自由行动者能够协商互动，并为其实现各自的目标提供有效的手段或工具；权力关系更是一种建构起来的关系，并不是行动者之间先验地就存在的关系。在组织决策分析那里，并不是所有的关系都是一种权力关系，只有那些涉及要具体解决的问题，并且引起行动者关注和投入赌注的关系才有可能是一种权力关系；行动者的行动策略也不是一开始就确定存在的最佳解决方案，策略的制定和实施都是在具体的权力互动过程中被发现和建构起来的，行动者的行动策略随时都会变化。基于这些论述，我们可以判断，组织社会学的决策分析是一种具有强烈建构主义倾向的推论方式。

（三）概念工具与知识体系

法国的组织社会决策分析之所以能够超越传统的组织研究，是因为其建立在其所建构的一整套逻辑严密的概念工具和知识体系的基础上。这些基础性的概念工具构成了决策分析推论方式得以运用的前提。这里仅具体列举几个互为关联的重要概念：行动者、自由余地、不确定性领域、权力、游戏、游戏的赌注、规则、行动策略、系统等。

所谓"行动者"，在决策分析的推论体系中，主要是指在特定组织结构中，具有一定自由行动余地的理性行动主体。这里的理性主要是指西蒙意义上的"有限理性"，而不是"绝对理性"。根据克罗齐耶的观点：行动者首先要有一颗会思考的头脑，即他能够行使自己的自由，他是一个拥有自主权的行动主体，能够进行计算和操作，能够让自己适应环境，并且根据他的合作伙伴的诸种情景和行动策略，做出种种新的回应（克罗齐耶、费埃德伯格，2007：30）。关于"行动者"，决策分析还指明了作为自由行动者的主要特征。（1）行动并非总有明确的目标。行动者只是在很少的情况下有明确的目标，其行动计划之间经常是矛盾的，很少有相关性。（2）行动者的行为是积极的。（3）行动者的行为从来就具有某种意义。人们不能认为行动者的行动总会有明确的目标，但也不能认为他的行为都是非理性的。行动者的理性是相对于一些目标、机遇、机遇的背景、其他行动者的行为及其决策、游戏等而言的。（4）行动者的行为包含着进攻性与防守性的两面。（5）行动者没有非理性的行为（李友梅，2001：140～141；克罗齐耶、费埃德伯格，2007：39）。

"自由余地"在决策分析中被理解为自由行动者出场的主要条件，也就是行动者进入权力游戏，主要可以依赖的可自由行动和使用策略性行动的空间与可能性。关于自由余地，决策分析认为，组织不能完全限定行动者的自由余地，他们至少有最低限度的自由行动余地。这种自由余地又往往和行动者所掌握的某种"不确定性领域"相联系。"不确定性领域"是行动者拥有的自由余地及权力的主要来源。决策分析认为，不确定性领域就是指行动者认为自己能够在其中完成某事的范围（李友梅，2001：151）。行动者掌握了对他者而言关键的不确定性领域，就有可能拥有对他者的权力。"权力"在决策分析中是一个核心的概念。克罗齐耶把权力界定为：任何权力现象，不论它产生于何种根源，不论它具有何等的合法性，不论它具有怎样的目的，也不论它使用的方法如何，都蕴含着某一个人或某一个群体对另一个人或群体施加影响的可能性（李友梅，2001：147）。在决策分析中，行动者的权力一般有四个来源或类型：与职业技能相关的权力、与控制环境相关联的权力、与掌握信息相关联的权力以及对组织规则利用产生的权力（李友梅，2001：154～155）。

在组织决策分析中，行动者间建构起来的就是权力关系，它标示了组织中行动者之间的关系性质。权力关系的多重勾连与实际建构过程，又进一步生成了"游戏"。所谓游戏，尽管组织决策分析并没有给出确切的定义，但一般可以理解为，行动者之间基于特定的权力关系而建构起来的有组织的集体行动的过程。游戏也可以理解为行动者间权力关系、行动策略等"结构化"的形式，即围绕着一个或多个权力关系建构起来。当然，游戏也有其结构性或一般性的构成要素，首先是游戏的赌注。它是指行动者进入权力游戏时愿意为之付出的一种机会成本。没有行动者在建构游戏时是不带着目标、利益诉求而来的，因而也就需要付出相应的成本或代价。游戏的另外一个构成要素是规则。尽管游戏是变动的、偶然性的，但游戏并非没有规则。在组织决策分析中，游戏的规则是指为维持最低限度的集体行动，行动者都愿意共同遵守的一种行为约束。游戏的规则更主要的是一种共享的不用言明的知识。每一个游戏都会有特定的规则，规则不能完全限定行动者的自由余地与行动，规则也是一种建构的产物。另外，游戏的过程是一个充满了各种行动者行为策略的过程，甚至游戏的本质就是策略。在组织决策分析中，行动的策略可以理解为进入权力游戏的行动者在面对特定的问题、不同的行动者及其可能的行动、游戏的变化等时采取的应对方案或措施。而关于"系统"的定义，决策分析认为系统是一个各部分相互依存的整体，因此它具有最基本的结构化特征。在谈到游戏的概念时，克罗齐耶等人指出，游戏意味着限制、包容和排斥，但是，一般来说，并不只有一种游戏存在，还存在着一些游戏的一整套集合。该集合中的这些游戏之间有一定的整合密度，它们在任何情况下都相互链接，而且意味着存在某种整体规则。反过来，这些链接和这一规则因素的存在也意味着存在着将它们涵盖在其中的具体系统（克罗齐耶、费埃德伯格，2007：230）。简单地说，系统就是多个关联在一起的游戏集。

通过这些关键性的概念，组织决策分析建构起了独特的组织推论方式。至此，我们可以完整地表述组织决策分析的基本理论预设：人类社会的任何组织现象都是一种建构起来的有组织的集体行动。组织结构对于行动者不可能实现完全的限定，组织中的行动者是拥有一定自由行动余地，掌握了特定不确定性行动领域的自由行动者。不同行动者之间通过运用其掌握的不确定性领域，有可能建立起对其他行动者的某种权力及权力关系。权力关系的体现或权力的实现是通过某种特定的权力游戏进行的。在权力游戏中，每个行动者都会投入特定的游戏赌注，以获取对他人的某种权力，从而使游戏能够朝向有利于自身目标的方向发展。行动者之间的权力游戏存在着一定的规则（底线），从而对行动者实施一定限度的约束，使游戏能够得到最低限度的维持。游戏过程中，每个行动者都会采取特定的行动策略以应对各种突然的变化，保护自己的自由余地不被他人控制，同时也尽可能地去限制、控制他人的自由余地。行动者实施策略性的行动，参与特定的游戏，最终的目标都是为了保护和扩展自身的利益。通过这一系列复杂的权力游戏或者说有组织的集体行动，不同行动者之间的行动及策略得以协调与整合，行动者之间最低限度的合作得以达成，组织生活中最迫切、最关键的问题也得以最终解决。

三 产业变迁的分析模型

本研究将中国石油产业范式的变迁理解为一种特定的组织现象。借助组织社会学决策分析的推论方式，本研究认为石油产业范式的转变包含着多个不同行动者之间的微观权力互动或权力游戏。为了有效地揭示石油产业范式变迁所具有的深层动力机制及逻辑，本研究尝试建构一个产业变迁的分析模型。这个模型的建构充分容纳了组织社会学决策分析的主要概念工具及推论的基本理论假设。同时，还试图将产业分析的市场主义视角、制度主义视角以及网络主义视角等理论解释中不可忽略的解释机制、变量因素等纳入到分析模型中，借以对中国石油产业范式转型这种特定的组织现象进行较为深刻的洞察与分析（见图 3 - 1）。

（一）组织环境与结构条件

根据此分析模型，在石油产业变迁过程中，不同行动者之间建构起特定的权力游戏。首先，行动者必须考虑到石油产业在特定发展阶段特定游

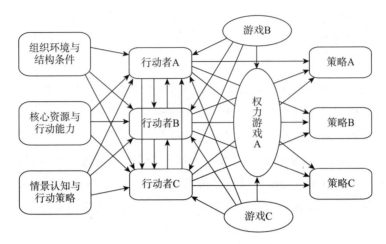

图 3－1　产业变迁组织决策分析模型

戏所面临的组织环境，如国内外石油市场结构、价格波动、供需状况等市场环境。其次，行动者需要考虑到石油产业面临的整体性的制度与政策环境，哪些制度性因素是刚性的、结构性的、难以跨越的，哪些制度性因素是次要的、暂时性的、可突破的。最后，行动者要考虑到参与石油产业特定游戏中可能施加重大影响的社会环境因素，如社会整体的舆论，包括关于石油产业的直接态度、观点等，还包括非直接的如关于国有企业的讨论等，这些都是不同行动者可借以利用的组织环境资源。

根据组织决策分析的基本观点，特定的权力游戏与其组织环境之间，对环境因素进行有效控制也能够成为行动者权力的来源，因此，行动者对行动的结构性前提与组织环境的测量和权衡会对行动策略产生重要的影响。在石油产业的定价机制、组织形式、市场参与、外部合作等方面，政府、企业等不同行动者面临着特定的、（有时也是）相互叠加的组织环境。在此分析模型中，组织环境与行动的结构条件还充分考虑并吸纳了产业的制度主义视角中的重要解释变量。如用于解释产业发展的产业政策、具体的制度建构等被处理成了行动者进行游戏的组织环境要素，这样能够增强模型的解释效力。

（二）核心资源与行动能力

行动者参与游戏都必须具备一定的行动能力，这种能力来源于行动者所掌握的对他人而言有用的关键性资源的数量与质量。行动者对核心资源的控制与行动能力决定了行动者在游戏中能否占据优势地位，即能否对其他行动者施加特定的权力。根据组织社会学的决策分析，行动者的权力来源于他所掌握的自由余地及不确定性领域，而这种自由余地与不确定性领域可能是行动者所掌握的关键信息，也可能是某种形式结构赋予的职权，还有可能是控制组织环境的能力等。本模型中行动能力与核心资源控制指标就主要指涉这些内容。在石油产业发展过程中，政府、企业、社会群体间所具有的行动能力是有差别的，他们各自拥有的资源也存在着差别。在就某一事项而展开的游戏过程中，只有那些拥有核心资源控制权的行动者才有可能具有相对优势的行动能力，并与其他行动者展开权力游戏。分析石油产业发展过程中不同行动者所具有的行动能力特征、关键性资源的分布状况及其变化，有助于更好地理解石油产业的发展为什么会呈现此种形态，而不是另外的某种形态，以及为什么会发生形态的变化。

（三）情景认知与行动策略

情景认知与行动策略主要指涉游戏中自由行动者对游戏的组织环境与行动结构条件、他人的资源掌控情况、不确定性领域与自由余地情况以及他人可能做出的策略性行为的认识、判断与反应。在石油产业范式转型的过程中，围绕特定的问题，政府、企业等行动者为了实现自己的目标（如影响和主导特定的产业制度变迁），必须对其行动的组织环境及自身的行动能力、他人的行动能力及可能的行为等有一个相对理性的判断，并对其将采取的策略性行动可能引起的后果进行权衡。在此基础上，行动者再修改、调整和实施特定的策略性行动或行动方案。此外，在这一模型分析指标中，关于情景认知，本研究也考虑到了组织制度学派中社会观念、文化意义等因素对产业发展的影响。在此分析模型中，这一方面的认知变量主要被整合到了组织环境与情景认知的分析维度中。

概言之，本研究将运用上述分析模型，通过对行动者间权力游戏的勾勒和分析，来揭示中国石油产业范式变迁过程中的深层动力或影响机制。

第四章　从政府计划到与市场接轨：
定价机制

　　石油是国民经济发展的重要能源。中国经济的持续增长和人民生活水平的不断提高，使得工业生产和日常生活对石油产品价格的敏感度日益增加。从 1988～2008 年中国石油产业的发展历程来看，定价机制问题始终是石油产业发展变迁的重要内容。多次大大小小、反反复复的石油价格改革反映了人们对石油产业定价机制的关注，也反映了石油产业定价机制改革的复杂性。所谓石油产业的定价机制，主要是指石油市场上原油与成品油的价格形成与调节变化机制。石油本身具有的特殊商品属性意味着它不可能和其他的一般性商品那样，完全依据市场供给状况来确定。相反，石油产品的定价机制的形成与改革会涉及诸多复杂的影响因素以及不同的利益相关主体。在中国经济转型的背景下，对中国石油产业定价机制，尤其是自 1988 年以来石油产业定价机制的深刻转变进行具体的考察和分析，反映和揭示出定价机制转变的深层逻辑，能够在一定程度上折射出中国经济市场化改革，特别是大型国有产业组织与制度变迁的意涵。

一　政府行政化定价机制

　　1998 年之前，中国石油产业还处在一种"封闭－行政化"范式阶段，其突出特征一方面体现为产业或市场的封闭性，另一方面凸显的是产业发展的国家计划性或行政指令性。其中，后者很明显地体现在了这一阶段石油产业的定价机制上（董秀成，2005）。在"封闭－行政化"的产业范式下，国家对石油产业的定价机制实施了严格的行政管制或计划控制，市场机制及市场要素较难发挥价格形成与调节的作用。尽管在 1988 年之后三大国营石油公司"经营"石油产业的格局已经从形式上形成，但是由于国营石油公司的行政部门特征明显，石油产业的定价机制实际上是由国家计划或行政权力所主导，石油产品的市场定价机制尚未形成。

从石油产业发展的历史来看，1988～1998 年，中国石油产业的定价机制又可以分为两个阶段，即 1994 年之前的石油定价双轨制阶段，以及 1994 年取消双轨制后石油定价并轨制的阶段。尽管存在着一些具体的定价制度的变化，但整体上，这一阶段石油产品的定价机制还是政府主导的计划定价机制，国家对石油价格进行了严格的行政控制（武璟，2007；陈冬梅，2006）。

改革开放初期，国家为了推动国有工业企业的市场化改革，开始尝试准市场化的激励机制。借鉴农村家庭联产承包责任制的成功经验，国家开始对城市工业企业实施"承包"式的改革。在石油产业，国家于 1981 年推行了一亿吨产量包干的政策。为了刺激中国石油生产量的提高，允许超计划产量生产石油以及将超计划石油加工的石油产品以国际价格对外销售，由此产生了石油定价的双轨制（杨嵘，2004b；黄运成等，2007：80）。价格双轨制意味着石油市场上部分石油可以按照计划外的市场价格进行销售流通，[①] 这在一定程度上增强了石油生产企业的积极性。这也可以看成中国石油产业定价机制市场化改革的早期尝试。但是，在石油市场体系还不成熟、不完善的阶段，石油定价双轨制增加了石油市场定价的复杂度，特别是对石油公司来说，其在批发与销售的时候，在区分性地确定石油产品价格上有了难度。因为，在双轨制下，以成品油价格为例，其就出现多种价格，如计划内平价、计划内高价、计划外高价等多种价格形式，这势必造成石油市场的秩序混乱（武璟，2007）。更为重要的是，这种价格口子的放开使部分石油生产与销售企业产生了谋取更多计划外石油销售指标进而获利的动机，这又加剧了石油产业内部的投机行为。

石油价格双轨制的实施总体上是一次不成功的定价机制市场化改革的

---

① 从 20 世纪 80 年代后期开始，各油田、炼厂等开始拥有部分计划外原油和成品油供本单位自主销售（宗禾，2004）。

尝试。1994 年，国家为了改变双轨制下石油市场价格秩序混乱的局面，宣布废弃石油产品定价的双轨制。1994 年 4 月 5 日，国务院转发了国家计委、国家经贸委《关于改革原油、成品油流通体制的意见》的文件。该文件认为，原油和成品油是关系国计民生的战略性物资和特殊商品。但是随着改革的深化，当时的油品管理体制不顺、价格不合理的问题突出，存在着油品资源分散、多头经营、价格失控、市场混乱的状况以及投机倒把、违法乱纪谋取暴利、贪污腐败等问题，严重损害了国家和消费者的利益，影响了国内石油市场的稳定，不利于社会主义市场体系的建立。基于这些理由，国家废弃了石油产品定价的双轨制，加强了对原油、成品油生产流通的宏观管理，整顿流通秩序，减少流通环节，试图理顺石油市场的油品价格。国家对原油和成品油进行了国家计划的配额管理（包括进口石油），石油价格实行全国统一定价。具体而言，国家实行了两个档次的原油价格，配置给地方及部门的原油价格由国家计委和相关行政部门商议确定，石化总公司内部按加权平均价配置给各直属炼油企业加工，全国所有炼油厂生产的成品油都实行统一的出厂价格。对于成品油销售价格，国家规定实行两级管理。35 个中心城市的成品油销售价格由国家计委确定，其他市场的销售价格则由国家规定作价原则，各省级物价部门具体核定。为了稳定国内成品油价格，油价改革方案出台后，成品油市场零售价不能高于（现行）市场零售价。所有的加油站都必须严格按照国家规定的石油价格进行石油销售。[1]

石油定价双轨制被废除后，石油产品的定价权再次全部回归国家或政府行政部门，回到了绝对的国家计划控制石油价格的状态。[2] 这一体现国家计划或行政化色彩的石油定价机制一直维持到 20 世纪 90 年代末期。

在国家对石油产品实施计划定价的情况下，中国石油市场一直贯彻的是一种普遍的低油价政策。例如，尽管 1988～1991 年，国家对（计划内平价）原油价格先后进行了四次调整，但国内原油的平均价格仍远远低于同期国际油价。经过 1994～1997 年的三次全面调价后，中国石油市场原油价格才

---

① 参见《关于改革原油、成品油流通体制的意见》（国发〔1994〕第 21 号）。
② 石油并轨制的实行也使石油定价的部分权力从中央政府下放到了地方，尽管还是由政府统一制定石油产品价格（张书平，2007）。

逐步向国际油价靠近（童永锐，1999；吴翔、隋建利，2008）。

表 4 - 1　1988 ~ 1998 年石油市场的油价状况（原油）

主要年份	国内原油（含税价）（美元/桶）	国际原油（迪拜原油）（美元/桶）
1991	8. 71	16. 54
1992	9. 70	17. 19
1993	13. 33	14. 76
1994	12. 35	14. 76
1995	14. 57	16. 13
1996	15. 89	18. 55
1997	17. 47	18. 11

资料来源：童永锐，1999。

从 1998 年之前国家对石油价格实行计划定价的机制来看，这种定价机制基本上不与市场挂钩，不能反映国内石油市场的供需水平，更多地反映了国家完成年度经济计划的工业生产、经济发展任务的需要。而且在这种计划定价的机制下，石油产品的价格具有较强的固定性和刚性。由政府对石油产品实行统一的定价，固然能够较好地稳定石油市场的流通及价格秩序，使各区域石油价格保持一致，便于计划体制内各生产单位之间石油资源及石油产品的调拨和分配，但是，这种政府统一的计划定价机制的缺点也非常明显。

首先，政府实际上很难做到完全规划好石油产品的供给、调拨，很难做到反映石油市场的供需情况。尽管 1988 ~ 1998 年的大多数时间里，国内石油生产量基本上能够满足石油消费需求，但是随着经济增长，逐渐上升的石油需求必然增加石油价格上涨的压力。在国内石油增产困难的情况下，这种压力尤为突出。

其次，从双轨制废弃回归到政府统一定价，也意味着当时石油市场定价机制并没有形成。1992 年中共十四大报告就曾明确指出，价格改革是市场发育和经济体制改革的关键，应当根据各方面的承受能力，加快改革步伐，积极理顺价格关系，建立起以市场形成价格为主的价格机制。1993 年 11 月 14 日通过的《中共中央关于建立社会主义市场经济体制若干问题的决定》再一次明确了（要）"建立主要由市场形成价格的机制"（李慧中，1998：165）。这也反映了当时中国石油产业定价机制改革政策上的尴尬性和矛盾性。

最后，国家对石油产品实施计划统一定价影响到了石油产业内部，特别是上下游石油企业的利润均衡。如前文提及，1998年前，中国石油产业的基本格局是中石油、中石化、中海油三大国营石油公司的专业化分割垄断。其中，中石油专营石油产业的上游领域，即原油生产。而中石化则专营石油产业的中下游领域，以石油加工、石化生产为主。相对而言，在政府计划定价的机制下，以中石化为主导的石油中下游产业更容易受到政府固定计划定价的影响。特别是在1993年我国成为石油净进口国之后，进口石油价格的波动给国内石油市场造成了巨大冲击。这种由政府计划定价的机制使石油化工生产领域不能根据石油市场实际运行状况确定石油产品特别是成品油的销售价格，从而造成了高成本炼油，低价格销售的"成品油价格倒挂"现象，造成了石油化工领域的巨额亏损（童永锐，1999；齐中英、梁琳琳，2007）。

二　反映市场规律的定价机制

20世纪90年代末，国家在国有产业领域的市场化改革大幅度推进，一系列的市场化改革（如"抓大放小"政策的提出）开始取得突破性进展。就中国石油产业而言，1998年是石油产业改革具有关键意义的一年，它标志着石油产业在各个方面都发生了巨大的转型（严绪朝，1998）。就石油产品定价机制而言，在行政主导下，国家石油定价机制进行了重大改革。这次石油定价机制的改革方向主要是开始承认并遵从市场形成价格的机制，承认市场化机制对中国石油产品价格形成与调整的重要作用。总体上看，从1998年石油定价机制改革开始，中国石油产业的定价机制开始逐步朝反映市场规律的方向演进，逐步与国际石油市场价格接轨，并一步一步有所突破（张书平，2007；周立等，2007）。

1998年，为应对东南亚金融危机带来的国际原油价格下跌的影响，也为了增强中国石油产业的国际竞争力，国家对石油产业进行了大重组。同

时，作为一种配套性的改革，国家对原油和成品油的价格形成机制做了重
大改革。这次定价机制的改革改变了之前"封闭－行政化"范式下由政府
对石油产品进行统一计划定价的方式。石油产业开始实行国内石油价格与
国际石油市场接轨的方式，其中主要是国内原油价格与国际原油市场价格
挂钩联动，成品油价格也开始了与国际市场接轨的准备（周立等，2007；
黄运成等，2007：80）。此次石油定价机制改革以 1998 年 6 月国家推出的
《原油成品油价格改革方案》（以下简称《方案》）为标志。《方案》指出，
改革石油价格形成机制的主要目标是：按照社会主义市场经济的要求，坚
持以市场为导向，建立与国际石油市场价格变动相适应，在政府调控下的
原油和成品油市场形成价格机制。石油价格定价机制的变革要有利于保护
国内石油资源，促进石油工业的发展；要有利于促进石油加工工业技术的
进步，提高管理水平，降低成本，实现集约化经营；要有利于促进统一、
开放、竞争、有序的石油流通体制的建立，同时充分考虑社会各方面的承
受能力，保持石油市场价格的相对稳定。[①]

　　《原油成品油价格改革方案》针对国内原油和成品油定价机制给出了
具体的说明。关于国产陆上原油价格，①石油天然气集团公司和石化集团
公司之间购销的原油价格由双方协商确定；协商确有困难时，由两个集团
公司报请国家发展计划委员会协调、裁定；两个集团公司内部油田与炼厂
之间购销的原油价格由集团公司自主确定。②购销双方协商的基本原则是，
国内陆上原油运达炼厂的成本与进口原油到厂成本基本相当。为使炼厂优先
接收国内原油，在正常情况下，国内原油到厂成本应略低于进口原油到厂成
本。③购销双方结算价格（不含税），由原油基准价格和贴水（或升水）两
部分构成。原油基准价格由国家发展计划委员会根据每月国际市场相近品
质原油离岸价加关税确定。两个集团公司每月 27 日（节假日顺延）向国
家发展计划委员会报送上月 26 日至本月 25 日新加坡市场相近品质的参照
油种各交易日的实际成交价格。国家发展计划委员会按各交易日的平均价
格加关税确定原油基准价，于本月底发布，下月 1 日起执行。贴水（或升
水）由购销双方根据原油运杂费负担和国内外油种的质量差价以及市场供

[①] 参见《国家发展计划委员会关于印发〈原油成品油价格改革方案〉的通知》（国家计委
〔1998〕第 52 号）。

求等情况协商确定。④国内原油分为轻质油、中质油Ⅰ、中质油Ⅱ、重质油四类。国际相近品质参照油种为：轻质油参照塔皮斯原油，中质油Ⅰ参照米纳斯原油，中质油Ⅱ参照辛塔原油，重质油参照杜里原油。① 这样，确定了与国际原油市场接轨的定价机制。

关于成品油（主要是指汽油、柴油），在此次价格改革中，尽管没有实现和原油定价那样完全与国际石油市场价格挂钩的机制，但是，仍然体现了朝向市场化的趋势。《方案》特别指出，汽油、柴油的零售价格从原来的政府（计划）定价改为政府指导定价。具体包括以下几个方面。①由国家发展计划委员会制定并公布各省、自治区、直辖市汽油、柴油（标准品）零售中准价格，由两个集团公司在上下5%的幅度内制定具体零售价格。②汽油、柴油零售中准价格制定的原则是：以国际市场汽油、柴油进口完税成本（离岸价加海上运保费、关税、消费税、增值税、港口费用等）为基础，加按合理流向计算的从炼厂经中转配送到各加油站的运杂费，再加批发企业和零售企业的经营差率制定。当新加坡市场汽油、柴油交易价格累计变动幅度超过5%时，由国家发展计划委员会调整汽油、柴油零售中准价格，必要时报国务院批准。③两个集团公司在国家规定的中准价浮动幅度内调整汽油、柴油零售价格的间隔时间一般不得少于两个月。调价前10日需向国家发展计划委员会备案。在两个月内，如因市场等情况变化确需调整价格时，由两个集团公司报国家发展计划委员会审批。④汽油、柴油销售由两个集团公司统一组织配送到基层零售单位，实行城乡统一价格（包括对用户的批发价格）。原则上实行一省（自治区、直辖市）一价。在同一销售区域内，两个集团公司可以在规定的浮动幅度内实行不同的价格；同一集团公司在同一个销售区域内必须实行统一价格。⑤汽油、柴油的出厂价格、批发价格、批零差率由两个集团公司自主制定，报国家发展计划委员会备案。②

1998 年石油定价机制的改革基本上确定了（之后）石油定价机制市

① 《国家发展计划委员会关于印发〈原油成品油价格改革方案〉的通知》（国家计委〔1998〕第 52 号）。

② 《国家发展计划委员会关于印发〈原油成品油价格改革方案〉的通知》（国家计委〔1998〕第 52 号）。

场化改革的总体方向与目标，标志着中国石油产业市场化改革的重要进展。该改革方案实施后，国内原油价格即与国际市场接轨，开始随着国际市场价格的波动而变化（张书平，2007；董秀成，2005）。之后的2000年6月，国家继续推进国内成品油价格形成机制的进一步改革完善，国内成品油价格也开始进入了与国际市场"挂钩联动"的阶段，即国内成品油价格参考国际市场价格变化进行相应调整，主要参考价格标准是新加坡成品油市场同类产品的市场价格（周立等，2007；张蕾累，2007）。作为对2000年成品油定价机制的补充和完善，2001年，国家再次对成品油价格与国际成品油市场价格挂钩的办法进行了修正，即从单一的紧跟新加坡成品油市场价格的办法，改变为与"一篮子"成品油价格挂钩的办法。国家开始把国内成品油价格的形成与新加坡、鹿特丹、纽约等三个世界上重要的石油市场的成品油价格相联系，综合考虑形成国内成品油的价格。具体做法是：国内成品油价格以纽约、新加坡、鹿特丹三地市场价格加权平均值为定价基础（新加坡：鹿特丹：纽约 = 6∶3∶1），根据基本杂费及国内关税，加上由国家确定的成品油流通费用，形成国家发改委制定的国内成品油零售中准价。当国际油价上下波动幅度在5%～8%范围内时保持油价不变，超过这一范围时由国家发改委调整零售中准价。两大石油集团可以在中准价上下8%的范围内制定具体的成品油零售价（郝吉，2008）。价格调整的频率也由原来的一个月改为国际市场成品油价格变化超过一定幅度时就可相应调整国内成品油价格（张蕾累，2007；吴翔、隋建利，2008）。根据这种价格紧跟机制，数据统计，在2000年6月至2001年10月期间，我国成品油的价格总共调整了十七次，基本上做到了一月一调（郝吉，2008）。

但是，这种一篮子的油价挂钩机制也暴露出了一定的缺陷，例如，定价机制过于透明、直接和滞后，容易产生国内成品油市场价格倒挂，引发市场的投机行为（郝吉，2008；张蕾累，2007）。而且由于我国成品油消费结构和国际成品油消费结构存在差别，反映国际成品油消费需求的国际价格未必能够真实反映国内相应的供需结构，因此也不能反映国内成品油市场的真实状况。特别是当国际油价每次上涨，国家发改委综合考虑国内各种因素调整国内成品油价格时，坚持涨幅较小或不上调的原则①；而当国际油价下跌时，国内油价仍然低于国际油价，或者两大石油公司没有申请降价时，国内油价又会出现不下调的情况。这种悖论性的状况很容易被外界批评——中国石油市场是"跟涨不跟跌"（董秀成，2005；彭斐，2009；史丹，2003）。

于是，到 2007 年 2 月，国家开始实施新的成品油价格定价机制（孙竹、李阳，2007）。国家放弃了国内成品油价格紧跟新加坡、鹿特丹、纽约三地成品油市场价格的做法，而改变为国内成品油价格与国际石油市场原油价格挂钩的做法，这也被称作成品油定价的"原油成本法"，即国内成品油的基准价格根据英国布伦特、阿联酋迪拜以及印度尼西亚米纳斯等三种主要原油的现货平均价格加上炼油成本，再加上适当利润而确定。当三地原油价格连续 22 个工作日移动平均价格变化超过 4% 时，相应调整国内成品油价格，两次调价时间间隔不少于 10 天（张丽雪，2007）。汽油、柴油零售价格实行中央政府指导定价，由国家发改委制定基准价，中石油、中石化和社会加油站可在上下 8% 的幅度内自主确定具体零售价格（张蕾累，2007；王彩玲，2010）。新的成品油定价机制改变了过去直接用国际成品油价格确定国内成品油价格的做法，可以缩小我国成品油与国际油价的差距，缓解油价倒挂给炼油企业带来的亏损。当然，也有观点认为，这次新的成品油定价机制只是在定价计算方法上进行的改革（孙竹、李阳，2007），仍有不足之处。于是，2008 年底出台的《国务院关于实施成品油价格和税费改革的通知》（以下简称《通知》）对成品油定价与国际市场原油价格挂钩的做法给予了进一步的说明。《通知》指出，国内成品油出厂价格以国际市场原油价格为基础，加国内平均加工成本、税金和适当利润确定。当国际市场原油一段时间内平均价格变化超过一定水平时，相应调整国内成品油价格。汽油、柴油批发实行最高批发价格。对符合资质的民营批发的企业汽油、柴油供应的价格，应合理核定其批发价格与零售价格价差。②

---

① 为保证国内成品油市场价格的稳定，国家计委发布了《关于完善石油定价机制相关办法的通知》，补充规定了"国内成品油价格在国际油价短期上涨时不涨，而在国际油价下降时不降或少降"的条款。

② 《国务院关于实施成品油价格和税费改革的通知》（国发〔2008〕第 37 号）。

　　总体上看来，尽管中国石油产业定价机制并没有实现完全意义上的市场化，但是相比于"封闭－行政化"范式下的政府计划定价机制，1998年后，"开放－市场化"范式下石油产品定价机制市场化的程度逐渐提高，市场已经成为中国石油产品定价的主要机制。① 至少，市场化的趋势特别是与国际市场接轨的事实是不可否认的。

三　对定价机制转变的决策分析

　　中国石油产业定价机制从政府计划定价机制向与市场接轨的定价机制转变，代表着一种重要的组织与制度变迁。推动石油产业定价机制变迁的原因，从表面上看，完全是强力的中央政府主导并推动的结果，国家是定价机制转变的根本推动者。然而，这种基于产业正式制度与政策一般层面的经验分析忽略了石油定价机制变迁的深层动力来源。在国家推动石油定价机制改革的情况下，不同的行动主体，如国有石油公司、石油消费群体等，都有可能存在着基于自己利益与视角的态度及相应的行动方式。定价机制的变革作为一种组织与制度变迁现象，必然包含着多个复杂的微观政治过程。不同的利益、不同的行动者乃至不同的制度变革方案等都会存在一定程度的对立或者冲突。石油定价机制的变革从表面上看是在国家或中央政府的正式权力（垂直科层体制）整合下的正式组织结构中发生和实现

---

① 2008年之后，石油定价机制总体上延续了与国际石油市价挂钩的办法，只是在一些计算指标和方法上进行了部分调整。比如，2009年5月颁发的《石油价格管理办法（试行）》规定，原油价格由企业参照国际市场价格自主制定。中国石油化工集团公司（以下简称中石化）和中国石油天然气集团公司（以下简称中石油）之间互供原油价格由购销双方按国产陆上原油运达炼厂的成本与国际市场进口原油到厂成本相当的原则协商确定。中石化、中石油供地方炼厂的原油价格参照两个集团公司之间互供价格制定。中国海洋石油总公司及其他企业生产的原油价格参照国际市场价格由企业自主制定。成品油价格区别情况，实行政府指导价或政府定价。汽、柴油零售价格和批发价格，以及供应社会批发企业、铁路、交通等专项用户汽、柴油供应价格实行政府指导价；国家储备和新疆生产建设兵团用汽、柴油供应价格，以及航空汽油、航空煤油出厂价格实行政府定价。当国际市场原油连续22个工作日移动平均价格变化超过4%时，可相应调整国内成品油价格。当国际市场原油价格低于每桶80美元时，按正常加工利润率计算成品油价格。高于每桶80美元时，开始扣减加工利润率，直至按加工零利润计算成品油价格。高于每桶130美元时，按照兼顾生产者、消费者利益，保持国民经济平稳运行的原则，采取适当财税政策保证成品油生产和供应，汽、柴油价格原则上不提或少提。

的，与价格改革相关的其他行动者表面上呈现的关系与角色似乎只是等级结构下的"服从者"，其可能采取的行动就是严格听从和执行上级行政部门下达的价格变革政策与执行方案。从这种观察视角出发，各种基于行政权力的文件、制度、政策与规则完全决定了定价机制变迁的方向及可能后果，完全限定了行动者行动的策略与自由余地。换言之，正式规则完全限定了组织变迁的路径，以及行动者的行为方式。这种认知方式也就是如克罗齐耶等人所质疑的先验的结构决定论的认知图式（克罗齐耶、费埃德伯格，2007：13）。

事实上，石油产业定价机制的转变作为一种有组织的社会现象，其中必然包含着一个或多个有组织的集体行动。这些有组织的集体行动作为一种行动者建构起来的权力游戏，实质上构成了解决石油定价机制变革何以可能这一问题的一种工具手段（李友梅，2001）。根据组织社会学决策分析的推论方式，解决石油产业定价机制变革问题，势必需要将洞察的眼光渗透到石油定价机制变革过程中复杂的行动领域。通过揭示石油定价机制转变过程中不同行动者之间构建起来的权力关系以及权力游戏，揭示行动者可能的行动策略，从而发现在推进定价机制变迁的问题上，不同行动者（基于自己所掌握的核心资源、不确定性空间与自由余地）是如何通过谈判、协商、讨价还价的权力互动过程实现一种合作的秩序的（费埃德伯格，2005）。

（一）定价机制变革：组织问题的建构及行动者目标

如前所言，中国石油产业定价机制从政府计划定价机制向与市场接轨的定价机制的转变，意味着中国石油产业经历了重要的组织与制度变迁。1998年前，石油产品定价的主导逻辑是传统的国家有计划地主导石油价格体系的建立与运行（李慧中，1998）。这种逻辑的成立很大程度上依赖于计划体制下的经济意识形态及其对市场、产权关系等的传统理解。国家通过行政计划的方式主导并决定石油市场的产品价格建立在一种自然的本体性的政治权力基础之上。由于石油及石油产业本身的特殊性，加之借鉴国际性的石油危机对主要石油消费国负面影响的历史经验，国家自然而然地把严格控制那些关系国计民生的重要产业作为维护自身安全及民族国家利益等方面的重要要求。因此，在 1998 年之前，国家对石油产品定价机制实行绝对的计划控制有其合理性。

在"开放－市场化"的石油产业范式下，朝向市场化并与国际市场接轨的定价机制，则体现了另一种完全不同的制度变迁逻辑。在这种定价机制下，国家行政计划对石油产品价格形成与调整的干预程度有所减弱，至少不再是一种绝对的直接管制。朝向市场化的定价机制开始凸显市场机制，主要是市场供需机制对石油价格的决定性意义。从特定意义上讲，中国石油产业定价机制的市场化改革标示了中国经济体制市场化改革的一种进展。更重要的是它改变了传统定价模式下，围绕着石油产品定价而相互关联起来的行动主体之间的关系结构或关系模式、行动方式，乃至不同主体可获取的利益、资源分配等。

从组织研究的意义上讲，石油产业两种不同的定价机制代表了两种基于不同逻辑的价格制度方式。关键的问题是，如何才能实现这种定价机制的历史转变？从一种定价机制转向另一种定价机制，中间要经历怎样的宏观与微观的组织变迁过程？显然，这种由中央政府推动和主导的石油定价机制的变革不必然是一种进化论意义上的自然演化的结果，石油定价机制的变革是一种由多个行动者建构起来的有组织的集体行动或权力游戏，是一种社会建构的产物。

根据组织社会学决策分析的基本推论预设，行动者之间建构起来的有组织的集体行动或权力游戏，首先是针对具体行动领域的具体问题而言的（李友梅，2001）。就石油产业定价机制而言，在成功实现定价机制的变革上，在诸如政府、石油企业、消费者等异质性的行动主体之间，建构起一种最低限度的合作或集体行动，他们共同面对的组织问题是什么，构成了我们展开推论分析的起点和关键。这一设问具体包括三方面：首先，是何种机制引导石油产品价格的形成与调整，是政府计划，还是市场的价格规律；其次，定价机制的变革中起主导或关键性作用的行动者是谁，谁是定价机制变革的主要行动力量；最后，石油定价机制变革作为一种组织与制度变迁现象，其变革的形式是什么，选择的变革路径是什么。这三个具体问题构成了石油产业定价机制变革的正式层面的问题。定价机制变革还存在着更为深层次的组织问题。首先，在定价机制变革的过程中，在微观行动领域存在着哪些相互冲突的目标，在什么样的可能情况下，这些相互冲突的目标、行动能够被整合起来；其次，也是最根本的问题，在这样一个组织与制度的变迁的过程中，相关的行动主体如何才能实现自己的目标，如何尽可能地维护和保护自身的利益、资源，同时如何尽可能地从其他人那里获得自己想获取的资源，或者说能够动用其他人的资源为实现自己的目标服务。

为此，必须清晰地勾勒在石油定价机制变革游戏中行动者间的差异化行动目标及其意义。组织决策分析认为，一种组织与制度的变革往往不是简单的等级化命令的结果。在一种有组织的社会结构里，正式的制度与组织结构不可能完全规约和限定组织内行动者的行动自由，行动者都是带着各自的利益目标参与特定的权力互动过程。也就是说，在石油产业定价机制的改革过程中，也存在着多个不同的行动者在利益目标、认知等方面的差异。石油产业定价机制的改革过程，实质上是不同行动者冲突性与差异性目标实现协同整合的过程。

就行动目标的多重性而言，在石油定价机制的变革问题上，存在着政府、国有石油企业（包括石油生产企业、石油销售企业）、消费者（含其他生产型企业）等行动主体之间的目标、动机上的差异和冲突。

对国家来说，在这场石油定价机制的变革过程中，它一直作为最重要的行动者角色出现。在"封闭－行政化"产业范式下，国家是最终决定石油价格形成的唯一力量，它通过行政计划来确定石油产品的价格。而在"开放－市场化"范式下，国家在石油产品定价机制上的功能与角色有所变化，但其主导性的优势地位没有变，依然能够对石油产品定价施加重要影响。因此，从实际的历史过程来看，国家是作为石油定价机制改革的主导者和推动者身份出场的。对国家而言，其整体性的目标是在较好地平衡多方利益的基础上实现石油定价机制的成功变革。由于国家并不是具有完全理性的行动者，它不可能拥有关于定价机制变革的完全信息。所以，在国家整体性的目标之下还存在着一些具体的考虑，如石油定价机制变革的形式是部分的市场化还是完全的市场化？是进行一次性的激进式的制度变迁，还是推行一种渐进式的价格制度改革？同时，它在推动石油定价机制变革的同时，还要考虑到其他综合因素，如对国民经济尤其是与石油相关产业的影响，对石油消费者的影响等。因此，概括而言，国家在石油产业定价机制的变革问题上，主要存在着实现有效变革与利益综合平衡的目标。

就中石油、中石化等国有石油企业而言，由于石油定价机制的改革将在较大程度上影响企业自身的利益，市场化接轨有可能使企业自身的利润产生波动，增加市场风险，因此，国有石油企业在早期对石油价格改革的主动性并不如人们想象得那样强，只是随着改革的渐进式推进，国有石油企业对价格改革的认知与态度才发生了变化。从总体上讲，在定价机制变革的游戏中，国有石油企业的目标就是使定价机制的改革能够尽可能地保护并扩大企业的经济利益。至少，从中国石化集团的角度而言，市场化的定价机制改革对自身而言是比较有利的事情。因为定价机制变革之前，由于国家实行固定定价机制，主营石油产品生产、炼化的中石化容易受到国际石油价格波动的影响，而国家计划定价使其成品油的出厂价只能固定地保持在较低的水平，一度形成了成品油价格的"倒挂"，造成了巨额亏损。因而，对中石化而言，它能够从定价机制改革中受益。对中石油而言，由于1998年改组后的中石油也开始部分经营石油炼化及石油销售业务，也会遇到类似的问题，因而逻辑上也支持石油价格改革。因此，就石油公司而言，其关于定价机制改革的目标主要是经济利润动机：保护和扩大石油经济利润。

对石油消费群体（包括个人消费者和石油消费企业）而言，在定价机制的改革上，他们的目标和石油企业在一定程度上相互冲突。因为市场化改革后，特别是以石油提价为主要特征的价格改革必然增加他们的石油消费成本，扩大了他们的支出（中国的消费者已经"习惯"了低油价的石油消费）。因此，在一定程度上，这种市场化的价格改革实际上对他们是不利的。至少从改革后的经验事实来看，由于与国际市场挂钩的石油定价机制存在价格反应滞后的问题：国际石油价格上涨，则国内石油价格必上涨；而当国际油价下跌的时候，国内油价的回落却很困难。所以，石油消费群体的利益被部分地"剥夺"。因而，在石油定价机制变革的游戏中，石油消费者群体希望改革后的石油定价机制能够较少地增加其石油消费成本或实现合理的升降调整。换言之，石油消费群体的价格改革目标主要是保护自己的利益少受（石油调价的）不利影响（见图4-1）。

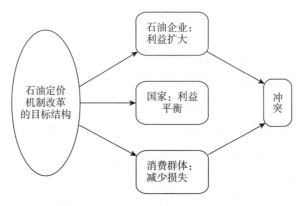

图4-1　定价机制中的行动者目标结构

　　因此，在石油定价机制的变革上，国家、国有石油企业、石油消费群体之间存在着或多或少的目标与利益差别。国家试图通过石油定价机制的改革获得一种更有利的合法性认同，特别是在制定具体的石油价格调节政策时能充分兼顾各方的综合利益。也就是说，国家既要考虑石油企业经营的利益，也要考虑到石油消费群体的态度、利益，保持一种适度的协调平衡。国有石油企业的目标非常明显，希望定价机制的改革能维护自身的利益，这与石油消费群体减少损失的目标相互冲突，甚至在一定程度上会与国家的价格调控产生冲突。

（二）核心资源与行动能力：行动者间的非均衡关系

　　与多重目标的差异性和冲突性相联系，在石油产业定价机制变革的游戏中，行动者都或多或少拥有特定的行动能力和行动资源。这些能力和资源构成了行动者采取策略性行动的重要基础，也在一定程度上决定着行动者对石油定价机制变革的影响力来源。

　　（1）作为主导者的国家。在定价机制变革游戏中，国家或中央政府是最重要的行动者。从1988～1998年石油定价机制变革的实践过程来看，国家是价格改革最主要的发起者、推动者和协调者。国家设定了石油定价机制变革的基本导向，即由国家计划形成石油产品价格的机制转变为朝向市场化，并与国际市场接轨。尽管在1998年后，国家退出了对石油定价机制的直接控制，但它仍然保留了对部分关键性的石油产品、关键领域石油价格形成机制的控制力。[1] 相对于国有石油公司、石油消费群体而言，国家在定价机制变革游戏中占据着相对优势的地位。这主要是因为，国家拥有着较强的自由行动能力，控制着大量的关键性资源。这些关键性资源对国有石油企业、石油消费群体而言是非常有用的，而且相对于解决石油定价机制改革的问题而言非常关键。

国家所拥有的较强的行动能力，或者说相对其他行动者而言的权力优势主要来源于正式的行政权力、权威以及对国有石油企业的控制权。一方面，国家对国有的石油公司具有一种行政管辖和领导的权力，它能够通过一部分行政命令的形式使石油公司配合石油定价机制的改革。与正式权力相联系的是国家所拥有的传统的政治合法性权威。在中国特定的政治文化背景下，国家或中央政府从来都是具有最高权威的行动主体。即便是在市场化转型时代，中央政府的权威仍然具有很大影响。因而，对石油企业、石油消费者而言，国家也可能动用传统的政治合法性权威来"说服"他们对石油价格改革进行配合。另一方面，中石化、中石油等石油公司在产权性质上就是国家所有的企业，国家也能够对国有石油企业施加较大的影响，来推动石油定价改革的进程。此外，由于国家拥有相对于石油企业、石油消费者而言无法比拟的资源优势（如财政资金），它能够通过承诺给予石油企业及石油消费者利益补偿的方式来动员起他们的合作行为。如由于国际石油价格上涨，国家在提高国内石油价格的同时，也可通过财政补贴的方式给予石油企业、石油消费企业一定的利益补偿。[2]

（2）强势的石油企业。在石油定价机制改革上，中石油、中石化等国有的石油公司也具有较强的讨价还价能力。这种能力主要来源于其所控制的关键性资源。首先，与国家及政府部门的传统关系。中石油、中石化等国有石油公司与国家或政府有很紧密的联系，包括行政关系、产权关系等，国有石油公司在一定程度上还代行着一些国家的行政职能，例如对石油价格信息进行收集反馈的功能、稳定石油价格市场的职能。包括国有石

---

① 参见《石油价格管理办法（试行）》，国家发展改革委员会，2009 年 5 月 7 日。

② 参见《国家发展改革委关于调整成品油价格的通知》，中国政府网，2006 年 5 月 26 日，http://www.gov.cn/zwgk/2006-05/26/content_291524.htm，最后访问日期：2018 年 8 月 14 日。

油公司在内的大型国有企业本质上还是国家的代言人，承担着国有资产保值增值的功能，也是国家财政收入的主要来源。因此，在这一点上，国家还存在对国有石油企业的较大的（财政）"依赖"（华泽彭、殷建平，1992；李雪，2007）。其次，国有石油企业最重要的行动能力还在于它拥有较强的控制石油生产加工、石油进口规模的自由度。通过对这种不确定性领域的控制，国有石油企业能够深刻影响国内石油产品的供需能力及供给结构，进而影响石油价格的变化。这也是国有石油企业为社会舆论所诟病的主要原因（袁宏明，2009；王平，2005）。最后，国有石油企业作为最主要的石油生产、销售、进口企业，具有先天性的了解石油价格信息的优势，这种优势是消费者乃至国家都不具备的。国内外石油价格的基本走向，国有石油企业最能掌握规律，也掌握最充分的信息。因此，基于特殊的信息优势，国有石油企业在石油定价机制改革的游戏中容易占据相对优势的地位。此外，由于国有石油企业能够更多地以"中继者"的角色处理组织与环境之间的关系，因而具有一种中介机制的优势能力。所谓"中继者"，根据决策分析的基本推论，它具有一种双重的行动者身份，一方面，它代表组织与环境打交道；另一方面，它又代表环境和组织进行谈判（李友梅，2001：175）。围绕着石油产品定价，在国内外石油市场上，国有石油公司因其独特的"中继者"身份，起到了协调国家、石油市场、石油消费群体的作用。在此意义上，国有石油公司具有一种特殊的行动能力。

（3）相对弱势的石油消费群体。定价机制变革的经验表明，相较于国家、国有石油公司，包括石油消费者、石油消费企业在内的石油消费群体表现出比较弱势的影响力，处于一种被动服从和适应改革的状态。在石油定价机制的变革中，石油消费群体由于自身所掌控的关键资源不足、行动能力较弱，缺乏对关键性的不确定性领域的掌控，因而处于一种相对"失权"的地位。但也必须指出的是，在石油产品定价机制变革的权力游戏中，石油消费群体的自由余地又不是被完全限制的，他们拥有或多或少的自由行动空间。因为，石油定价机制的改革必须考虑社会消费者的态度。如果国家、国有石油企业在定价机制变革的游戏中"走"得过远，就有可能引起社会成员的"整体抗议"或"非议"，从而不利于国家的合法性建构（韩颖，2009）。因此，国家在石油定价机制改革上实施渐进式的改革，就是因为谨慎地考虑到了石油消费群体的态度与反应。典型案例比如，2006 年 3 月 26 日，国务院出台了专门的"石油综合配套调价方案"，方案提出，在坚持与国际市场接轨的前提下，建立既反映国际市场石油价格变化，又考虑国内市场供求、生产成本和社会各方面承受能力等因素的成品油价格形成机制，还要建立起对部分困难群体和公益性行业给予补贴的机制。[①] 对此，相关部门负责人曾表示：完善石油价格形成机制，提高成品油价格，涉及各方面利益关系的调整，关系到石油工业的健康发展和石油供给的保障，关系到交通运输业和农业的发展，关系到广大人民群众的生活，涉及面广，情况复杂。在方案制定过程中，要始终把握以下原则：一是有利于促进节约石油资源和提高资源利用效率，促进经济结构调整和增长方式转变；二是有利于充分利用国内和国外两种资源，满足国民经济发展对石油的需求；三是统筹兼顾、协调配套，妥善处理好各方面利益关系；四是积极稳妥、循序渐进，处理好改革、发展和稳定的关系。其中就包括了对石油消费群体合理利益的考虑。[②]

表 4 - 2　石油定价机制变革游戏中行动者能力的比较

	国家	国有石油企业	石油消费群体
在石油定价的权力游戏中的地位	主导、优势地位	相对优势	弱势地位
核心资源、行动能力	资源多，行动能力强	较多资源，行动能力较强	资源少，行动能力弱
行动能力主要来源	行政权力、传统合法性权威、财政资源等	与政府部门的行政联系、国家财政来源、控制影响石油价格的不确定性领域、组织"中继者"身份	整体性抗争、舆论力量

概括而言，在石油定价机制变革的游戏中，国家、国有石油企业以及石油消费群体之间呈现一种由国家主导、国有石油企业具有较强优势、石

---

① 《国家发改委 2006 年重大价格政策措施取得明显成效》，搜狐新闻，2007 年 3 月 21 日，http：//news. sohu. com/20070321/n248876606. shtml，最后访问日期：2018 年 8 月 14 日。
② 《发展改革委有关负责人就石油综合配套调价方案答问》，中央政府门户网站，2006 年 3 月 26 日，http：//www. gov. cn/xwfb/2006 - 03/26/content_ 236817. htm，最后访问日期：2018 年 8 月 15 日。

油消费群体处于弱势的非均衡权力关系格局。这种非均衡的能力结构在一定程度上决定了国家、国有石油企业、石油消费群体等行动者在具体的互动过程中可能采取的行动策略。

(三) 组织环境: 机制变革的结构性条件

权力游戏中行动者行动能力的发挥、关键性资源的动用以及最终的策略性行动的实施等，还有赖于游戏所具有的特定组织环境。组织环境一定意义上构成了行动的情景条件。对行动者而言，环境既可能是规则的约束、资源的限制，也可能是机遇的来源。任何行动者都不可能忽略游戏环境的存在，都无法摆脱环境对游戏的建构、运行以及行动者决策的影响。一般而言，游戏的环境具有高度的复杂性，它是多个不确定性因素的集合。同时，游戏的环境也不是固定不变、静态的结构，而是具有较高的偶然性和可变性。因此，环境的这些特征也增加了游戏中行动者实施策略性行动的困难。但是，对行动者而言，它又不得不努力发现和识别出游戏及其策略性行动所面临的环境条件及其影响。

中国石油产业定价机制的变革游戏中，尽管国家和国有石油企业具有较强的行动能力，占据了特定的优势地位，能够对定价机制变革施加关键性的影响。但是，对于此权力游戏中的国家、国有石油企业而言，它们也不可能拥有绝对的自由余地，它们的行动决策还是会受到特定约束。这种约束有可能是来自游戏结构本身的约束，同时，也很有可能是来自组织环境的约束。环境因素使得具有权力的行动者不能随心所欲地采取行动。如果具有权力优势的行动者的行为表现超过一定的容忍度，则这种建构起来的权力游戏就有可能失败，行动者之间最低限度的合作也可能被打破。

在石油定价机制变革的权力游戏中，其组织环境同样也呈现复杂、权变的状态，但我们仍然能够发现一些具有相对稳定性和相对持续的环境要素。国家、国有石油公司、石油消费群体首先都要权衡其各自面临的结构性环境要素，比如，与石油产品价格形成相关的已有的国家价格制度与政策、石油市场的供需状况与消费结构、与石油定价相联系的社会主要观念态度、具有非直接影响的社会发展的主导逻辑、发展理念等。这些结构性的环境要素在一定程度上构成了游戏中行动者行动的客观限制，也形塑了行动者之间展开游戏的基本规则。

从石油产业定价机制变革的实践过程来看，就主导石油定价机制变革的国家而言，它需要建构国有石油企业、石油消费群体对市场化定价机制改革的合作。国家一方面必须保证市场化定价机制改革的推进得以成功；另一方面还必须把市场化定价机制的改革控制在一定的范围内，渐进式地推动制度变迁。为此，国家需要判断和权衡其会受到什么样的环境约束。从当时特定的情境来看，国家在推动定价机制改革时需要认识和处理以下几类环境要素：其一，自1978年以来的中国经济体制转型，或者说社会主义经济市场化改革的整体进程，以及20世纪90年代末以来的全球化进程等是影响石油定价机制变革的宏观制度环境；其二，特别是1993年之后中国石油消费的市场状况（消费需求的激增与对外石油依存度的提升）也是国家推动石油定价机制改革的市场环境；其三，长期以来中国实行的低油价政策以及由此形成的社会群体对石油价格的观念认知等社会文化环境因素；其四，国家还必须充分权衡社会的整体承受能力、其他工业行业由于石油价格改革所遭受的直接影响等。

首先，改革开放以来快速推进的市场化改革使中国经济呈现了良好的发展趋势，为石油定价机制的市场化改革提供了某种社会观念共识。20世纪80年代初期以来，国家开始在城市推行工业企业的改革，对城市各类型的国营、集体企业等都实行一种效率取向的市场化改革，引入市场经营机制，改革企业产权关系，试图建立起符合市场经济需要的现代企业制度。通过企业在市场中自主经营、自负盈亏、自担风险等改革，增强国有和集体企业的市场竞争能力和提升其经营效率。到20世纪90年代中后期，这种市场化取向的城市工业企业改革更是达到顶峰，市场化已经成为一种不可"逆转"的趋势（章迪诚，2006）。而作为市场化改革的内容之一，商品流通市场价格制度的改革就成了市场化的必然要求。早在1988年国家就开始实行价格体制的改革，并提出理顺物价关系，改革价格体制。这种市场化的趋势使改革石油定价机制成为一种体制环境的要求。在市场化快速推进的同时，到20世纪90年代中后期，经济全球化的趋势已经明显加快，中国经济逐步嵌入全球的经济与生产体系。经济的全球化必然要求中国的石油产业也能够适应世界市场的变化。尤其是在1993年中国成为石油净进口国之后，经济全球化对中国石油产业的影响难以避免。大量的石油进口改变了国内石油产品的消费结构，而旧有的国家计划的石油定价机制显然已经不能适应这种全球化变化的趋势。因此，在1998年及其后的改革中，实现石油产业定价机制的改革就势必逐步与国际石油市场接轨。因此，国内日益发展的市场化进程与全球化的发展两种结构性力量的叠加使中国石油产业面临的环境压力非常大。这构成了石油产业定价机制变革重要的宏观制度环境。

其次，从中国石油产业的市场状况来看，经济的高速增长以及长期的低油价政策，使得工业生产、社会消费对石油产品的需求越来越大。1993年中国开始再次大量对外进口石油，并且对外依存度逐年增高。以1998年为例，中国石油进口量高达5739万吨，对外依存度达到29%。中国石油市场对国外进口的大量依赖，使其不得不面对国际石油市场价格波动的冲击。在此情境下，原有的国家计划定价的机制已经不能适应石油市场结构变化的要求。

表4-3　中国石油对外依存度预测

单位：%

预测机构	2010年	2020年
国际能源机构（IEA）	60	76
美国能源信息署（EAI）	49.7	65.5
OPEC	45	52

资料来源：吴磊，2003。

最后，1998年之前，特别是在国产石油基本上能够实现自给自足的情况下，国家为鼓励经济生产，长期实行的是一种低油价的政策。这种低油价的政策确实促进了中国很多产业的繁荣与发展，如汽车产业（王冰凝，2009）；但是它也会给人一种误解，即低价的石油消费是一种理所当然。在石油定价市场化改革之后，每逢国际油价上涨，国家发改委发出石油涨价通知后，国内舆论通常持批评态度（周清杰，2009）。因此，这种低油价的认知观念作为一种文化现象也是国家在推动定价机制改革时要考虑的环境因素之一。

　　与此相关，由于石油定价机制的改革必然影响石油消费群体的经济利益，国家在建构定价机制的权力游戏、实施自身决策的时候，也要考虑到自己推动的定价机制改革会给消费者带来什么样的影响，尤其是对其他重要工业产业运行的影响，国家需要在价格改革的进程、力度上综合把握，平衡各方利益。

　　同样，在定价机制变革的游戏中，中石油、中石化等国有石油企业、石油消费群体等在制定自己的行动策略时，既会面临着与国家共同的游戏环境，也要考虑到另外一些特定的组织环境因素的约束。就国有石油企业而言，除了同样要处理诸如市场化、全球化趋势、国内石油市场结构、石油消费的社会舆论与观念等环境因素，它还要考虑到与其他类型的石油企业竞争，如与国内市场上的外资石油企业、民营石油企业的竞争，以及作为大型的跨国企业在国际市场上与跨国石油公司的竞争。而体现竞争能力与竞争优势的重要方面就是企业石油生产的成本优势以及企业的盈利能力等，这些指标都与石油定价机制直接相关。市场化的定价机制使国有石油企业更有可能占据竞争优势，增强盈利能力。

　　就石油消费群体而言，作为理性的行动者，他们也会意识到在具体的权力游戏中，面对国家正式制度、社会环境因素提出的要求，其本身无法从根本上予以拒绝和回避。但他们会试图发现一些有利于自身目标和行动的环境因素，并以此尽可能地保护自己的利益和行动自由的余地。以中国加入世界贸易组织之后，由于国际石油市场几次大的价格波动而引发的国内石油价格调整大讨论为例，针对中国石油市场价格"跟涨不跟跌"的现象，由社会媒体所引发的关于中国石油定价机制的大讨论，反映了中国的石油消费者是如何通过建构有利于自己的舆论组织环境来维护自身利益的。比如，石油消费者并不直接批评中国的石油提价，但是他们会努力宣传"中国的石油价格比较高"等观点，或者是直接批评国有石油企业在市场竞争中的垄断行为，从而建构起一种有利于自身的舆论环境（张学、张伟明，2006；王平，2005）。

（四）情景认知与策略行动：合作的达成

　　组织决策分析的基本推论假设认为，权力游戏中的行动者在权衡了游戏的组织环境的意义及可能的影响，以及自身拥有的关键性资源及行动能力之后，便会制定、实施和调整自己的决策，以最大限度地使游戏运行及游戏规则的变化有利于实现自身的目标，或尽可能地减少自身的利益损失（李友梅，2001；费埃德伯格，2005；克罗齐埃，2002）。

（1）权力建构与利益补偿：国家的权衡与行动策略。从中国石油定价机制渐进式改革的过程来看，国家在一系列的制度、市场与社会环境因素的影响下，最终决定并事实地推进了石油定价机制的变革。面对国有石油企业、石油消费群体等多个行动主体及其冲突性的目标诉求，国家成功地动用起自己掌握的关键性资源以及自由行动的能力，实现了对多个行动目标的整合，从而推动了定价机制的改革。换言之，国有石油企业、石油消费群体等行动者被整合进了国家所主导建构起来的权力游戏。由于自身行动能力强大（如行政权力），掌握的资源多（如财政资源、制定政策的相对自由），国家便拥有了对企业、石油消费群体的某种权力。正是这种权力的建构与运用，最终使得国有石油企业、石油消费群体采取了一种协调合作的行动策略。至少从定价机制改革的实际效果来看，国家成功地推进了市场化改革，实现了其行动目标。

由于权力游戏本质上是一种讨价还价的交易行为，因此，国家在动员国有石油企业、石油消费者群体合作（让他们配合定价机制改革）的同时，也需要给予对方一定的游戏报偿，否则游戏无法成功地建构起来并得以维持。在定价机制变革的游戏中，国家可动用的重要资源之一就是财政资源。国家承诺在改革定价制度的同时，通过财政补贴、税费制度改革的形式给予国有石油企业、石油消费者部分利益的补偿。1998年以来，国家曾多次给予中石化、中石油等国有石油公司大量的财政补贴，[①]以鼓励他们在国际石油价格上涨的情况下，在国内石油提价幅度不足以弥补其生产成本的情况下，加大国内石油市场的供应量，防止和解决石油市场可能出现的"油荒"，保证石油市场稳定。[②]同样，为了动员社会大众对定价机制

---

① 关于补贴金额，由于资料获取的原因难以统计。但可以肯定，政府财政补贴的金额是以亿计的。相关政策文件可参见《国务院办公厅关于转发发展改革委等部门完善石油价格形成机制综合配套改革方案和有关意见的通知》（国办发〔2006〕16号）。

② 《中石化中石油补贴惹争议，官员：补贴与否陷两难》，腾讯财经，2007年12月18日，https：//finance.qq.com/a/20071218/001911.htm，最后访问日期：2018年8月15日。

改革的合作，国家也通过财政转移或税费减免的方式来实现社会大众（石油消费群体）对价格改革的理解和合作。例如，为了体现与国际市场接轨的定价导向，在石油价格上涨的情况下，国家会制定补偿性的政策，给予受石油提价影响的消费者一定补偿，如给予出租车公司燃油补贴，给予种粮农民、部分困难群体和公益性行业财政补贴等。这部分用于补贴的财政资金大部分来源于国家面向石油企业征收的特别收益金以及成品油消费税。[①] 同样，国家还发布文件，实施成品油的价格和税费改革。其措施主要包括取消公路养路费收费、逐步有序取消政府还贷二级公路收费等。[②] 通过这些"交易"性补偿，国家较好地实现了社会各方面的利益平衡，缓解并调和了各行动者的差别性利益与目标冲突，成功地建构起了一种朝向合作的集体行动。

（2）获利型合作与策略性施压：国有石油企业的行动策略。在石油定价机制变革的游戏中，由于国有石油企业拥有较强的行动能力以及较多的核心资源，它们在这个权力游戏中是最主要的受益者。至少在1998年与国际接轨的石油定价机制基本确立之后，国有石油企业通过自己掌握的（市场信息、控制石油生产与供应量）不确定性领域，成为新机制的主要受益者。同时由于国有石油公司都与政府有着紧密的行政与产权联系，国有石油企业总体上采取了配合国家进行石油定价机制改革的策略。这种合作的策略最大限度地扩展了石油企业的利益。当然，在参与国家主导建构的定价机制变革的游戏中，国有石油企业除了表示服从并配合的理性策略外，它们还通过"施压"的方式策略性地向国家、市场（消费群体）释放信号。它们通过策略性地建构起一种市场压力，使国家在定价机制的改革中尽可能多地照顾企业的利益。

（3）弱势合作与建构同情：石油消费群体的行动策略。由于自身可动用资源及行动能力的有限性，以及游戏环境的约束，在定价机制变革的权力游戏中，石油消费群体处于一种弱势地位。作为理性行动者，石油消费群体同样采取了默认和配合石油定价机制改革的行动策略。这种行动策略是在所有的约束条件下，石油消费群体能够采取的一种相对理性和有效的

---

① 《国务院关于开征石油特别收益金的决定》（国发〔2006〕第13号）。
② 《国务院关于实施成品油价格和税费改革的通知》（国发〔2008〕第37号）。

行动策略。至少，这种合作的行动策略比不合作或冲突的策略更能减少行动者在游戏中的可能损失。而作为补偿，国家也确实在石油定价机制的改革过程中一定程度地关照到了石油消费群体的利益，比如前文所提及的相关补贴。同样，在定价机制变革的游戏中，石油消费群体也并不是绝对的无条件服从。一系列的经验事实表明，石油消费群体至少很成功地建构起了社会舆论对自身利益的关注，从而尽可能地避免由于石油定价机制变革导致的损失增加。例如，他们借用了各种社会媒体资源、利益表达渠道，策略性地表达了自身的利益诉求。通过表达对石油涨价的担忧等一系列微妙的行动策略，建构起了一部分社会"同情"，也向国家和国有石油企业传递了某种"压力"。通过自身的策略性行动，在石油定价机制变革的游戏中，石油消费群体部分地保护了自身利益，部分地保卫了自己自由行动的余地。

至此，我们可以得出结论，20世纪90年代末以来，中国石油产业的定价机制经历了从传统国家计划定价向逐步朝向市场化并与国际接轨的定价机制的转变。作为一种组织与制度变迁，这种转变形式上是国家自上而下行政主导和推动的强制性制度变迁，但在正式制度变迁背后，我们能够勾勒并发现这样一种现实的组织逻辑：正是由于国家、国有石油企业、石油消费群体等行动者之间建构起了一种朝向合作的权力游戏，在国家主导并推动的石油定价机制改革中，国家、国有石油企业、石油消费群体等行动者之间差异性的目标与诉求得以有效整合，进而逐步有序地推动了石油定价机制的变迁。换言之，在国家、国有石油企业与石油消费群体之间构建的权力游戏构成了石油产业定价机制变迁的深层动力来源。

第五章　从国家行政式企业到现代
公司制：组织形式

国有石油企业组织形式的变革也是中国石油产业范式变迁的重要内容。历史地看，1988～1998 年，国有石油企业的组织形式实现了从"封闭－行政化"范式下的政企合一的国家行政式企业向"开放－市场化"范式下的现代企业公司的转变。石油产业企业组织形式的这种变迁也代表了1998 年以来国家主导的石油产业改革重组最主要的目标或内容。作为一种产业的组织与制度变迁现象，石油企业组织形式的变迁背后同样隐含着行动者间复杂的权力游戏机制。

一　国家行政式的石油企业

以 1988 年中国石油天然气总公司的成立为标志，中国石油产业由三大国有石油企业分割垄断的格局基本形成。当时中国市场化改革刚刚起步，对石油产业而言，这种市场化的改革也只是处于萌芽阶段。因此，在此后近十年的时间里，中国石油产业基本上处于一种封闭状态下的以政府行政力量为主导的发展范式。从石油产业企业的组织形式来看，1988～1998 年，中国的三大国有石油公司的组织形式或者说治理结构基本上沿袭了计划经济体制的框架属性。无论是在公司职能、石油企业与政府间关系，还是在石油公司内部的组织关系等方面，中国石油产业企业组织形式都没有脱离计划经济体制的影响。

（一）直接监管：石油企业与政府

在"封闭－行政化"的产业范式下，中国石油产业的治理主要是在国家的行政控制下进行的。国家是石油产业监管最重要的主体，也是石油产业投资、资源配给、人事安排、财政税收安排等方面的最终决定者。尽管1988年之后，国家对大型的国有产业尝试了以内部市场化为特征的一系列改革，如石油产业的包干政策、放权让利以及1994年左右对石油产业内部进行的公司化试点改革等（高兆刚，1998；杨嵘，2004b），但国家对石油产业的监管模式并没有发生实质性的转变，仍然主要通过计划体制下行政命令的方式来主导和控制石油产业的发展（王维嘉、刘中成，2008）。在国家与石油企业的关系上，仍然具有很强的垂直行政附属的特点。中国石油天然气总公司、中国石化总公司、中国海洋石油总公司都听命和服从于国务院及其能源管理部门的行政指令。各石油企业在产量的安排、石油产品的销售、石油企业的对外投资等经营行为上都还严格地依赖于国家的计划指标。根据王海江的研究，在国家对石油产业实行严格的行政监管的情况下，石油企业对国家有很强的依赖性，如（在1998年重组之前）国家保证了石油企业的原材料供应、产品的市场销售。石油产品及原料的购买和销售都依据国家控制的价格进行。石油企业的工人获得了来自国家的充分就业的保证。此外，石油企业也不用担心各种债务的偿还问题，因为绝大多数的生产资金、投资资金等都是由中央政府以无息的方式进行调拨分配的（Wang，1999：9）。因此，在国家直接控制和严格监管的体制下，国有石油企业的经营行为很少考虑企业市场化的目标，其经营的逻辑仍然是非市场化的。

在"封闭－行政化"的产业范式下，由于国家严格的行政化控制，中国石油产业的发展过程时刻都会受到国家政治系统、宏观经济政策、石油政策等的巨大影响。石油政策构成了国家宏观经济政策的一部分，它总是与重大的政治问题相关联（Wang，1999：21）。国家对石油产业的行政监管即便只发生一些微妙的变化，对石油产业也会带来巨大的影响。比如，1988年之后经过石油管理体制的调整，中国石油产业形成了中石油、中海油、中石化三大总公司专业化分割的局面。三大石油总公司的成立，使各国有石油公司能够集中精力发展自己的主体产业，形成一定的专业技术优势。但是，这种分割垄断经营的石油政策也带来了非预期的消极后果，石油产业管理体制形成了新的矛盾和问题：没有解决好政企职能分开的问题，没有了石油产业的专管部门；资源管理体制出现混乱，石油滥开采现象严重；石油生产的重复建设严重，浪费了大量石油资源，既污染了环境，又扰乱了石油市场（王宝石、张琳，2002；张明松，2007）。在国家垂直的行政管理体制下，中国石油产业的发展受到了政府行政指令、制度政策的决定性影响。在一定程度上，这种国家与石油企业间的行政等级关系限制和约束了石油产业（企业）的自我健康发展。

（二）企业职能：政企合一

在国家对石油产业实施严格的行政监管的体制下，石油企业政企合一的职能特征深刻地反映了1998年之前中国石油产业企业组织形式的特征。在这种受制于国家计划及行政力量的组织方式下，中国的三大国有石油公司尽管表面上是一种公司化的组织形式，但实际上它们并不是严格意义上的适应现代市场经济要求的现代公司企业。在更多的意义上，三大国有石油公司是一种国家行政式企业。这种属性的企业具有国家行政部门的性质与职能。1988年原石油工业部撤销后出现了中石油、中石化、中海油等三大行政性石油总公司的石油产业格局。这三大石油总公司各自的职能只不过是对原石油工业部行政职能的一种分割归属。根据国家的政策规定，中石油专营陆上石油的生产与经营，包括专营陆上石油的对外合作开发业务；中石化专营石油产品的加工、炼化、成品油销售；而中海油则垄断了海上石油的生产与对外合作的专营权。三大国有石油总公司承担了国家石油管理的部分行政职能，比如对下属企业实施所有权的控制，代行国有石油资产的监管职能，还承担着制订和协调本行业内部国家计划生产指令的分解与下达的职能，协调各石油生产企业的生产、资源分配与资金投入安排以及石油市场秩序的协调与规范、配置制定实施相关的环保政策等部分行政职能（诺兰，2000）。对此，有研究指出，国家设立一些国有石油总公司的方式，并没有实现政企分离的预期目标，国家对行政性企业的改革也没有持续。其结果是：三大石油总公司作为行政性的企业，扮演着国家公司的角色，并起到部分政府部门的职能。因此，如果说 1978 年之前石油管理体制的特点是"政府像企业"，那么 1988～1998 年则是"企业仍然执行政府职能"（Gao，2002）。

三大国有石油企业（总公司）本质上是一种具有国家行政职能的行政式企业，其具体的经营行为更多地遵循国家计划和行政运行的逻辑，其作为企业形式存在的职能也更多地是为了保证完成国家下达的石油生产与销售的计划指令，因此，三大石油公司在组织形式上还不具备作为市场主体的现代公司企业的特征。"封闭－行政化"的产业范式下，国有石油企业作为国家行政式企业的属性直接影响其相应的组织内部治理结构的建立。根据组织权变理论的观点，组织的结构是适应环境变化的产物（斯科特、戴维斯，2011：95）。无论如何，组织特定结构形态的形成，离不开其特定的组织制度环境（转引自张永宏，2007）。那么，在国家对石油产业进行较严格的行政计划控制的情境下，石油产业的企业组织形式也呈现相应的行政化特征，以满足计划体制环境对石油产业提出的特殊要求。

以中国石油化工总公司为例，从其早期的内部组织结构[①]来看，石化总公司的内部治理结构还保持着计划体制下传统国有企业的特征，即突出了总公司作为石油化工行业行政主管规划部门的行政职能属性。通过专门的计划部门，石化总公司制定年度的生产、加工、销售计划指标，并将具体指标分解到下属的油田企业或石油管理局。上述组织结构还传递出一个明显的信息，即"封闭－行政化"范式下石油产业的内部治理结构没有明确地界定总公司与下属企业之间的产权关系，而更多地反映出一种垂直的行政隶属关系。

历史地看，作为行政式企业的国有石油公司在组织形式及治理结构上的特殊安排，适应了其为完成国家计划指令下达的行政计划和政治任务的需求。同样以中国石油化工总公司为例，一些早期的年度工作总结也充分地反映出了国有石油公司的行政化色彩或政企合一的本质。"坚持石化工业的社会主义方向，最重要的就是要把国家利益放在第一位，这是我们一切工作的立足点和出发点。我们在各种严峻的困难面前，坚

---

① 参见《中国石油化工总公司年鉴》（1991 年）。

持从国家利益出发，识大体，顾大局，保证完成国家计划，严格履行供货合同，及时上交财政税收……维护社会主义全民所有制骨干企业的信誉和形象……把实现利税中的 90% 及时足额上交中央和地方财政，确保国家财政特别是中央财政的收入。"[①] "在深入学习、深刻领会（党的）十四大文件精神的基础上，总公司党组织经过充分调查研究，借鉴国外大公司的经验，提出振兴石化工业，实现更大发展，必须突破现行体制的框架，尽快转向市场经济体制和建立与之相适应的运行机制。为此，在管理体制上和经营战略上要实现（六个）转变：第一，从过去高度集中统一管理的模式，向使直属企业成为生产经营主体、使总公司逐步成为国有控股公司转变；第二，从过去以指令性为主的计划管理体制，向以市场为导向的运行机制转变；第三，从过去兼有政府职能，向完全成为企业，实行集团化经营转变……"[②]

（三）大而全：单位制色彩

1998 年之前，中国石油产业仍然处于行政计划色彩比较明显的阶段。与国有企业行政计划的特征相适应，国有石油企业在组织形式上还呈现一种大而全、企业办社会的单位制属性。"单位制"是中国再分配经济体制下城市国有部门特有的组织形态和制度特征（刘平等，2008），其主要特征就是"单位"成为国家的一种社会组织与整合方式，它成为部分社会成员汲取社会资源，享受社会福利保障，获得组织认同的一种渠道。和其他几乎所有的大型国有企业一样，中国石油产业的三大国有总公司也扮演着"单位"的角色，而且在行政垄断与社会平均资源稀缺的背景下，这种"单位"能够给予其成员相对而言更多更好的保障与福利。也就是说，国有石油总公司除了经营性的主营业务之外，还承担着诸多的社会责任与义务。比如，它承担着诸如职工子女教育、职业培训、医疗卫生、就业、养老保障等各个方面的公共产品供给的职责。整个石油系统就如同一个封闭的"小社会"，代表国家实行该行业内的资源再分配（陈厚森，1998）。以

---

① 《中国石油化工总公司年鉴》（1991 年）第 5 页。
② 《中国石油化工总公司年鉴》（1994 年上册）第 2 页。这些改革目标在 1998 年重组改革后才基本实现。

中国石油天然气总公司下属的大庆油田为例，作为大型国营企业，大庆油田有一整套庞大的社会福利系统，包括住房、教育和医疗保健，给赖其为生的数十万人提供了从摇篮到坟墓的保障。大庆拥有高质量的公共服务设施，如高质量的医疗设施，提供免费医疗。大庆职工还可享受免费的教育培训。彼得·诺兰形象地将大庆称为"中国东北的挪威"（诺兰，2000）。

（四）行政隶属：总部与下属企业

在1998年之前"封闭－行政化"的产业范式下，国有石油企业作为一种行政式企业，承担着部分政府行政职能。作为一种垂直的行业系统，在国家、石油总公司、石油生产企业（主要指油田企业）之间形成的是一种垂直的控制系统。就石油总公司与石油生产企业之间的关系而言，在这一阶段，主要体现为一种上下级的行政隶属关系，即石油总公司作为总部直接控制着作为下属机构的石油生产企业。这种行政隶属关系的建立与维持主要是基于自上而下的行政控制，而不是现代市场经济意义上的产权投资关系。换句话说，对石油总公司而言，下属的石油生产企业主要就是其生产单位或生产基地，承担的职能主要是石油的勘探、开采、生产、加工等。这些下属的石油生产企业本质上不具备独立的法人资格，在生产、销售、投融资、人事等方面不能自主决定其经营行为（刘克雨，1994）。因此，在一定意义上，石油生产企业（油田企业）就是石油总公司的"生产车间"。

1998年石油产业大改革之前，石油总公司下属的各生产企业主要是各地石油管理局或石油指挥部。这些石油管理局有其特殊的历史背景，它们是石油大会战的产物。有研究者指出，石油管理局是石油企业的典型形式。从体制上看，（1998年前）石油管理局仍然是计划经济体制下的传统企业模式。从石油工业部到石油天然气总公司，名称上的改变没有使实际职能发生改变，即石油天然气总公司仍然对石油系统实行行业行政管理。各石油管理局名义上是独立法人，实际上仍然是总公司直接管理的生产单位。其年度的原油生产计划，由总公司直接下达，石油管理局必须完成（生产指标是总公司对下属油田企业进行绩效考核最重要的内容之一）；油品的销售计划和价格，由国家下达，油田企业必须严格执行。石油产业的这种企业体制，实际上只是一种行政性体制架构（陈厚森，1998）。尽管国家在 1994 年左右开始对部分油田企业进行现代企业制度的试点改革，但这种尝试性的改革仍没有完全突破行政计划的体制，没有改变国家及国有的石油总公司对石油生产企业进行直接的行政控制。

因此，无论是在行业管理体制上，还是在国有石油公司性质及内部治理结构、石油行业内部的关联关系方面，在"封闭－行政化"产业范式下，中国石油产业的组织形式基本上保留了改革开放前计划体制的行政性特征，即国家对石油产业继续实施基于行政计划的直接监管，国有石油总公司更多地体现为国家行政式企业，承担着政府对石油行业进行管理的职能，同时对下属的石油生产企业（石油管理局）进行垂直的行政化管理。

二 现代公司制的建立

随着中国市场化改革的深入和扩展，特别是城市工业企业的改革持续推进，到 20 世纪 90 年代中后期，中国的国有工业企业改革进入关键期。国家对传统的国有工业企业实施了大规模的改制重组，充分引入市场竞争机制，改革传统的企业产权关系，促使企业作为一个独立的经营主体实际地参与到现代市场经济的竞争体系中。作为这种以追求企业效率为取向的改革的结果，国家通过其强有力的产业改革政策，逐步实现了对传统国有工业企业的变革，逐步建立起了适应社会主义市场经济发展要求的现代企业制度，即现代公司制的建立。[①] 就中国石油产业而言，"封闭－行政化"范式下行政化色彩浓厚的石油企业组织形式或组织体制，已经日益阻碍着石油产业的健康发展。作为国家关键性的工业产业，1998 年前后，石油产业面临着前所未有的发展困境，体制上的困难严重束缚了石油企业的经营活力，无法形成进一步的激励效应。正如有研究所描述的那样，当时的石油产业结构不合理，专业化分割垄断的格局造成了产业内部利益分配的不合理，全行业陷入了发展僵局（严绪朝，1998；王宝石、张琳，2002）。1998 年以来，国家对石油产业进行了历史性的改革以及一系列的持续重组

---

① 参见 1997 ~ 1999 年的国务院政府工作报告。

改造，旨在推进中国石油产业的市场化改革，改变传统的行政计划体制对石油产业发展的消极影响与限制。

（一）大重组

1998 年是中国石油产业发展史上具有里程碑意义的年份，这一年中国石油产业范式大转型的帷幕拉开，在石油产业的组织体制与组织形式上，国家对石油产业进行了根本性的大重组。此次重组旨在改变石油产业传统的带有计划色彩的基本体制和分割垄断的基本格局，充分引入市场机制，改革石油企业经营机制，增强石油企业的经济运营效率，并最终打造具有较强国际竞争力的中国石油大型企业集团。

石油产业的大重组、大改革首先体现在石油产业治理的国家相关机构层面的变革。1998 年 3 月，全国人大九届一次会议在北京召开。3 月 10 日，大会审议通过了国务院政府机构改革的方案。该方案提出，将化学工业部、中国石油天然气总公司、中国石油化工总公司的政府职能合并收回，由新组建的国家石油和化学工业局接管。新组建的石油化学工业局隶属于国家经贸委。① 同时将化工部和两个总公司下属的油气田、炼油、石油化工、化肥、化纤等石油与化工企业以及石油公司和加油站，按照上下游结合的原则，分别组建两个特大型石油、石化企业集团和若干大型化肥、化工产品公司（严绪朝，1998：88）。这次政府机构改革以及关于石油产业重组的方案为具体的大规模石油产业重组提供了制度导向。

根据国家提出的改革方案，（当时的）国家经贸委在充分调研与酝酿的基础上，于 1998 年 4 月 17 日正式向国务院上报了《关于组建两个特大型石油石化集团公司有关问题的请示》（以下简称《请示》）。《请示》提出了产业重组的基本原则：各有侧重、互相交叉、保持优势、有序竞争。新组建的石油天然气集团公司侧重石油天然气勘探开发，同时经营石油化工业务；新组建的石油化工集团公司，侧重石油化工发展，同时经营石油天然气勘探开发业务。在保持各自优势的同时，建立统一、开放、竞争、

---

① 2001 年，国家石油和化学工业局与其他九个国家局被撤销，有关行政职能并入国家经贸委。2003 年，国家经贸委撤销，其职能一分为三，分别划归到国家发展和改革委员会、新成立的商务部和新成立的国资委（王燕梅，2008）。

有序的全国石油资源、石化产品和技术服务市场；实现上下游、内外贸、产销一体化。两大集团公司不再承担政府职能，成为自主经营、自负盈亏、自我发展、自我约束的法人实体。[①]《请示》还具体就两大公司集团的企业业务区域范围划分做了明确界定：东北、西北、内蒙古、四川、西藏等 11 个省区市区域内的石油和石化生产企业、原油与成品油运输管道、地方石油公司及其加油站划归石油天然气集团公司；而华东、中南、云南、贵州、广西等 15 省区市区域的油气田、石化生产企业、原油与成品油运输管道、地方石油公司及其加油站等则划归石油化工集团公司（严绪朝，1998：89）。

1998 年 7 月 21 日，国务院发函批准了国家经贸委关于石油产业改组的请示。1998 年 7 月 27 日，两大集团公司在人民大会堂隆重召开了成立大会。同年 7 月 28 日，两大集团公司正式挂牌，标志着中国石油产业重大改组的成功实现。

1998 年，石油产业的大重组实现了石油产业体制的重大调整，改变了传统体制下石油产业专业化分割垄断的局面，改变了"封闭 - 行政化"范式下石油产业组织形式上的行政计划特征。根据政企分开、上下游一体化、产销一体化、内外贸一体化的原则，[②] 大重组较好地引入了市场机制，特别是在组织形式上为建立符合市场经济要求的现代企业制度奠定了良好的基础。

（二）内部治理结构改造与上市融资

尽管 1998 年新组建的两大石油企业集团改变了传统石油产业体制下的基本产业格局以及石油企业的组织形式特征，但是大重组还没有完全实现石油企业的现代企业制度建立，即还没有完全转变为真正意义上的适应市场竞争尤其是国际市场竞争的现代公司集团。例如，大重组依然没有解决石油企业的社会负担、资产优化以及经营机制等问题。[③] 在这种情况下，

---

① 《朱镕基决策大重组 石油人勇开新局面》，《中国石油》1998 年第 1 期。

② 参见《吴邦国副总理在两大集团公司成立大会上的讲话》（1998 年 7 月 27 日），《中国石油天然气集团公司年鉴》（1999）。

③ 参见《我国石油工业管理体制和流通体制变迁》，中塑在线资讯，2010 年 5 月 19 日，http://info.21cp.com/Info/Topic/201005/334853.htm，最后访问日期：2018 年 8 月 12 日。

国有石油集团公司内部治理结构的改造就成了 1998 年改革后持续变革的重要内容。经验来看，1998 年的大重组之后，1999 年新成立的两大集团公司随即对其内部治理结构进行了大规模的改组改造。具体而言，通过"分开"（核心业务与非核心业务在资产、人员、机构上分成两家）、"分立"（核心部分按《中华人民共和国公司法》进行改制，成立规范的公司制企业，非核心业务部分继续进行重组，逐步成为符合国际标准的专业技术服务公司和从事多种经营的现代企业）、"分流"（减员增效、下岗分流）和"分离"（逐步分离企业办社会职能，原有的石油企业分离为两部分：核心企业和存续企业）等方式，使石油企业的内部组织结构发生了重大变化（杨嵘，2004b）。以中国石油化工集团公司为例，在公司内部治理结构改组中，中石化主要从五个方面开展重组改制：①业务重组，实行主辅分离；②资产重组，实行优质资产与不良资产分离；③债务债权重组，实行债转股，减轻公司整体债务负担；④机构重组，建立起法人治理结构，实行事业部制和职能制相结合的组织体制；⑤人员重组，实行减员分流，减轻企业的社会包袱（李毅中，1999a）。两大国有石油公司通过一系列的公司内部改制重组，基本建立起了现代企业制度，使集团公司基本具备了现代公司制的组织形式。

国有石油公司内部改制重组的另一个重要方面体现为对其内部部分子公司、优质资产进行股份制改造。1999 年 11 月 5 日，中国石油天然气集团公司独家发起成立了中国石油天然气股份有限公司，并向其注入了与勘探和生产、炼制和营销、化工产品和天然气业务有关的大部分资产和负债。2000 年 2 月 25 日，中国石油化工集团公司则独家发起成立了中国石油化工股份有限公司，中国石油化工集团公司为其控股母公司。客观上，中石油、中石化两大集团公司内部的重组、股份制改造为其优质资产（股份公司）实施在资本市场的上市流通打下了良好基础。于是，2000 年 4 月 6 日、7 日，中石油股票在纽约、香港证券交易所挂牌交易；2007 年 11 月，中石油 A 股在上海证券交易所发行交易。2000 年 10 月 18 日、19 日，中国石油化工股份有限公司则成功在纽约、香港和伦敦证券交易所上市交易；2001 年，该公司又在中国 A 股市场上市流通，成为国内唯一在四大股市上市的公司。两大石油公司在股票市场上的成功发行流通，既使国有石油公司从股票市场上募集了数以亿计的金融资本，也标志着中国国有石油企业已经建立起了符合市场经济要求的现代企业制度的组织形式，还反映了中国石油企业组织形式开始与国际接轨。[①]

（三）持续的兼并重组

两大石油集团的组建、内部重组、上市流通标志着中国国有石油企业现代企业制度的基本建立。然而，这并不意味着石油产业内部的重组与结构变革进程的停止，相反，随着市场化、国际化参与度的加深，石油产业内部（2000 年以来）进行了规模巨大的持续兼并重组，进一步优化了中国石油产业资源的配置以及石油企业组织的内部结构。仅以 2005 年、2006 年为例，中国国有石油公司实施了一系列兼并重组。如中国石油集团实施了：（1）对大庆炼化分公司与林源炼油厂进行重组整合，整合后纳入中国石油大庆炼化分公司统一管理；（2）整合销售资源，将中国石油化工销售西北分公司、兰州化工销售分公司、乌鲁木齐化工销售分公司、独山子化工销售分公司、宁夏化工销售分公司 5 个化工销售单位合并重组后成立中国石油西北化工销售分公司，将东北地区原来 5 个分散的化工销售公司整合并成立东北化工销售分公司，负责东北三省以及内蒙古东部地区的化工产品销售业务；（3）整合研发资源，成立了石油化工研究院和钻井工程技术研究院；（4）在 2005 年完成对锦州石化、辽河油田要约收购之后，2006 年又完成了对吉林化工 A 股流通股份的要约收购。中石化则斥资 143 亿元，以现金要约收购的方式收购了齐鲁石化、扬子石化、中原油气、石油大明四家 A 股上市子公司的全部流通股和非流通股。通过整合子公司资源，中国国有石油企业能够更好地加强统一管理，提高管理效率，有效地解决内部关联交易与同业竞争问题（夏丽洪等，2007）。

（四）改革的结果

1998 年，石油产业的大重组以及持续的改组改造实现了中国石油产业组织体制和组织形式的巨大变革，重点是改革传统的国家与石油产业的关

---

① 中国海洋石油总公司下属子公司中国海洋石油有限公司也于 2001 年 2 月，分别在纽约、香港上市。

系、改革国有石油企业的组织职能以及内部治理结构、改变产业内石油企业间的（以垂直行政联系为主要特征的）关系模式。换言之，1998年以来的组织形式方面的一系列变革是成功的，基本上实现了石油产业管理体制的变革，改变了国有石油企业的职能性质并逐步建立和完善了石油企业的现代企业制度，变革了石油产业内部企业间的相互关系。至少可以说，1998年后，中国石油产业的企业组织形式实现了从传统的国家行政式企业向现代公司制的重要转变。

在管理体制上，1998年及其之后的持续改革，使中国石油产业（企业）改变了与国家间传统的基于严格行政命令的依附与控制关系模式。国家对石油产业（企业）施加影响的手段不再是直接的行政命令，而更多的是在法律的框架内，尤其是在产权制度、《公司法》等框架下对石油产业的发展进行调控。比如，国家通过专门成立的国有资产监督管理委员会行使对国有石油企业的所有权，而国家发展改革委员会等政府部门则代表国家对石油企业行使特定的行政管理职能（杨帆，2008）。同时，中央政府不再通过计划式的直接的资本分配与调拨方式，而是以银行贷款的形式给予国有石油企业资金支持（Wang，1999：9）。也就是说，石油产业组织体制改革之后，国家与石油企业之间的关系不再是一种直接的行政附属关系，更主要的是一种建立在产权之上的市场关系。国家及相关部门对石油产业的行政管理角色开始从计划经济转变到市场经济模式（Gao，2002）。

在石油企业的职能、组织性质上，改革重组之后，中国国有石油公司发生了职能性质上的巨大改变，即由传统的政企合一或政企不分的国家行政式企业转变为符合市场经济需要的现代市场企业，从国家公司转变成经营性公司（Gao，2002），而且企业的主要任务是进行市场经营。根据国家建立现代企业制度的目标，国有石油企业的改革就是要在产权明晰、权责明确、政企分开、管理科学的原则的基础上，实现企业组织体制与形式的变革，建立起现代企业制度（宋鲁，1994；章迪诚，2006：349）。在1998年后"开放－市场化"的产业范式下，中国国有石油企业在职能上逐步被取消了作为国家行政部门的职能，成为凸显市场机制、拥有自主经营权的市场主体。国有石油企业开始真正独立面对市场，承担市场风险，并享有市场经营的收益。对于改革后国有石油企业的经营性质及特征，有研究曾指出，国有石油公司在接受政府指导的情况下，能够自主决定其生产经营活动，如原材料、半成品等的利用、生产、采购，职工工资支付等，利润上缴的制度也转变为直接的税收形式（Wang，1999：9）。同样，改革重组之后，由于自身市场经营主体身份得到确认，也出于培育核心竞争力的需要，国有石油公司也开始逐步摆脱传统的单位制色彩，逐步从企业办社会的体制中走出来，成为以效率、利润为主要取向的经营实体。比如，1999年及之后，在进行集团内部重组改造的过程中，一个重要的改革就是通过人员"分流"的方式精简石油企业结构，借以提升运行效率。通过买断、下岗待业的方式，使一批员工分流出来，精减富余人员。在精减人员的同时，实行集团内主辅业分离、优良资产与不良资产分离、企业职能与社会职能分离，[①] 尽可能减轻企业运行的负担。

在石油企业的内部治理结构上，1998 年之后，特别是经过股份制改造之后，中国的国有石油公司基本建立起了现代企业制度的内部治理结构。企业内部的管理体制从传统的垂直式的行政管理体制，逐步转变为事业部制结构、网络型结构、职能制结构、控股型结构等相结合的内部治理结构模式（孙建业，2008）。相对而言，新的内部治理结构更加科学、更加完善与灵活，有利于信息的传递和管理的协调。同样以改革重组后的中国石油化工集团公司的内部组织结构为例，我们可以发现，新的组织结构凸显了现代企业制度的组织形式特征，突出了集团内部的协调性、专业性联系以及集团内部的产权联系。

1998 年之后，特别是股份制改革之后，国有的石油公司内部（主要指上市公司）已经建立起了基于股权的内部治理结构，包括股东大会、董事会、监事会等机构，这种新的内部治理结构成为主导国有石油公司（上市公司）经营运作的主要组织结构。

在集团公司内部企业之间的关系上，尤其是公司总部（或总公司）与下属的分公司、子公司（包括油田企业）之间的关系模式，（1998 年后）也逐渐转变为以产权关系、投资关系等为基本纽带的现代企业关系模式。

---

① 参见《中国石油化工集团公司年鉴》（2000）。

在新的组织结构下，总公司与下属的子公司、分公司不再是传统意义上的行政控制或行政隶属的关系。这些下属的子公司、分公司都是具有自主经营权的独立的企业法人，开始和母公司拥有同样的法人资格，只不过是在股权投资关系上被联系起来。母公司以拥有子公司、分公司一定比例的股份（或全额股份）的方式来对下属公司施加影响，如财务监督权、主要经理人员指派权等。

关于总公司与下属公司或企业间的关系，国家在组建两大石油集团公司的文件中已经进行了明确的说明。以中石化为例，中石化作为国家授权投资的机构和国家控股公司，对其全资企业、控股企业、参股企业的有关国有资产行使出资人权利，对有关企业中国家投资形成的国有资产依法进行经营、管理和监督，并相应承担保值增值的责任。① 国有石油集团公司的下属子公司、控股公司等都具有自身独立自主的经营权。例如，《中国石油天然气集团公司组建方案》（1998）中规定，石油集团公司对其成员企业依照《公司法》进行改建和规范，逐步建立现代企业制度。石油集团公司与全资企业、控股企业之间是以资本为纽带的母公司与子公司的关系。石油集团公司的全资企业、控股企业享有包括石油集团公司投资形成的法人财产权和经营自主权。②

因此，概括而言，经历了1998年以来的一系列改革与重组之后，中国石油产业在组织形式上实现了从传统国家行政式企业向现代公司制的转变，充分反映出我国石油产业范式经历的巨大转型。

三　垂直体系下组织变革的权力互动

1998年以来中国石油产业组织形式的变革，总体上是由国家主导下的产业组织与制度变迁。通过一系列的宏大改革，中国石油产业逐步摆脱了国家直接的行政控制与监管模式，改变了国有石油公司的职能属性，充分引入了市场化以及现代企业制度的观念与组织方式，最终使石油产业的发展进入了市场化、开放化的现代发展轨道。从正式结构或正式体制的角度

① 参见《国务院关于组建中国石油化工集团公司有关问题的批复》（国函〔1998〕58号）。
② 参见国家经济贸易委员会《中国石油天然气集团公司组建方案》（国经贸〔1998〕457号）。

来看，石油产业组织形式的变革正是在国家、石油总公司、（油田）石油企业等构成的垂直形式的体制内进行的。改革的重要内容或目标就是改变传统的自上而下的基于行政权力的组织形式，改革石油企业的非市场化的内部治理结构。为适应逐步变化和扩大了的市场化发展趋势，石油产业努力突破旧的组织体制、关系协调与互动方式，改变企业职能与经营机制，从根本上实现产业组织形式的制度变迁。应该说，这场规模巨大的石油产业组织变革为中国石油产业的发展注入了新的活力，成功地实现了石油产业范式朝向"开放－市场化"范式的转变。

（一）超越一致性逻辑：行动者目标的差异化

历史地看，作为一种产业的组织与制度变迁现象，石油产业组织形式的变革是在中央政府的强力推动下，在较短的时期内实现的一场"激进式"的制度改革。从 1997 年开始的初步酝酿到 1998 年 7 月改革正式实施，一年多的时间里，在中央政府的果断决策和强力推动下，实现了中国石油产业组织形式的根本性变革。从 1998 年前"五龙治水"、上下游分割、内外贸分离的产业格局转变为上下游一体化、内外贸一体化、产销一体化的整体格局。石油产业的组织体制与组织形式充分引入市场机制与现代管理方式。石油产业的发展开始建立在市场机制的基础上，进而也改变了国家、石油总公司、石油生产企业之间的关系互动模式。国家通过强大的社会动员与整合能力，按照模拟市场的方式（杨嵘，2004a），对石油国有资产进行大规模的重组，使资产得以优化均衡配置，在较短的时间里迅速增强了国有石油企业的整体实力（邵德刚，1999）。

可以说，中央政府正是通过一种类似于"社会运动"的改革方式，成功地实现了石油产业组织形式的宏大变革。在国家、石油总公司、石油生产企业之间传统的垂直关系框架下，国家的改革意志得到了迅速而充分的体现与执行，正是这次改革的重要特征。借用国有石油总公司自身的话语："改革重组过程中，石化集团公司坚决拥护和认真执行党中央、国务院的决定，按照中央、国务院领导同志的讲话和批示精神，顾全大局，令行禁止。广大干部职工从政治、经济、法律责任的高度，认真对待改革，积极参与改革，思想集中，职责明确，秩序井然，保持了生产稳定、队伍稳定、企业稳定。"① 由此，我们有理由相信石油产业组织形式的制度变革是一个自上而下有组织变革的必然过程。

从正式组织及一致性逻辑的认知框架出发，我们相信：石油产业组织形式的变革的确是在一种垂直体制的框架内进行的，一种自然而言的制度变迁过程。中央政府、石油集团、石油生产企业三者之间基于传统的行政隶属关系，形成了一种韦伯科层制意义上的命令服从关系。这种特定的关系模式对石油产业正式结构的变革而言，其重要的优势就在于制度变革的信息、指令能够顺畅地传递和执行。通过这样一种垂直结构，作为制度变迁推动者的国家能够有效地克服来自下属的"拒绝"。基于一种绝对的服从或国家的权威，石油产业组织形式的变革极大地减少了互动中的各种交易成本。换言之，在这样一种垂直框架下，中央政府是组织变革的主导者和推动者，其强大的政治与行政权力，保证了石油产业组织形式变革的可能性、决定了组织变革的目标、方向（见图 5-1）。中央政府下级的国有石油总公司具有一定的行政部门的性质，因此，在这个垂直体系下，它是国家命令的传递者与执行者。对国家的改革指令，它能采取的行为就是贯彻指令，配合组织形式的改革。同样，处于垂直体系底端的石油生产企业、石油加工企业等，在关系上隶属于石油、石化总公司，也是中央政府及上级总公司行政指令的接受者与执行者。从这层意义上讲，在这样一个严格的正式结构下，石油产业组织形式的变革就很容易被理解为一种自然而然的非常顺利的制度变迁过程。

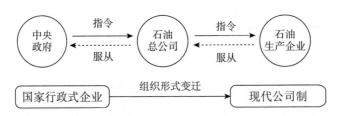

图 5-1　垂直结构下改革的形式组织逻辑

尽管中国石油产业组织形式上的改革是在国家、石油总公司、石油生产企业等主体基于行政隶属关系而形成的垂直行政框架下进行的，国家确

---

① 《中国石油化工集团公司年鉴》（1999）第 15 页。

实通过其强大的行政权力与权威主导了改革的进程，而且，从表面上看，这场改革就是由国家推动、石油总公司与石油生产企业密切配合的制度变迁过程，但是，这种基于正式结构逻辑的观察方式却忽视了改革背后潜藏着的各个行动者之间的抗衡与博弈。组织决策分析推论方式认为，即便是在最严格的科层体制结构中，也存在着自由行动者自由行动的余地。基于"命令－服从"的正式权力的结构只能在一定程度上限制行动者行动的可能性，却不能完全地决定行动者的行动方式，不可能完全限定行动者的行动自由。正式结构中的各种制度性安排、职位设置、正式权力分配，都只是在形式的层面上实现对行动者的协调与整合，无法完全克服行动者之间建构起权力关系的不确定性或自由余地（李友梅，2001；费埃德伯格，2005）。

　　也就是说，在石油产业组织形式大变革的过程中，在改革的背后还现实地存在着一个不容易见的行动者之间建构起来的权力游戏领域。正是通过这种权力游戏，中央政府、石油总公司、石油生产企业之间才能有效地实现一种有组织的集体行动，达成一种最低限度的合作。这种权力游戏的过程从根本上形塑了（正式制度层面）石油产业组织形式变迁的过程及结果。因此，从权力游戏的逻辑出发，石油产业组织形式的变革并非如正式的一致性逻辑所认为的，变革是一个基于垂直行政权力的自然而然的过程与结果。任何改革从特定意义上都不可能是直线型的，都不可能如人们设想的一帆风顺，尽管在这个变革中，中央政府拥有强大的政治动员能力与行政权威。因为围绕着石油产业组织形式的变革，具体而言就是围绕着石油产业管理体制、企业内部治理结构的改革，中央政府、石油总公司、石油生产企业在利益、认知上存在着非常多的差别性的目标，这些目标也很有可能是相互冲突的。

　　国家的目标：快速推进体制改革。就国家而言，其参与改革游戏的目标就是要实现石油产业组织体制在很快的时间内迅速变革，改变传统体制下政府直接干预产业发展，国有石油公司市场主体身份不明确，产权关系不清晰，企业组织结构僵化的状态，这些因素限制了中国石油产业在市场化、全球化不断扩展阶段的良性发展。有研究就曾强调，1998年改革之前，中国石油产业的传统管理体制与企业治理结构已经不能适应新阶段石油产业发展的要求，存在着管理效率低下，不能形成企业自主经营的自主性等问题，这妨碍了石油产业现代企业制度的建立（严绪朝，1998）。

正如时任国务院副总理的吴邦国在两大集团组建大会上的讲话所言，"两大集团的组建，无论对于落实国务院机构改革方案，加快石油石化工业的改革与发展……都具有极为重要的意义。""这次改革的基本原则：一是政企分开。在组建两大集团公司的同时，成立了国家石油和化学工业局，承担起原来两个总公司负担的某些政府行政职能。""这次改革重组实现了资源优化配置，有利于避免重复建设……增强企业的市场竞争力。""这次改革重组两大集团公司，既是结构调整的结果，又是结构调整的新开端。一些小炼油、小化工，能耗高，物耗高，产品质量差，经济效益低，这次两大集团公司的组建，将有利于这些问题的解决。两大集团公司内部要加快理顺内部关系，要缩短磨合期，为进一步结构调整打好基础。"① 从中，我们能清晰地看出国家的目标在于尽可能快速推进石油体制的改革。

国有石油公司的目标：解决困境与产业统合。对中石油、中石化等国有石油总公司而言，推进石油产业组织体制与组织形式的变革，其主要目标一方面在于如何解决当时对两大公司而言日益严重的企业亏损、包袱过大，发展陷入困境的问题。国有石油总公司期待通过组织形式的改革，实现在资源、利益、市场分配上的相对均衡。另一方面意在获得并保持集团公司或总部公司对石油产业的统合控制权，包括总公司对各地油田企业的控制权。总体上，国有石油公司希望通过改革实现集团整体实力的提升，实现石油产业在其"统领"下的一体化发展。我们可以从中国石油天然气集团公司一份1998年的工作计划会议报告中发现国有石油公司对石油产业组织形式变革的目标认知或定位，"今后三年，打好企业改革攻坚战的主要目标是：油气田企业形成以油公司为核心的企业集团体制，大多数石油企业初步建立现代企业制度，成为适应市场的法人实体和竞争主体；亏损企业绝大多数实现扭亏为盈，困难企业走出困境，盈利企业进一步提高盈利水平"，"石油工业是关系国民经济命脉的基础产业，总公司整体上属于国家抓大的范围。通过努力，三年内要使总公司成为以资本为纽带，以大

---

① 《吴邦国副总理在两大集团公司成立大会上的讲话》（1998年7月27日），《中国石油天然气集团公司年鉴》（1999）。

型企业集团为基础的具有较强实力和竞争力的'四跨'的国家石油公司。总公司是石油企业国有资产的投资主体，统一经营管理石油勘探开发、储运销售和对外合作业务"。[①]

油田企业的目标：争取自主权。相对而言，在石油产业组织形式的改革中，处于底端的油田企业、石油加工企业的目标更为具体，如何获得更多更大的自主权是它们的主要目标诉求。在传统的组织体制下，石油生产企业的法人身份不确定，基本上是作为一个生产单位而出现的，缺乏在生产、销售、投资、利润分配等领域的自主经营权。由于改革从根本上涉及石油企业员工的直接福利，对油田企业及其员工而言，他们希望改革能够相对地保护油田及职工个体的社会福利，或者说减少利益的损失。只有通过向上争取更多的经营自主权，才有可能使地方油田企业及其职工的利益与福利得到较好的保障。

其实从 20 世纪 80 年代开始，油田企业就有了后来看来极具野心的战略计划，这一战略目标往往和集团公司的目标相互摩擦和冲突。正如彼得·诺兰的研究所描述的那样，油田等下属企业一直存在着不断扩大自身自主权的冲动，这对总公司构成一种严重的挑战。"Sinopec 是国家控股公司，部分或全部拥有下属企业，但其属下的大型企业有自我发展的雄心，而且往往得到地方政府的支持。为了发展，它们不断借款，自己负责清偿；通过向外界发行股份，降低 Sinopec 对它们的所有权，从而获得更大的自主权……总之，从 1983 年成立至 1998 年重大重组止，Sinopec 发展的一个重要特点是一个现代大公司实行集权的需要与下属企业不断要求更多自主权之间的矛盾。"（诺兰，2000）

在整个组织体制的大变革中，政府、石油总公司、石油生产企业等行动者之间其实存在着不同的目标预期，这些目标预期有时是相冲突的，尤其是集团公司与下属油田企业之间的目标冲突更为激烈。因此，忽略石油产业组织形式改革背后存在着利益冲突和权力博弈，不是一种现实理性的态度（Nolan，2002）。

通过回顾 1998 年以来中国石油产业组织形式的改革过程，我们确实发

---

① 《中国石油天然气集团公司年鉴》（1999），第 39、40 页。

现了（政府主导的垂直体制框架下的）改革背后的目标冲突。例如，围绕着石油产业管理体制与组织形式的改革，就曾经存在着多重改革方案的竞争——在石油企业改组与上市方面，中央政府曾面临着多重选择方案，是建立单一的国家石油公司，还是建立多个国家石油公司（刘克雨，1998）；在石油产业的整合上，存在着以国家石油公司为主体的模式，或以石油企业（油田企业）为主体的模式，乃至按区域进行产业整合的模式等方案选择（诺兰，2000；邵万钦，1998；邓翔、胡国松，1996）；在石油企业的内部改制上，是实行主辅分离，还是整体式发展（彭剑琴、俞志华，1999）。这些方案之间存在着明显的竞争性、冲突性，从中可以发现，不同行动者之间隐藏着差异化的改革目标、改革路径预期，以及不同的改革利益。

（二）互动情景：组织形式变革游戏的环境激励与约束

围绕着石油产业组织形式变革，国家、石油总公司、总公司下属的石油企业等行动者被整合到一种特定的权力游戏之中。然而，策略性行动的发生、权力游戏的稳定及持续首先建立在特定的组织环境基础之上，因为，组织环境能够对权力游戏的运行施加影响，也有可能作为一种可被动用的手段与资源为游戏中的特定行动者所利用（李友梅，2001）。就中国石油产业组织形式变革而言，游戏的环境存在于四个维度，并对行动者间的权力游戏施加可能的影响：（1）"市场神话"的普遍传播与国有企业改革的深化；（2）国家权威与传统计划体制的路径依赖；（3）旧的组织体制的失效与现实的产业困境；（4）国际石油改革经验的示范效应。这些重要的环境因素构成了国家、石油集团、石油生产企业等行动者在石油产业组织体制变革游戏中进行策略性互动的结构性前提。

第一，作为石油产业组织形式变革游戏最重要的环境要素，"市场神话"的普遍传播与国有企业改革的深化为行动者间的权力游戏提供了重要的正向观念激励。所谓"市场神话"主要指改革开放以来，特别是20世纪90年代中后期以来，中国社会对市场化改革逻辑的普遍信任和尊崇。尊重市场规律、按市场规律办事等市场化改革的口号与理念，经过十多年的改革，得到了广泛的传播，并在一定程度上深入人心。尽管当时人们对市场的内涵并不十分了解，但是"市场"作为一种社会层面的整体观念已经广泛地渗透到了人们的社会生活、国家的经济发展及其治理。在这样一种情境下，市场成了一种神话。市场的逻辑在当时具有了很强的合法性，进而形塑了整个社会的观念认知，深刻地影响了人们对国有企业改革的态度。早在1979年邓小平就提出，社会主义也可以搞市场经济，这开启了国内关于计划与市场关系的大讨论。在此之后，国家开始进行城市国有工业企业的改革，主要是放权让利，以承包经营的形式，在企业内部引入市场机制，如1981年，国家对石油企业进行的产量包干政策。1988年，国务院出台了《全民所有制工业企业承包经营责任制暂行条例》，明确提出以承包经营合同的形式确定国家与企业之间的权责利关系，使企业做到自主经营、自负盈亏（章迪诚，2006：201）。1992年，邓小平在对武昌、深圳、珠海、上海等地进行考察时发表的"南方谈话"更是对市场神话的形成起到了重要的推动作用。1992年，中共中央在十四大上正式提出，"中国经济体制改革的目标是建立社会主义市场经济体制"（章迪诚，2006：307）。1993年，《中共中央关于建立社会主义市场经济体制若干问题的决定》中明确指出，要建立以公有制为基础的现代企业制度，并且将其作为我国国有企业改革的方向。《中共中央关于建立社会主义市场经济体制若干问题的决定》中提出，国有企业实行公司制是建立现代企业制度的有益探索。按照现代企业制度的要求，全国性的行业总公司要逐步改组为控股公司（章迪诚，2006：350）。1995年，《中共中央关于制定国民经济和社会发展"九五"计划和2010年远景目标的建议》中又提出，要对国有企业实施战略性改组。要以市场和产业政策为导向，搞好大的，放活小的，把优化国有资产分布结构、企业组织结构同优化投资结构有机结合起来，择优扶强，优胜劣汰，形成兼并破产、减员增效机制，防止国有资产流失。重点抓好一批大型企业和企业集团，以资本为纽带，联结和带动一批企业的改组和发展，形成规模经济。1997年，中共十五大再次强调了建立现代企业制度的重要性。会议要求按照"产权清晰、权责明确、政企分开、管理科学"的原则对国有大中型企业实行规范的公司制改革，使企业成为适应市场的法人实体和竞争主体（章迪诚，2006：462）。在国家坚定地推行市场化改革的情形下，市场作为一种资源配置机制，逐渐成为一种不容置疑的经济与产业治理理念。在这种情况下，1998 年以来中国石油产业的组织体制变革就受到这种"市场神话"以及前期国有企业改革深化的重要影响，市场化改革与建立现代公司制成为石油产业体制改革的主导方向。

第二，国家权威与对传统的计划体制的路径依赖也构成了石油产业组织形式改革的重要环境因素，传统的制度结构仍然能够对体制变革施加特定的影响。1998 年前后，国家在推动经济与产业发展上，仍然具有很高的权威。这种历史上形成的政府权威使人们相信政府能够理性地进行经济产业的改革。对石油产业的管理体制与企业内部治理结构来说，由于国家直接控制的方式及计划式管理制度具有的路径依赖性，到 20 世纪 90 年代中期，其仍然表现出较强的计划色彩。国家通过行政力量来控制与主导石油产业的发展，而国有的石油公司兼有一部分政府的行政职能，企业经营的目标并非主要以效率和利润为动机。由于计划体制具有自我强化的功能，到 1998 年左右，国家计划仍然保留着对石油产业组织体制的关键影响。这种影响使国家能够成为主导和推动石油产业组织形式改革的关键行动者。

第三，围绕着石油产业组织形式变革，游戏中的主要行动者又不得不现实地面对旧的组织形式的失效与现实的产业困境的影响。在旧的石油产业管理体制与企业内部治理结构下，国家计划对石油企业的发展进行了较直接的干预，国营石油总公司承担着部分国家行政职能使其不能成为具有自主经营权的市场主体，妨碍了市场竞争机制对石油产业发展的积极功能的释放。更重要的是，在旧的产业组织体制与组织形式下，按照专业化分割垄断形成的上下游分离、内外贸分离、产销分离的石油产业格局已经严重不能适应现代市场经济的需要。加上 20 世纪 90 年代中期国际国内经济的不景气，石油产业特别是石化产业遭遇了前所未有的发展瓶颈。以中国石油天然气集团为例，1997 年，中石油就出现了 5 个亏损企业，亏损额达到 4 亿元；[①] 时任中国石化集团总经理的李毅中曾在回忆中谈到，"石化集团公司重组前后，面临着十分严峻的形势……加上我们机制不够健全，生产经营存在一些问题，产品缺乏竞争力等原因，（1998 年）上半年石油、石化

---

① 《吴邦国副总理听取公司工作汇报时的批示》，《中国石油天然气工业年鉴》（1998）。

生产经营一度陷入严重被动的局面，销售报忧、财务报危，形势十分危急"（李毅中，1999b：15）。显然，旧的产业组织体制、组织形式失效与现实的产业困境作为一种环境要素强化了石油产业组织体制变革的紧迫性。

第四，国际石油改革经验的示范效应作为一种组织环境因素，也间接地影响到了石油产业组织形式变革的游戏。在中国改革石油产业组织体制与组织形式之前，其他一些国家尤其是以阿根廷、巴西、委内瑞拉等发展中国家为代表的石油产业组织体制与组织形式改革的成功实践释放出良好的示范效应。[①] 例如，在1989年之前，阿根廷石油产业的资产和经营权基本掌握在国家手中，政府对石油产业实施了严格规制。由此产生了一系列负面影响：政府对企业干预过多，行业管制过度等严重地制约了石油企业及石油产业的发展。由于缺乏激励因素和竞争压力，石油企业长期处于低效率、高成本的经营状态。1992年，阿根廷政府通过建立独立的规制机构、放松进入和价格规制、对国有石油公司实施私有化改造、制定相关法律等方式（杨嵘，2004a），改革了石油产业的规制体制，使市场机制成为引导石油产业发展的主要机制，取得了良好的效果。类似的，1997年，委内瑞拉政府授权国家石油公司对本国石油工业体制进行了重大改组，通过走专业化、规模化、集团化的路子，实施大公司战略，提高了该国石油企业的整体实力和竞争力（严绪朝，1998：80）。

（三）改革自主权的争夺：能力抗衡与行动策略

根据组织决策分析的推论方式，权力游戏中的行动者在对游戏环境等因素进行充分权衡的基础上会采取策略性的行动。中国石油产业组织体制的变革背后充满了国家、国有石油企业、油田企业等行动者基于对环境、行动能力等判断和权衡后采取的一系列策略性行动。围绕着石油组织形式变革的问题，无论自上而下的等级结构如何强大，变革过程中仍然存在着行动者基于自身行动能力的讨价还价，甚至是对抗。他们借助自身掌控的或多或少的关

---

① 参见《巴西石油市场化改革经验：告别石油国有垄断企业十年》，中国国资网，2008年2月29日，http://www.guozi.org/data/gzgg_a_2008/index.php? modules = show&id = 12108，最后访问日期：2018年8月16日。

键性资源与行动能力，采取各种各样的策略性行动，从根本上都是为了保护和扩展自身的自由余地，最大限度地实现自身的利益目标。

对此，我们可以从产业组织体制与组织形式变革过程中中国石油天然气总公司与大庆油田之间展开的激烈的自主权之争中窥见行动者的能力及各自的策略性行动。经验表明，在 1998 年中国石油产业大重组以及 1999 年改制上市的过程中，尽管中央政府是这一系列改革的主导者与推动者，但是围绕着具体的改革方案，如国有石油产业的重组与上市模式——以谁为主体进行重组上市，在石油总公司与其下属的油田企业之间实际上存在着激烈的竞争与权力博弈（下属油田企业与石油总公司间的斗争其实由来已久）（Zhang，2004：138；诺兰，2000）。这一系列复杂的竞争博弈背后，核心问题就是油田企业的自主权问题与总公司的控制权之间的张力，而这一问题实质上关涉着石油产业改革与发展的基本路径。围绕着改革过程中谁能够拥有更多的自主权，谁能够更突出自主权的问题，以大庆油田、镇海石化、上海石化等为代表的下属石油生产企业分别与其总部集团公司中国石油天然气总公司（CNPC）、中国石油化工总公司（Sinopec）进行过激烈的策略性斗争（Zhang，2004：138；诺兰，2000）。

1. 企业自主权问题的提出：谁应该拥有自主权

1988 年中国石油天然气总公司成立之后，中国石油产业基本上形成了由中石油、中石化、中海油等三大国营石油公司专业化分割垄断的局面。这种产业格局最大的一个弊病就是缺乏明确的强有力的中央石油管理部门，各个国有石油公司的经营行为无法有效地得到协调。同时，在当时的石油管理体制下，中国石油天然气总公司、中国石油化工总公司整体上是以行业公司总部的形式出现的，它们既是一个行业性的大型集团公司，同时又是兼有国家行政职能的行政管理机构。在两大石油总公司下面，还分别附属着多个以石油勘探、生产、加工为主的油田企业、炼化企业。通过 1994 年的"油公司"改革试点制度的推行，国有石油公司下属的石油企业如中石油下属的大庆油田获得了一定的自主经营权力，包括部分的生产、投资、融资、利润控制等方面的自主决策权力。基于放权让利思想的改革为大庆油田等石油企业提供了逐步形成并积累自主发展能力的空间与机会。然而，大庆等油田企业的壮大与发展却给其总部公司带来了严重的威胁和挑战——由于中国石油产业的管理体制没有理顺，石油总公司的职能有被虚化的可能性。于是，从 1994 年开始，大庆油田等油田企业就与其隶属的石油总公司之间形成了长期未解的所谓的自主权之争（诺兰，2000；Zhang，2004）。

到 1998 年国家准备对石油产业组织体制进行大重组，1999 年对石油企业进行改制上市的时候，国有石油总公司与下属油田企业之间的矛盾更加凸显。以大庆油田为例，它试图借助自己已经形成的经济实力和企业规模，使国家在进行改革的方案中能够以包括大庆油田在内的大型油田企业为主体进行产业重组与上市融资；而其总部中国石油天然气总公司则希望国家出台的改革方案是以总公司为主体，凸显中石油在石油产业整合及协调中的关键作用。由此，对国家而言，它就需要在大庆油田等企业的诉求与中石油等总公司的诉求之间进行抉择与均衡协调。在这种情境下，石油总公司、大庆油田（油田企业）、国家之间就围绕着选择何种方案（以谁为主来进行改革重组），建构起了一种基于特定行动能力、资源控制、自由余地的权力游戏。在这种特定的权力游戏中，不同的行动者分别制定和实施了自己的行动策略。

2. 展示实力：大庆油田的能力与行动策略

大庆油田（大庆油田有限责任公司）曾是我国最重要、最有典型意义的石油生产企业，主要从事石油天然气勘探开发、工程技术服务、装备制造、化工生产、生产保障、矿区服务、多种经营等业务。大庆油田是新中国建立后，以石油大会战的方式开发建立的迄今为止最大的一个油田企业，为中国石油产业的发展做出了突出的贡献。[①] 在自我发展壮大的过程中，大庆油田逐渐认识到企业自主的重要性，因此，长期以来，大庆油田一直有一个宏大理想或目标，即试图形成以自己为主体的自主发展的大型石油企业集团。这种"雄心"与中石油试图建立一体化的现代性企业集团的目标发生了巨大冲突。在 1998 年石油产业大重组，1999 年改制上市，国家还没有最终形成确定的改革方案的时候，大庆油田就以扩大自主权为由向中石油总公司的权威发起了"挑战"，并试图向国家表明以油田企业

---

① 数据统计，从 1960 年生产原油以来，截至 2008 年，大庆油田累计为国家生产原油近 20 亿吨，向国家上缴各种资金并承担原油差价 1.7 万亿元（张一鸣、潘英丽，2009）。

进行改革的方案具有更高的适用性。比如通过一系列的兼并收购，到 20 世纪 90 年代中期，大庆油田制定了其一体化发展的战略，即试图逐渐脱离油田"技术服务"公司，全力以赴发展一体化的石油和石化生产核心业务（诺兰，2000）。然而，对大庆油田而言，要实现自身的目标，获得更多的自主权并代表中国石油产业进行整合发展，就必须面对和超越作为其总部的中国石油天然气总公司的"压制"。

因此，在这样一种竞争的情况下，大庆油田的行动策略最主要的就是向国家展示自己强大的发展实力与行动能力。长期以来，大庆油田就是中国最重要的石油生产企业，业务范围广泛，已经形成了一定的经济规模。[1]到 1998 年改革前后，大庆油田的职工人数已高达 25 万人，还不包括 80 万名职工家属。[2] 大庆已经形成了一整套庞大的单位福利系统，形成了一个有较大规模的"社会"。大庆油田的重要性主要体现在其原油生产能力以及向国家上缴利润与税收的规模。1993 年后，中国经济的增长对石油消费的需求持续增加，国内石油生产已经远远不能满足消费需求。在这种情况下，大庆油田每年稳产 5000 万吨的原油对于保证国内石油供给安全具有决定性的作用。而且，在整个中国石油天然气总公司系统中，大庆油田的重要性更是无可替代。仅以石油产业改革时的 1998 年为例，当年大庆的原油生产量就占到整个中石油系统原油产量的近 40%（见表 5 - 1）。

表 5 - 1　大庆油田原油产量情况对比

单位：万吨

年份	中石油总公司	大庆油田	大庆/中石油总公司
1990	13702	5562	40.59%
1992	13816	5566	40.29%
1994	13960	5601	40.12%

[1]　大庆油田有其辉煌的历史，并在我国能源产业中占有绝对重要的位置。新中国成立后，我国的能源结构长期以煤炭为主，石油能源贫乏。1959 年，大庆油田的开采标志着中国真正开始拥有自己的石油工业，并使我国进入到世界主要石油生产国行列。

[2]　参见《中国石油、天然气工业，从直接行政控制到控股公司》，中国国资网，2007 年 2 月 26 日，http://www.guozi.org/data/gzgg_b/index.php? modules = show&id = 46910，最后访问日期：2018 年 8 月 16 日。

年份	中石油总公司	大庆油田	大庆/中石油总公司
1996	14228	5601	39.36%
1998	14420	5570	38.63%

资料来源：中石油数据来自《中国石油天然气集团公司年鉴》（1999）；大庆油田数据来自李寿生（2001）。

同样，大庆油田的创利与上缴税收的能力也非常强。大庆油田一度是中国创利最多、效益最好的大型国有企业。1996年，其总收入为53亿美元，远高于排名第二的东北电力集团；税前利润总额为23亿美元，是当时极为成功的上海汽车集团的税前利润（5.4亿美元）的四倍多（诺兰，2000）。在整个中石油系统中，大庆油田的税收缴纳能力也是最强的。1997年，大庆油田缴纳税收119.7亿元人民币，占中石油系统税收总额的半壁江山。此外，从20世纪80年代中期开始，国家允许企业在改革过程中保留相当大比例的利润，强大的盈利能力无疑极大地增强了大庆油田的信心、雄心与能力。

表5-2 大庆油田纳税情况对比

单位：亿元

年份	中石油税金	大庆油田税金	大庆/中石油
1988	46.4	30.00	64.66%
1989	53.9	40.39	74.94%
1990	57.9	53.15	91.80%
1992	63.7	57.67	90.53%
1994	154.9	75.80	48.93%
1995	180.9	94.96	52.49%
1996	205.9	99.38	48.27%
1997	229.2	119.70	52.23%

资料来源：中石油税金数据来源于《中国石油天然气工业年鉴》（1998）；大庆油田税金数据来源于王甲山等（1999）。

3. 建构正统合法性：中石油总公司的能力与行动策略

对大庆油田1994年以来，特别是此后石油产业重组、上市改革中追求自主性一体化发展的要求，中国石油天然气总公司表达了强烈的不满。对总公司而言，如果通过大庆油田的方案，则意味着中石油作为行业性集团公司的职能与地位名存实亡。为了维护自身的行业集团地位，在应对大庆油田挑战的情况下，中石油公司总部主要的行动策略是不断强调自己所具有正统的合法性，将集团公司的重要性与中国石油产业的整体发展紧密挂钩。例如，1999 年上市准备前，大庆油田认为新成立的"中国石油天然气股份有限公司"（PetroChina Company Limited）缺少核心资产，无法实现产业的整合，应以"大庆石油股份有限公司"的形式上市。在这种情况下，中石油公司总部持强烈的反对态度，并实施了自己的应对策略。中石油公司总部提出，"石油产业是具有国家战略重要性的产业，其重组需要遵循国家的要求"。言外之意就是，石油产业重组的方案国家已经做出，中石油已经被指定为产业重组的主体，这种地位不容许（大庆油田）有任何挑战。中石油还策略性地指出，"大庆的资产也是国家和人民的资产，所以大庆要听从国家关于资产处置的安排"（Zhang，2004：146、147）。也就是说，国家选择以中石油为重组的主体本质上是对国有资产的重新处理与制度安排，同样作为国有资产的大庆油田不应该只谋求自身的发展，而不顾全大局，影响到国家在整体（石油）产业层面的制度改革。通过这些策略性的行动，中石油再次强调了其正统的合法性，强调了其作为行业重组整合主体的不容替代性。

4. "丢车保帅"：国家的行动策略

关于以谁为主体进行石油产业重组上市整合的组织体制与组织形式的改革方案，由于存在大庆油田与中石油总部之间（就企业自主权或产业整合权）的竞争与"冲突"，国家需要在两个相互冲突的目标诉求之间进行抉择与协调。尽管大庆油田等油田企业在中国石油产业发展中的重要性和历史地位显而易见，然而，国家在经过一番理性的权衡之后，最终还是采取了"丢车保帅"的行动策略。通过这一策略，（在借鉴其他国家石油产业改革成功经验的基础上）国家最终没有接受大庆油田提出的以大庆（等大型油田企业）为主体的产业重组、上市改制方案。国家改革了石油产业的行政管理体制，收回了中石油、中石化两大国有石油公司的行政职能，并授权以两大石油公司为主体进行产业的重组、改制与上市。通过重组改制，中石油、中石化被重组为由国家授权投资和国家控股的国有石油企业集团。当然，作为一种安慰或补偿，国家同样给予大庆油田等石油生产企业保留一定自主权的政策许诺。改革重组后，大庆油田等下属石油生产加工企业成为中石油、中石化的控股子公司——国家允许大庆油田设立"大庆油田股份有限公司"，拥有独立法人的地位，但其仍被置于新成立的"中国石油天然气股份有限公司"资产之内（Zhang，2004：147）——获得了独立法人的地位。

通过这样一系列的策略性行动，国家实现了改革石油产业组织体制与组织形式，实现产业上下游一体化协调发展的改革初衷。换句话说，国家通过建构和参与一种特定的权力游戏，实现了对国有石油公司、石油生产企业等行动者目标及策略性行动的整合，使游戏朝向实现自身目标的方向发展。同样，中石油等国有石油公司、大庆油田等石油生产企业这些行动者，通过权力游戏也或多或少实现了自身的部分目标，保护了自身的利益，最终实现了在谈判、讨价还价、妥协基础上的最低限度的有组织的集体行动，进而影响和推动了中国石油产业组织体制与组织形式的变革。

通过上述分析，我们可以认为，1988～2008年中国石油产业组织形式从传统计划行政式企业向现代公司制的变革，具有重要的组织与制度变迁意涵。这一转变形式上是国家在科层体制内自上而下推动的强制性制度变迁的结果，改革建立在各方主体利益目标一致的基础上。然而，通过引入组织决策分析的推论方式，研究发现，中国石油产业组织形式变革过程隐含着行动者间构建的权力游戏机制。包括国家、国有石油公司、油田企业等在内的行动者，基于各自不同的利益目标或诉求，各自具有的行动能力与资源，以及对组织环境等进行的权衡分析，围绕着石油产业组织体制与组织形式的变革，展开了复杂的策略性互动，它们都试图使权力游戏的规则及其运行尽可能地有利于自身利益与目标的实现。由此，行动者间构建的权力游戏作为一种有组织的集体行动过程，对正式制度层面的产业组织体制变革施加了重要的影响。

第六章 从政府主导到多元市场竞争：市场参与

市场竞争或市场参与是考察产业发展状况的重要指标。在西方发达国家的经济产业治理中，如何适度地防止市场垄断，有效地保证充分的市场竞争，提升产业发展绩效是一项重要的产业规制原则。同样，改革开放以来，市场化一度成为中国经济产业治理的基本理念。尤其是在一些传统国有企业占据垄断优势的行业，国家试图通过引入更多的竞争主体、放开市场准入来促进产业良性发展。也正是在此背景下，为适应市场化和全球化的发展，20 世纪 90 年代中后期以来，伴随着石油产业的改革与重组，中国石油产业的市场参与格局经历了前后两个阶段的重大转型，即逐步从 1998 年前政府垄断下的局部有限竞争，向 1998 年后以三大国有石油公司为主导的多元垄断竞争或寡占竞争格局转变。作为一种产业制度变迁现象，中国石油市场参与格局的转变，不能简单地理解为国家及其制度建构、市场机制等正式结构的必然结果，其背后也隐含着国家、国有石油公司、民营石油公司与外资石油公司等关键行动者之间建构起来的复杂的权力游戏机制。

一 国家对石油产业的行政主导格局

(一) 国家对石油市场的直接控制

1998 年前，国家或中央政府是中国石油市场最重要的行动者。其通过有计划的行政职能发挥，对石油市场进行直接与间接的控制——包括市场定价机制、市场组织方式、市场准入与市场竞争的协调安排等——借以实现全国范围内石油产业的总体性发展。这一时期，中国石油产业的发展总体上仍然沿袭了改革开放前国家对石油市场总体性控制的特征，通过中国石油天然气总公司等三大具有重要行政职能的国营石油公司来进行石油产业和市场的直接规制与管理。

围绕着石油市场的市场参与或市场竞争，国家通过一系列的行政手段，如制定行政性产业政策、规范来确立石油市场参与的基本格局与竞争秩序，从总体上形成了国家行政性主导的市场参与格局。在石油产业上游领域——石油资源的勘探、开发领域，国家通过《矿产资源法》（1986）等法律形式确认了国家对石油等战略性资源的绝对控制权，在上游领域实行严格的市场禁入。根据《矿产资源法》，国家对石油产业实行特许经营，授权中国石油天然气总公司、中国海洋石油总公司等从事陆上及海洋油气资源的勘探开发，其他企业禁止进入。也就是说，《矿产资源法》等确认了能够实行石油资源勘探与开采的只能是具有国有行政部门性质的中国石油天然气总公司和中国海洋石油总公司。前者代表国家拥有了中国陆上石油的勘探、开发的特许经营权；后者则代表国家拥有了中国海上石油资源的开采与生产。[①]

在石油加工、炼化及下游市场领域，国家主要授权中国石油化工总公司实施控制经营。基于国家授予的专营特权，中国石油化工总公司承担了国内几乎所有原油的深度加工和综合利用，以及石油产品的国内销售和石蜡、润滑油等产品的外销。在石油下游领域，国家对原油、成品油流通进行了严格的市场管理，对非国有资本进行严格的市场进入限制。例如，1995 年国家宣布的外资投资政策将中国的投资行业分为鼓励外资、不鼓励外资、限制外资等三类，石油炼化行业被界定为不鼓励外资的行业（Wang，1999）。而在石油产品进口市场，国家实施了严格的进口配额与许可证制度。中国化工进出口总公司作为国有石油进出口公司代表国家掌控了石油产品的进出口权（崔贵维，2004）。为保护国内市场，中国政府把

---

① 参见《中华人民共和国对外合作开采陆上石油资源条例》（1993）、《中华人民共和国对外合作开采海洋石油资源条例》（1982）。

石油产品认定为所谓的"一类商品"。这种"一类商品"的进出口特权属于国家指定的国有机构，其交易量则是中央政府、省级政府分配的计划定额（Wang，1999）。在1998年前的大部分时间里，石油作为"一类商品"被执行严格的许可证与配额管理制度。

在国家的行政控制与主导下，中国石油产业没有形成现代意义上的竞争性市场，相反这种市场是封闭的、非竞争性的。几大国营石油公司也不是真正意义上的市场竞争主体，它们对石油市场的控制权来自国家的行政授权，相互间很难形成有效的市场竞争。几大国营石油公司代表国家主导了石油产业与石油市场，使这一时期的中国石油市场没有形成较充分的市场参与和竞争。在国家实行产业封闭与保护的政策下，除国有资本之外，民营资本、外资等非国有资本难以进入中国的石油产业，特别是中上游产业。政府对石油产业的控制造成了石油市场参与主体的有限性，进而造成了石油产业资源配置的低效率（刘毅军，1998）。

（二）产业链的专业化分割

根据产业组织理论，石油产业是以石油天然气的勘探开发为上游，以石油天然气的运输、炼制、化工、销售为下游的一个产业链条（诸文娟、刘宏伟，2006）。然而，1998年之前中国石油产业完整的产业链被国家行政力量人为地分割。国家在石油产业的上下游按照专业化分工的原则，实行了所谓的专业分割规制。20世纪80年代初，针对石油产业上下游业务分别归属于石油部、化工部、纺织部、商业部等多个政府部门的情况，国家通过改革将完整的产业链中的石油勘探、开发、炼制、销售分段分割，翻牌成立了中海油、中石化、中石油、中化等四大国营石油总公司（刘毅军，1998）。国家希望通过这种行政分割，实现石油产业海陆、上下游、内外贸分开经营，以代替政府对各个环节的业务监管，同时，尽可能地发挥每个公司专业化经营的优势，形成有竞争力的国营石油企业。但是，这种试图发挥专业化优势的产业改革形成了"上下游分割、内外贸分割、产销分割"的市场格局。在这种格局下，中国石油天然气总公司等国营石油总公司实现了对石油产业局部产业链条业务的独占权。

在分割规制的格局下，中国石油产业并不存在现代意义的市场机制。①各国营石油公司不是体现市场主体身份的竞争性企业，它们之间除了国家在协调确定石油生产、加工、炼化、进出口、国内市场销售等方面的计划配额指标时发生"市场"联系，更多的时候相互之间没有什么关系，更不用说市场竞争关系了。它们更像一个个各负其责的专业部门，代表国家把守着石油产业的各个环节。在这种分割规制的情况下，中国石油产业形成了偏态分布的高市场集中度。以石油产业改革前1997年的数据为例，在石油上游生产领域，仅中国石油天然气总公司就占据了近90%的油气生产份额，中国石油化工总公司对此没有涉足；在石油加工领域，则是中国石油化工总公司一统天下，它占据了80%左右的市场份额（王冠，2008）。

表6-1　1988~1998年间中石油、中石化市场份额情况

单位：%

年份	中石化占石油化工市场的份额	中石油在原油生产市场的份额
1988	91.80	99.45
1989	91.40	99.34
1990	90.40	99.09
1991	90.20	98.27
1992	89.30	97.27
1993	88.80	96.78
1994	87.90	95.57
1995	84.70	94.35
1996	80.70	90.46
1997	78.10	89.85

资料来源：《中国石油天然气工业年鉴》（1998）、《中国石油化工集团公司年鉴》（1999）。

（三）石油流通体制的政府管制

石油流通体制涉及谁是石油市场原油、成品油的经营主体，谁能够进

---

① 在分割规制的格局下，几大国有石油公司之间不仅不能形成有效竞争，还排除了其他市场主体参与市场竞争的可能性。在严格的政府规制下，其他资本类型的石油企业只能被挡在厚重的产业壁垒之外。

入石油产品的批发、零售以及进出口市场。1998年之前，中国石油市场流通体制的封闭性与计划性充分凸显了国家对石油产业的高度规制特征。在国家对石油流通市场进行严格管控的情况下，石油市场商品的流通不是基于市场供需原则，而是基于国家的计划指令；主导石油商品流通的不是市场机制，而是以中国石油化工总公司为代表的国营石油公司依据国家指令，进行主导控制；石油市场的投放量、流通量、进出口规模、石油商品流向等都控制在政府手中，石化总公司等作为国家的代表进行具体的执行操作。尽管在1994年之前的一段时间里，石油流通市场特别是成品油批发与零售市场，由于国家缺乏明确而有效的市场流通管理体制及政策，受石油市场双轨制的影响，有少量规模的计划外（超产）石油可以以市场价格进行流通销售，但整体上，1998年之前的中国石油产业流通市场主要是在国家的行政控制之下，由石化总公司等代行市场协调与监管职能。

1985年开始，除浙江、上海等少数省市外，全国各级石油公司业务脱离了商业系统，被划入中国石油化工总公司。中国石油化工总公司建立起了系统完善的石油销售网络、储运设施，以及专门的石油销售机构——中国石化销售公司，负责全国范围内的原油、成品油市场流通销售，从而对石油产品实行产、供、销一体化的管理经营（杨帆，2008；廖雪科，1997）。到20世纪90年代中期，针对石油市场双轨制带来的流通秩序混乱状况（张卫平，1994；郭才，1997；张希森，1995），国家制定发布了《关于改革原油、成品油流通体制意见》（1994），明确规定了国家对石油流通市场的统一控制权。（1）国家计委应根据经济发展速度、产业政策、进出口政策、能源消费结构与节约政策以及油田生产能力等做好科学预测，并广泛征求各有关部门和地方的意见，做好原油和成品油的供需总量平衡，以指导原油、成品油的生产、进出口、分配等。（2）原油和成品油的进口，包括一般贸易进口和来（进）料加工、外商投资企业、易货贸易、边贸、捐赠等各个渠道的进口，都要纳入国家计划配额管理。外商投资石化企业进口原油加工的成品油，经国家批准在国内销售的部分，也要纳入国家供求总量平衡，接受国家的宏观管理。（3）关于成品油资源的配置，国内成品油的总资源，包括全国所有炼油厂（石化总公司、石油天然气总公司所属炼油厂和地方炼油厂）生产的成品油（主要是汽油、柴油、航空煤油、灯油、燃料油）、进口的成品油和外商投资企业生产的成品油按规定在国内销售的部分，一律实行国家导向配置。（4）根据国家计委制定的分配计划，在国家经贸委的指导下，石化总公司销售公司按照国家统一政策、统一价格、统一调拨、统一质量标准的原则，负责成品油资源的地区平衡和调拨，调剂品种和余缺。[①]

通过这些管制政策，国家确认了石油流通体制的行政控制，也起到了设置并加固石油市场准入壁垒的功效。在这种流通体制下，中国石油市场——原油与成品油市场基本上被控制在国家及其国营石油公司手中，其他的市场主体，如民营石油企业、外资石油企业乃至地方政府经办的石油企业都很难突破基于行政控制的市场壁垒。

（四）成品油市场的短暂"繁荣"

1998 年以前，中国石油产业的市场参与或市场竞争非常有限，国家及国有石油公司是规制市场参与或市场竞争的主体，体制外的力量基本上被屏蔽在市场之外。尽管 1992～1994 年中国成品油市场曾出现短暂的"竞争繁荣"，但终究是昙花一现。1992 年邓小平"南方谈话"之后，全国掀起了市场化改革的新高潮，中国社会进入了一个"全民经商"的时代（章迪诚，2006：319）。中国石油产业成品油销售市场也迎来了一个短暂的"春天"。1992 年国家对石油市场实行了改革放开，号召各种民间资本进入石油市场（苟三勇，2006；陈仕新、万静，2008）。国家取消了石油最高出厂价和销售限价规定，石油市场原有的国营石油销售企业独家经营的格局突然被打破（安龙江，1994）。1994 年，国家放松了成品油批发市场准入限制，提出只要符合有一定的资金、人才、仓储设施和经营能力这四个条件就可以获批成为成品油批发机构（杨英，2002）。这一对内放开政策使民营石油资本进行成品油批发、零售业务没有了体制限制，民营石油资本得以进入成品油市场，获得了与国营石油企业进行市场竞争的机会，国内成品油市场一度呈现"充分竞争"的状态。据统计，1992～1998 年，民营石油企业发展规模迅速扩大，一度占据了全国石油流通领域（加油站数

---

① 《关于改革原油、成品油流通体制意见》（国发〔1994〕第 21 号）。

目）的 85%，每年向国家上缴利润 1000 多亿元（邓聿文，2008；陈仕新、万静，2008）。

成品油市场在 20 世纪 90 年代初期的放开，让人们看到了中国石油市场多元化竞争的希望。但由于石油市场有效的运行引导与监管机制缺失、不顺畅，中国成品油市场短期内的急剧膨胀带来巨大的负面效应：由于经营成品油的利润空间较大，因而激发了一些民营石油企业的投机欲望，一时间出现了加油站、小型炼油厂等的过度、重复建设，[①] 石油走私现象泛滥的问题（黄莉，2006；谢晓凌，1999）。鉴于 1998 年前后中国石油市场的失序与混乱，国家又迅速收紧了对石油产业的行政控制。

二　多元参与和市场竞争格局

1998 年后，经过中国石油产业的大重组及石油市场体制的改革，中国石油产业的市场参与状况、市场竞争格局进入了一个新的发展阶段。由三大国有石油集团占主导地位的多元竞争格局基本形成。

（一）市场化改革：产业的一体化

1998 年，中国石油产业的大重组也深刻地改变了石油产业的市场参与和竞争格局。在国家对传统的石油产业管理体制进行改组，尤其是组建了中国石油天然气集团公司、中国石油化工集团公司两大国有石油集团之后，石油产业传统的专业化分割经营的格局被彻底打破。中石油、中石化等新的国有石油集团被改造成兼营上下游业务、产销业务、内外贸业务的一体化市场企业集团。由于每个公司经营的石油产品与业务具有较强的同质性，三大国有石油公司之间开始形成一种市场竞争的格局。[②] 特别是通

---

① 有数据显示，到 1998 年底，全国共有各类炼油厂 220 个，其中 75%（166 个）的是年加工能力在 100 万吨以下的小炼油厂（黄莉，2006），总加工能力为 3280 万吨，占全国的 12%（谢晓凌，1999）。

② 经过 1998 年的大重组，中石油、中石化等国有石油企业的市场份额结构发生了巨大变化。相较于改革之前两大公司分别独占原油生产、石油加工销售市场的状况，改组之后，两大公司分别向各自的传统业务领域进行了渗透，（以 2000 年为例）在原油生产领域，中石油的份额下降到了 65.1%，中石化、中海油分别占据了 22.7%、10.84%；而在石油化工领域，中石化的占比也下降到了 55.2%，中石油拥有了 40% 的市场份额（王明明、方勇，2007）。

过相互置换转移部分油田与石化生产企业，中石油与中石化两大公司开始在原油的生产、石油的炼化领域形成竞争。

为了追求企业利润最大化，各国有石油公司之间通过降低成本、改善服务等方式，在石油产业的各个领域都会形成一定的竞争，尤其是在石油销售的终端市场，这种竞争更加激烈。有研究指出，在石油加工业，中石油、中石化两大集团公司之间存在着激烈的角力。两大集团为了实现下游产业的规模经济效益，积极对各自下属的炼油企业进行改扩建，增加石油加工能力。例如，2000 年中石油的石油加工能力达到了 10870 万吨，中石化则将其生产能力提升到了 13024 万吨。两大集团的竞争甚至在一定程度上导致了石油加工能力的过剩（杨嵘，2004b）。在石油终端市场，改组后的两大石油集团竞争同样激烈。尽管 1998 年石油产业改革之初，两大集团在市场的区域定位上有一定区分，但随着市场化改革程度加深，两大集团逐步开始向对方的市场领地渗透，尤其是中石油和中石化在南方的石油消费市场进行的激烈竞争让人印象深刻。从 2000 年开始，国内两大石油巨头就开始角逐成品油终端市场（刘树铎，2005）。同样，一体化改革后，原本只经营海洋石油业务的中国海洋石油公司也逐步涉入陆上石油的经营业务，实现了"软着陆"。2006 年，中海油以 3.88 亿元收购了上海星城石油有限公司旗下 20 座加油站，标志着该公司正式踏入加油站零售领域；2007 年，中海油又在广东惠州完成了 30 座加油站的选址工作，并且在该地建成了加工能力高达 1200 万吨的炼油厂（王冰凝，2007）。中海油的石油业务向陆上扩展，意味着对中石化等石油公司的直接冲击，更意味着在"开放－市场化"条件下，中国石油产业市场参与和竞争的扩大。

（二）市场准入：在整顿中逐步放开

由于 1992 年以来中国成品油市场部分开放造成的市场失序影响了石油产业的正常稳定发展，1998 年，石油产业大重组之后，国家紧接着就对石油市场（原油、成品油市场）进行了清理整顿。1999 年 4 月，国家经贸委等八部委联合下发了《关于清理整顿小炼油厂和规范原油成品油流通秩序的意见》。该文件指出，小炼油厂的过多过滥发展加剧了我国炼油工业生产能力的过剩和布局不合理的矛盾，而且与国有大中型炼油企业争原油、争市场，干扰和破坏了正常的原油、成品油生产流通。同样，成品油批发零售企业数量过多、加油站重复建设，管理混乱，也导致了成品油流通渠道混乱和市场秩序失控。对此，国家宣布取缔非法采油和土法炼油设施和场点，对不符合标准的小炼油厂进行清理整顿。未经国务院批准的拟建和在建炼油厂一律停止建设，银行不能给予信贷支持，已建成者不得开工投产，未经国务院批准，一律不得新建炼油企业，不得扩大原油一次加工能力。对中石油、中石化以外经清理整顿合格的小炼油厂，可由两大集团依法采取划转、联营、参股、收购等方式进行重组。《关于清理整顿小炼油厂和规范原油成品油流通秩序的意见》还规定加强原油配置管理。中石油和中石化生产的原油、中国海洋石油总公司国内销售的原油及中国新星石油公司和地方油田生产的原油，以及进口的原油，全部由国家统一配置，不得自行销售。对成品油实行集中批发，国内各炼油厂生产的成品油全部交由中石油、中石化两集团的批发企业经营，其他企业、单位不得批发经营。对成品油批发企业进行清理整顿，取消不具备条件的批发企业的经营资格。对中石油集团、中石化集团以外经清理整顿合格的成品油批发企业，同样由中石油集团、中石化集团依法采取划转、联营、参股、收购等方式进行重组。规范成品油零售市场，依法对经营汽油、柴油的各类加油站点进行清理整顿。[1] 2001 年，国家下发《关于进一步整顿和规范成品油市场秩序的意见》，进一步对国内成品油市场进行规范整顿，再次强调了对成品油市场实行严格的市场准入政策。[2] 依据这两个文件，各地对原油、成品油市场进行了大规模清理整顿，一大批不符合标准的小炼油企业，成品油批发、零售企业，加油站被清理，由两大国有石油公司兼并、收购，或自行倒闭关门（刘长杰、张向东，2006）。从市场参与主体的多元化上讲，国家对原油、成品油市场的清理整顿并没有使民营石油企业等体制外的石油资本被完全排除在石油产业的中下游市场，民营石油企业等仍然是中国石油产业市场参与的重要力量并活跃于中国石油市场。数据表明，到 2006 年底，

---

① 《国务院办公厅转发国家经贸委等部门关于清理整顿小炼油厂和规范原油成品油流通秩序意见的通知》（国办发〔1999〕38 号）。
② 《国务院办公厅转发国家经贸委等部门关于进一步整顿和规范成品油市场秩序意见的通知》（国办发〔2001〕72 号）。

全国共有加油站 93879 座，其中，以民营加油站为主体的加油站共 46871座，占全国加油站总数的"半壁江山"。①

在对石油市场进行清理整顿的同时，为应对石油产业市场化发展程度的提高、特别是加入世界贸易组织之后，为履行入世承诺，国家逐步提升了中国石油市场准入的对外开放度。其主要标志就是，国家先后于2004 年 12 月 11 日、2006 年 12 月 11 日分别对外开放了成品油零售市场和成品油批发市场（朱和，2005），外资等非国有资本能够直接进入中国成品油销售市场，扩大了市场竞争。值得注意的是，为保证成品油市场对外开放后国内石油市场的健康稳定发展，国家商务部于 2004 年底发布了《成品油市场管理暂行办法》，借以引导成品油市场规范有序运行，同时也为放开成品油市场准入做好准备。该《成品油市场管理暂行办法》明确规定了从事成品油批发及零售业务的企业应当具备的条件。经营成品油批发的企业应当具备如下主要条件：具有稳定的成品油供应渠道；具有全资或控股的、库容不低于 4000 立方米的成品油油库；具有接卸成品油的输送管道、铁路专用线或成品油水运码头等设施等。从事成品油零售经营的企业，则应当具备如下主要条件：具有稳定的成品油供应渠道；与具有批发经营资格的成品油经营企业签订供油协议；符合当地加油站行业发展规划；具备成品油检验、计量、储存、消防安全等知识的专业技术人员等。②

在石油市场逐步与国际市场接轨的情况下，传统的国家统一配置石油资源和成品油集中（由中石油、中石化）批发的市场流通与管理机制已经不能适应新形势的需要（姜增伟，2007）。扩大对非国有性质的石油企业、石油资本在石油市场中的准入成为中国石油市场，尤其是石油下游销售市场发展的主要方向。对中国石油市场来说，尤其是对民营石油企业而言，2005 年，国家颁布的《国务院关于鼓励支持和引导个体私营等非公有制经济发展的若干意见》（又称为"非公 36 条"，以下简称"非公 36 条"）具有里程碑式的意义。它从政策的层面保证了民营石油企业具有与国有石油

① 《"加油站过剩时代"的反思》，新浪新闻，2007 年 12 月 26 日，http：//news. sina. com. cn/c/2007 - 12 - 26/120514606696. shtml，最后访问日期：2018 年 8 月 17 日。
② 《成品油市场管理暂行办法》（国家商务部 2004 年 12 月 2 日，第 23 号令）。

企业进行公平竞争的可能性，为更多的民营石油企业进入石油市场打开了大门。"非公36条"指出，要鼓励、支持和引导非公有制经济发展，消除影响非公有制经济发展的体制性障碍，确立平等的市场主体地位，实现公平竞争。尤其是要放宽非公有制经济的市场准入，允许非公有资本进入垄断行业和领域。加快垄断行业改革，在石油、电力、电信、铁路、民航等行业和领域，进一步引入市场竞争机制。① 在"非公36条"公布后的第二年，国家出台了正式的《成品油市场管理办法》《原油市场管理办法》，为非国有资本更大程度地进入中国石油市场提供了政策依据和支持。总体上，国家关于石油市场参与、准入的政策在1998年后变得更加宽松和开放，改变了传统的国家对石油市场实行直接统一控制、中石油和中石化两大集团集中垄断批发石油（成品油）的格局。石油市场准入在国家对石油市场的持续整顿与规制中逐步实现扩大、放开，扩展了石油市场的市场参与及市场竞争。②

同样，外资石油企业在中国的发展也充分体现了中国石油产业市场参与格局逐步开放化的特征。对中国石油市场而言，外资石油企业的进入具有重要的意义。资本雄厚、具有强大竞争力的外资石油企业进入中国石油市场，在对中国的国有与民营石油企业带来挑战的同时，也增强了中国石油市场的参与度，提升了市场的竞争程度，推动了石油产业的成长与发展。研究表明，20世纪90年代中期以来，跨国石油公司对华投资已经从重点扩张期进入到全面发展期。从那时开始，外资石油公司开始在中国进行大规模、系统化的战略性投资。中国入世进一步加快了跨国石油公司进入中国市场的步伐。为抢占发展先机，它们开始对其在华投资的领域、项目、地点以及组织管理机构展开全方位的整合，使之融入全球经营网络（刘剑平、朱和，2003）。中国加入世界贸易组织之后，随着全球化过程的发展，中国石油市场的开放度提高，外资或跨国石油公司进入中国石油市场的步伐加快，其对华投资经营呈现一些新趋势。（1）投资重点由上游转

---

① 《国务院关于鼓励支持和引导个体私营等非公有制经济发展的若干意见》（国发〔2005〕3号）。

② 例如，在成品油批发领域，2007年5-11月，商务部根据新颁布的《成品油经营企业指引手册》，共发布了6批31家获得成品油批发资质的企业名单，其中包括数家中外合资企业、民营批发企业、地方炼油厂，成品油批发市场已初步形成多元格局（王燕梅，2008）。

向中下游和终端市场。跨国石油公司与中石化、中石油、中海油等合资建设了诸多大型炼化项目，如中海壳牌石化公司、中石化赛科乙烯、扬巴一体化项目、中石化与埃克森美孚合资的福建炼油项目等。英国 BP 公司、埃克森美孚、壳牌等三大国际石油公司在中国成品油市场开放后，加大了加油站建设力度，大力拓展终端市场。到 2005 年，三大跨国石油巨头在中国合资建立了约 2000 座加油站。这些加油站主要位于浙江、广东、江苏等中国经济较发达、石油消费量较大的地区。（2）跨国石油公司在投资方式上开始由合资向独资、收购兼并方向发展。（3）外资石油公司更加注重石油基础设施的建设，如石油仓储、物流体系（朴石，2005）。

因此，1998 年之后，中国石油产业在市场竞争与市场参与格局上实现了历史性的转变：一方面，专业化分割经营格局的打破增强了国有石油公司之间的竞争程度；另一方面，国家逐步开放原油、成品油市场，更多的非国有资本能够进入中国石油市场，共同参与市场竞争，总体上形成了一种以三大国有石油公司为主导，民营石油企业、外资石油企业等共同参与的多元竞争格局。

表 6 - 2　主要跨国石油公司在华石油投资情况

	英国 BP 公司	埃克森美孚	壳牌
油气勘探开发	南海崖城 13 - 1 气田：BP 占 34.3% 的股份，1996 年投产		南海西江油田：1997 年投产，拥有份额油 170 万吨；长北天然气田：建设期 20 年，拥有 50% 的产量
炼油加工	上海赛科石化项目：总投资 27 亿美元，BP 占 50% 的股份	福建炼化一体化项目：投资总额 45 亿美元，占 25% 的股份	南海壳牌石化项目：总投资 43 亿美元，占 50% 的股份，2006 年 2 月投产
油品零售、批发	与中石化在浙江合资加油站 500 余座；与中石油在广东合资加油站 500 余座；与中石油在福建合资加油站 800 余座	与沙特阿美、中石化成立福建合资公司，在闽拥有加油站 700 余座；与中石化在广东合资拥有加油站 500 余座；油品批发，获准 2 个合资企业：中石化森美（福建）石油有限公司、福建联合石油化工有限公司	与中石油、中石化合资在广东、北京、天津、江苏、四川拥有加油站 500 余座

续表

	英国 BP 公司	埃克森美孚	壳牌
油品仓储物流	南沙油库：总库容 36 万立方米，并配套建设 8 万吨级石化码头；宁波 LPG 储运基地，2002 年 8 月建成投产		天津油品仓库：占 40% 的股份
累计投资总额	45 亿美元		40 亿美元

资料来源：李艳君，2007。统计情况截至 2006 年底。

三　市场参与格局变迁的微观政治

伴随着 1998 年石油产业的大重组以及之后在石油市场流通机制上一系列的调整与改革，中国石油产业的市场参与格局逐步从所谓的国家行政化垄断格局演变为以三大（市场化的）国有石油公司为主导，民营、外资石油公司等多元主体参与的市场竞争格局。根据组织决策分析的推论方式，中国石油产业市场参与结构的演变是一个包含多种复杂互动与策略性行动的组织过程。组织决策分析视角认为，在诸多纷繁复杂的社会现象背后，潜藏着不同行动主体之间的复杂互动与权力博弈（李友梅，2001；克罗齐耶、费埃德伯格，2007：1）。任何正式制度与组织的变革最深层的动力都来源于利益相关者之间建构起来的权力游戏。与那些单纯强调理性行动的成本收益比较的政治理论，以及关于正式规则、组织结构强压制性的组织观念不同（弗雷格斯坦，2008：101；Meyer & Rowan，1977），组织决策分析相信，在看似结构化的正式组织与制度变迁中，必然隐含了行动者基于特定情景认知的策略性行动。换言之，就中国石油产业的市场参与格局的演变而言，这种看似宏大与必然的制度变迁，其遵循的并不是简单的"命令－服从"的逻辑，其中隐含着国家、国有石油公司、民营与外资石油公司等行动者之间复杂的权力游戏。

（一）"关门"与"开门"：市场参与者的目标张力

从中国石油产业市场参与结构的演变历程来看，在中国经济社会转型的独特背景之下，石油市场的参与及竞争的本质就是市场的准入问题，就在于石油市场的大门开放与否、对谁开放、开放多少，即所谓的"开门与关门"的问题。无论是 1992 年成品油市场的部分放开，还是 1999 年国家对石油市场的清理整顿，乃至之后为履行入世承诺对外开放成品油的零售与批发，影响石油市场参与结构和竞争的问题都指向了中国石油市场（主要指成品油市场）的市场准入问题。可以说，所有的制度建构、政策制定，以及特定的市场互动行为、市场结果等都紧密围绕着石油市场的准入问题。

根据组织社会学决策分析的基本预设，看待任何组织与制度现象，我们都不能想当然地将之进行简单化的处理。在正式制度变革的清晰图景背后，实际上包含了复杂的组织过程。围绕着石油市场的准入，任何一个可能参与到其中的行动者都会被"卷入"一系列复杂的微观政治过程中。其中，被"卷入者"是带着行动者的身份与逻辑出现，[1] 他们会带着各自不同的目标与诉求，对石油市场准入提出不同的"期待"与认知。也就是说，在石油产业市场准入上，国家、国有石油公司、民营与外资石油公司等利益相关的行动者，都存着在自己特定的利益与目标，这些目标、利益之间经常是相互对立和冲突的。

其中，国有石油公司与民营、外资石油企业之间的游戏目标是直接对立的，这种目标对立生动地体现为两类行动者间"进攻"与"防守"的互动特征。一方面，对国有石油公司而言，如何保证持续性的市场垄断地位，限制竞争者的市场进入是其不用明言的目标。1998 年前后，中国国有石油企业经营进入一个瓶颈期，石油石化行业亏损严重。但是顺应市场化的发展，以及迎接国内外非国有石油资本的挑战等却已经成为当时中国石油产业发展的现实要求。时任中石油总经理的陈耕在一次工作会议上表示对国内石油市场的市场化进程感到担忧。他指出，加入世贸组织以来，中国石油市场发生了重大变化，国际石油巨头纷纷抢滩中国市场，国内一些民营企业也开始进军石油市场。日益开放的市场环境和激烈的市场竞争，

---

①　以行动者的身份和逻辑参与市场互动，意味着不能将国家、国有石油企业、体制外石油企业等主体间的关系简单地理解为正式化的科层或市场等级关系，组织未必建立在成员间利益与目标一致的基础上，权力游戏的建构能够对这些正式组织关系结构实现超越。

对中石油是一个严峻的挑战。对此，中石油必须有充分的思想准备，要敢于同国际国内各类对手展开竞争。①

另一方面，对体制外的民营与外资石油企业而言，如何尽可能地打破市场限制，全方位、深层次进入中国石油市场，参与市场竞争则是他们的核心诉求。体制外的石油企业，尤其是民营石油企业，长期以来受制于国家石油市场准入政策及国有石油企业的特许权限制。1992～1998年，开加油站、从事石油批发还被认为是最赚钱的行业，民营企业可以直接以出厂价从地方石油公司购买成品油，再进行销售，由此获得高额利润。但当国家将国内成品油的批发权全权授予中石油和中石化之后，民营石油企业的经营就开始受制于作为竞争对手的中石油、中石化等国有石油公司，其经营绩效也急转直下。因此，改革石油市场体制，扩大石油市场参与，毫无疑问是体制外石油企业急切追求的目标。

对国家而言，作为制度与政策的最终制定者与裁决者，不得不现实地回应来自国有石油企业与非国有石油企业的两种不一致的利益期待与诉求：一方面是以中石油、中石化为代表的国有石油公司以国家能源安全为"理由"，希望保持石油市场优势的要求，石油市场不能完全向体制外的资本开放；另一方面是民营石油企业、外资石油企业依据"市场公平竞争"原则而提出的开放石油市场的诉求。国家作为市场的主要规制者和协调者，需要在这两种冲突性的目标诉求间实现合理的整合与均衡。

这些冲突性的目标通常需要通过建构权力游戏的方式得以整合。作为自由行动者，无论是国有石油公司，还是民营与外资石油公司，都具有一定的行动能力，都会采取一定的行动策略对国家的政策与制度建构施加或多或少的影响。在此意义上，国家、国有石油公司、民营与外资石油公司等就围绕着石油市场的开放发生了联系，并建构起特定的权力游戏。在这种权力游戏中，国家、国有石油公司、民营与外资石油公司等行动者之间持续地进行着谈判与讨价还价。通过这些微观的权力互动与博弈，不同行动者最终会就（市场准入变革中）各自的目标、行动决策等形成一种协调

---

① 《抓住机遇，开拓创新，实现股份公司持续有效快速发展——陈耕同志在集团公司2003年工作会议上的讲话》（2003年1月15日），《中国石油天然气集团公司年鉴》（2004），第52页。

整合，从而推动正式层面的市场准入制度变革（见图6－1）。

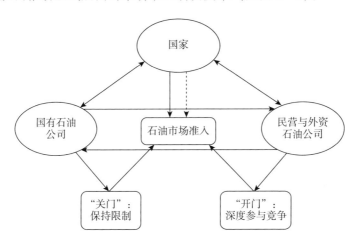

图6－1　石油产业市场准入游戏的目标组合

（二）全球性嵌入与关联性制度变革：市场准入的游戏环境

1. 市场的全球性嵌入

组织中权力游戏的建构离不开复杂的组织环境，组织环境构成了游戏开展的结构性前提，它能够对游戏规则的建构、行动者认知及决策等产生重要影响。1998 年以来中国石油产业以市场准入为核心的市场参与格局的演变，作为一种复杂的组织与制度变迁，其特定的组织环境，构成了影响国家、国有石油公司、民营与外资石油公司等行动者之间权力游戏的重要因素。从当时特定的背景来看，与石油市场的准入问题相关联，中国石油市场从（一国范围内的封闭的）"地方性市场"，向（开放的并与国际石油市场紧密相连的）"全球性市场"的发展，是影响石油市场准入游戏最重要的环境变量。

20 世纪 90 年代中后期，特别是中国经济克服亚洲金融危机的影响，成功实现"软着陆"之后，发展市场经济日渐成为引导中国经济发展的主要价值导向。随着中国市场化体制的转型，中国的石油产业也逐步进入市场化发展的轨道。特别是全球化的兴起，中国经济发展的能源需求增加，使中国的石油产业发展越来越受制于全球石油市场，中国石油市场已经很难再保持一种相对封闭的发展形态。如果说，20 世纪 90 年代中期之前，中国的石油市场还能免受（或少受）国际石油市场的影响，实现"关门式"的自我积累与发展，那么，到 20 世纪 90 年代中期之后，全球经济格局的重组、全球化趋势的发展使中国石油市场加快了"嵌入"全球化市场的步伐。国家对石油市场实施行政控制、行政保护的方式已经不能适应全球化市场的要求。中国石油市场从地方市场向全球市场的发展过程中，更多的不确定性因素使国家再也无法轻易而简单地对市场参与格局、竞争方式进行行政管制，引入充分的市场竞争，逐步开放石油市场成为一种趋势。

中国石油产业的全球性嵌入，对石油市场准入游戏而言，具有多种重要的组织意涵：其一，石油市场的全球嵌入，改变了中国石油产业市场参与的游戏规则，特别是改变了国家对石油产业市场参与规则的影响能力；其二，参与全球经济分工，改变了石油市场竞争主体间的行动能力分布，资本间的对话与合作成为一种主要的市场互动方式；其三，石油市场的全球化意味着石油风险的全球化，机遇和危机的传导增加了中国石油市场参与格局的变革压力。

第一，1993 年，中国成为石油净进口国之后，中国石油市场开始逐步与国际石油市场紧密关联。此外，20 世纪 80 年代以来，中国经济以平均 9.5% 的速度增长，带来了对国际石油需求度和依赖度的提高。根据国际能源署的预测，未来 25 年，中国的能源需求增长量将占到世界总需求增长量的 1/4 还多（Haider，2005）。因此，在中国石油市场实现全球嵌入的背景下，国内石油市场的游戏规则，尤其是市场参与、竞争的游戏规则内含着变化的可能性。

1998 年之前，中国石油产业由于受到国家及国有石油公司强制性垄断的影响，有效的市场参与和市场竞争没有形成，整个市场不是一种真正意义上的"竞争性市场"。具有国家行政职能的国营石油公司，基于国家的行政授权，分别垄断了石油产业的上下游业务，并严格控制着石油流通市场的资源配置、流动方向以及石油资源的进出口权力。政府通过其行政能力与政治权威，主导着石油市场的参与结构以及市场竞争的"发育"。在封闭性的地方市场模式下，围绕着石油市场竞争、参与或市场准入，不同的行动者之间无法形成一种基于"自由开放行动系统"的竞争游戏

（克罗齐耶、费埃德伯格，2007；斯科特、戴维斯，2011）。1998年之前的中国石油产业规则更多地凸显了国家的行政权力，以及国营石油公司的行政优势权力。政府及国营石油公司对石油市场的参与及竞争具有决定性的影响，开放还是封闭市场根本上是由行政权力决定的。如，1992年成品油市场短暂的放开，以及1994年、1999年对石油市场的重新控制等，都体现了国家的权力能力。换言之，在石油市场还只是地方性市场的阶段，形塑行动者之间市场参与游戏规则的主要是一种强制性的行政权力规则。

20世纪90年代中后期以来，中国石油市场逐步实现了对国际石油市场的高度嵌入。这种情境的改变，意味着中国石油市场的整体发展环境变得更加具有不确定性和复杂性，意味着市场参与的游戏环境的重组和复杂程度加深，更意味着围绕着石油市场的准入，国家、石油企业之间的游戏规则发生了实质性的转变。在新的游戏环境下，传统的基于行政权力的游戏规则无法实现行动者之间行动的整合。在新的市场条件下，引导石油市场参与、竞争的游戏规则，需要承认多元主体进行公平竞争的合法性，把市场的开放性、竞争性作为游戏的基本共识。① 国家及国有石油公司不再是唯一的游戏参与者和决定者，包括民营石油企业、外资石油企业等在内的多元主体获得了参与石油市场竞争的合法性与可能性。围绕着石油市场的准入而建构起来的游戏，则更多地转变为如何尽可能地使游戏的规则更有利于自身利益目标的实现。

第二，经过改革开放以来多年的市场经济发展，特别是积极参与全球经济分工，中国现代意义上的市场已经得到了一定的发育和发展，市场机制已经成为经济资源配置的重要方式。改革开放后，在中央政策的支持和鼓励下，各种体制外的个体、私营、民营经济等得到了飞速的发展，成为中国经济发展的重要生力军；经济发展过程中市场竞争的主体开始呈现多元化，并形成较强的市场参与和竞争能力（见表6-3）。

---

① 国有石油企业也认识到，在从传统计划经济向社会主义市场经济转变的过程中，企业面临的条件、环境发生了很大的变化。生产经营要从国家指令性计划转向市场导向，从封闭型转向开放型等，这些都是市场经济的规律，企业必须遵循这些规律（《中国石油化工集团公司年鉴（1999）》，第10页）。

表 6 – 3　各类经济类型工业企业单位数和总产值

单位：万个，亿元

分类	单位数	产值
国有及国有控股企业	6.47	33621
集体企业	179.78	45730
个体企业	603.38	20372
股份制企业	1.14	9262
外商及港澳台商投资企业	6.25	17750
其他经济类型企业	8.57	27270

资料来源：《中国统计年鉴》（1999）。

　　对中国石油产业而言，1998 年前后，各类民营石油企业经过之前近十年的发展，已经形成了有一定市场竞争能力的市场参与、市场竞争的主体。民营石油企业尤其是各种民营的加油站开始初步参与成品油市场，与国有石油企业展开互补竞争。这些民营的石油企业由于其规模小、经营灵活，容易形成一定的市场优势，尤其是在农村（乡镇）加油站市场具有竞争优势。同样，随着中国经济开放度的提高、石油市场与全球市场的接轨，一部分外资石油企业开始进入中国石油市场。20 世纪 90 年代初，国外大型石油石化公司就开始进行在华投资布局（张海霞等，2007）。外资石油企业凭借其强大的经济实力、先进的经营理念、超前的市场战略等逐步渗透到中国的石油市场，形成了不可忽视的竞争能力。民营与外资石油企业等体制外市场主体的初步壮大与发展，在一定程度上构成了中国石油产业市场准入进一步放开的现实前提。

　　第三，中国石油市场的全球性嵌入，除了能够带来更多的发展机遇，也意味着市场风险的嵌入。20 世纪 70 年代全球性的石油危机表明，一国经济发展、石油市场受到全球石油供给的影响日益深刻。对中国这样的石油消费大国而言，参与全球石油市场竞争，也隐含着将国际石油市场风险导入国内的可能性。特别是在 1998 年左右，国家实现了原油定价机制的国际接轨，这种外源性的影响就十分明显。因此，只要中国经济参与全球分工的趋势不改变，只要中国对国际石油市场的消费依赖程度不降低，国内石油市场就会持续地感受到国际石油市场所导入的压力。其重要表现就是，1998 年之前政府主导石油市场的机制已经不能适应变化了的组织环境，需要形成能够充分体现竞争、多元参与的新机制。在这层意义上，中国石油市场的全球性嵌入，作为一种组织环境，有可能对国家、石油企业间的市场准入游戏施加重要影响。

2. 关联性制度变革

组织与制度系统的变革通常不是单维度的，它会受到系统内其他方面变革的影响。围绕着石油市场的准入，国家、石油企业等行动者之间的权力游戏还面临着一个非常关键的环境因素——关联性的制度变革。具体而言，1998 年前后，国家在石油产业的管理体制、组织形式与内部治理结构、定价机制等方面的一系列重要制度变革，也构成了石油市场准入游戏的重要环境变量。

历史地看，1998 年前后，也就是中国石油市场特别是原油与成品油市场实现有条件放开的前后，国家对石油管理体制、石油企业组织形式、定价机制等先后实施了重大改革。在产业管理体制上，国家改变了对石油产业的计划式控制，通过三大国有石油公司职能的去行政化，尝试建立起石油产业市场化发展的基本框架。国有石油公司通过市场化改造初步建立起了现代企业制度，成为有自主经营权的市场竞争主体。在石油定价机制上，国家逐步实现了原油、成品油定价与国际市场接轨，石油定价机制开始朝向市场化。由于石油产业的改革是一个系统化的制度变革，石油管理体制及组织形式、定价机制等关联性制度变革在一定程度上也构成石油产业市场准入游戏的环境条件。换言之，根据组织决策分析的推论方式，围绕着石油市场参与、市场竞争、市场准入而建构起来的游戏，有可能还要与定价机制、组织形式变革等其他游戏发生交互性勾连（刘玉照，2006），并受其影响，比如，石油产业管理体制的市场化改革使国家在新的情境下不可能继续对石油产业实施行政化的垄断。

（三）行动者的能力与关键资源控制：游戏的基础

作为一种结构性影响变量，石油市场的全球性嵌入与关联性制度变革，构成了石油市场准入游戏的环境因素。但是，在国家、石油企业等行动者参与的权力游戏中，行动者所具有的自由行动能力及其对关键性资源的控制，则构成了影响权力游戏最直接的变量。根据组织决策分析的推论方式，权力游戏中的行动者首先是自由行动者或自由代理人，它具有进行游戏的最起码的行动能力和可动用的资源。行动者通过权衡自己的行动能力以及可能的决策后果，最终决定自己采取的策略性行动（李友梅，2001）。就中国石油产业的市场参与而言，围绕着市场准入问题，政府、国有石油公司、民营与外资石油公司都具有各自的行动能力、行动的自由余地、对关键性资源的控制。这些构成了它们进行谈判、讨价还价的行动基础，或者说砝码。总体来看，在市场准入的权力游戏中，国家、国有石油公司、民营与外资石油公司等行动者之间形成了一个可博弈的行动能力结构。

1. 国家作为最终仲裁者与决策者的行动能力

在石油市场准入的游戏中，国家作为政策制定以及制度变迁的主体，具有较强的行动能力。凭借传统的行政权力、政治能力与权威，国家能够对市场准入的游戏规则和方向施加关键性的影响。改革开放前，中国是一个总体性社会，中央政府作为计划体制的代言人，拥有极强的行动能力和社会动员能力（渠敬东等，2009；李友梅，2008）。即便是在改革开放后，国家仍然具有很高的权威和行动能力，尤其是通过积极干预和调控经济的方式实现经济的有目标的发展，则进一步展示了国家的权力与行动能力。在石油产业的市场准入问题上，国家仍然是制度变革的主导者，至少是最终的仲裁者和决策者。在市场准入游戏中，国家的行动能力主要依靠强大的行政权力，通过制定产业政策的方式，自上而下地推行某种产业制度安排。例如，1999 年，国家强制性地推动了对成品油市场的清理整顿，使一部分民营石油企业被淘汰出成品油市场。与此同时，当面对来自国有石油公司和民营、外资石油公司的相对立的目标期待和利益诉求时，国家还需要凭借其拥有的传统政治权威、立法者和仲裁者的身份，对市场准入的游戏进行干预，最终实现对两种冲突目标诉求的协调与整合。

2. 具有传统优势地位的国有石油公司的行动能力

在市场准入的权力游戏中，中石油、中石化等国有石油企业具有较强的行动能力。作为中国石油市场的传统优势拥有者，三大国有石油公司主导了石油产业上游的勘探、开采行业，中游的原油加工和石化生产，下游的成品油批发与销售市场。其中，在石油上游市场，国有石油公司（基于国家的产业保护性政策壁垒）具有绝对的优势地位，其他的市场主体基本上没有市场参与的可能性。即便是 1998 年石油产业改革重组之后，改制后的三大国有石油公司仍然占据了较大优势。在中下游市场，由于石油市场的准入壁垒有多种类型，其中产业的经济规模壁垒是民营石油企业等较难逾越的障碍，因而，三大国有石油公司就拥有先天的优势。比如，在成品油市场，尽管国家为了履行入世承诺，于 2004 年放开了成品油市场，但是，由于国家设置的准入标准较高，体制外的大多数石油企业被排除在外。① 正是基于国家的间接性保护，三大国有石油公司获得了可以主导成品油市场的优势。

在市场准入的游戏中，国有石油公司最关键的行动能力直接来源于它控制了（相对于民营石油公司、外资石油公司而言）某种关键的不确定性领域和自由余地——油源。由于国家授权国有石油公司控制着成品油的一级批发权，无论是民营的石油公司，还是外资石油公司，从事石油批发与零售业务，其油源都必须来自国有石油公司。在这种情况下，国有石油公司就控制住了其他石油公司的命脉，掌握了极大的自由余地。将石油批发给谁，批发多少，什么时候批发，自由余地都掌握在国有石油公司手中。这构成了国有石油公司最重要、最关键的权力来源。

3. 作为市场挑战者与竞争者的民营与外资石油企业的行动能力

在石油市场准入游戏中，尽管国家、三大国有石油公司具有较强的行动能力，并掌握了多种关键性资源，但是并不能就此认为民营与外资石油公司完全没有游戏博弈的能力。（1998 年后）之所以会提出开放石油市场的问题，一个重要的原因也在于，以民营、外资石油公司为代表的体制外石油企业开始具有一定的行动能力。

不同于国家和国有石油公司，民营与外资石油公司的行动能力主要来自市场化的行动能力。对民营石油企业而言，经过多年的发展，逐步形成了一定的市场规模，积累了一定的市场竞争能力。数据显示，早在 1998

---

① 这本身也可能是国家的一种隐性的行动策略。

年，全国民营石油企业每年为国家缴纳税款 1000 多亿元，能够解决的就业人口数量也在百万元之上，民营石油企业总资产规模为 7000 多亿元。① 在内部治理上，民营石油企业要比国有石油企业更具有市场化特征。由于单个的民营石油企业规模通常比较小，所以管理比较容易，比较灵活，特别是石油销售价格能够比较灵活地波动。② 另外，从集合体的角度来看，除资金能力外，民营石油企业作为一个企业群体形成了一个覆盖城乡，尤其是最基层农村区域的石油销售网络，具有较强的"草根"优势。③ 这些优势都构成了民营石油企业参与游戏的行动能力来源。

相比于民营石油企业，外资石油企业的优势似乎更加明显。进入中国石油市场的国外石油企业基本上都是国际著名的石油巨头，如英国 BP 公司、埃克森美孚石油公司、壳牌石油公司、法国道达尔石油公司等。这些跨国石油公司具有雄厚的资本、先进的经营理念、个性化的经营模式、先进的管理技术、人才资源与信息等诸多优势（刘俊宝，2007）。这些优势是中国的国有石油公司、民营石油企业无法比拟的。实践表明，早在 20 世纪 80 年代中后期、90 年代初期，一些外国石油公司就在中国建立了一些中小型的工贸企业并取得初步成功。它们在北京、上海和深圳等地设立了代表处和办事处，在华业务不断壮大（刘剑平、朱和，2003）。随着中国经济对外开放程度的提高，中外经济合作增加。在石油产业中，外资石油公司逐渐成为一个重要的市场竞争主体。

（四）"进攻"与"防守"：游戏中的行动策略

作为一种复杂的微观政治过程，围绕着石油市场准入，国家、国有石油公司、民营石油公司、外资石油公司等行动者之间建构起来的权力游戏，在一定意义上就是各个行动者之间基于对游戏的组织环境、自身行动能力的权衡与判断，所实施的各种行动策略的集合。通过这些策略性行

---

① 《八成民营油企被挤垮》，加油站服务网，2007 年 3 月 16 日，http：//www. jyz. com. cn/Article/ShowArticle. asp？ ArticleID = 74297，最后访问日期：2010 年 4 月 18 日。

② 《民营油站继续降价》，新京报，2010 年 3 月 25 日，http：//news. xinhuanet. com/fortune/2010 - 03/25/content_13242086. htm，最后访问日期：2010 年 4 月 18 日。

③ 《油企：民营加油站生存大考验》，网易网，2007 年 9 月 22 日，http：//money. 163. com/07/0922/01/3OV63GV9002524SJ. htm，最后访问日期：2010 年 4 月 18 日。

动，行动者之间进行着各种各样的谈判、交易、妥协以及最低限度的合作。这些看似冲突的行动者之间通过建构权力游戏，最终都或多或少地满足了自己的目标诉求。在石油市场准入的游戏中，国家、国有石油公司、民营与外资石油企业，基于各自对游戏环境的判断与自身行动能力的权衡，做出一系列复杂的行动决策或策略性行动。在应对各方抛出的具体问题和挑战的过程中，策略性地采取相关行动，实现了问题的合理解决，并最终推动正式组织与制度的变革。

1. "给政策"与"设门槛"：国家的行动策略

1988～2008 年，中国石油产业（重点是成品油市场）的体制外开放是一个渐进的过程。在这一过程中，国家实施了一系列策略性行动，较好地实现了其在市场准入游戏中的目标——既要应对国有石油公司的要求，对石油市场给予适度保护，又要应对民营与外资石油企业的诉求，部分地有步骤地开放石油市场，引入市场竞争机制，提升中国石油市场的参与度。在对游戏的组织环境进行充分认知和判断的基础上，国家总是在不断应对两重相互对立的组织期待的过程中，策略性地实现各方目标、利益与期望的协调整合。

（1）"放开、收紧、再放开"。从中国石油产业市场准入的变革历程来看，国家所主导的石油市场开放，经历了一个明显的"放开、收紧、再放开"的过程。早在 20 世纪 80 年代末 90 年代初，我国的市场化改革一度徘徊不前，关于市场与计划的各种争论碰撞激烈。投射到石油产业，20 世纪 80 年代以来，中国石油产业遭遇了普遍的发展困境，油田原油生产增幅减缓，石油产业效益普遍下滑，[①] 市场化改革效果不明显。在此情境下，为贯彻邓小平"南方谈话"关于加快市场化改革步伐的精神，国家于 1992 年开始号召民营、私营经济以自筹资金的形式参与石油产业，国家对石油市场（成品油）没有设定具体严格的市场准入政策（杨英，2002；黄莉，2006）。在这种情况下，国家有效地动员起了民间私人资本进入石油市场，部分解决了石油产业发展资金不足的问题。在这层意义上，国家实现了其当初的理性目标。

---

① 《中国石油化工总公司年鉴》（1991）。

但是，由于对成品油市场缺乏有效监管，也由于石油市场利润空间巨大，进入门槛低，20世纪90年代中后期石油流通市场出现了严重的失序，资源浪费严重。更主要的是给以中国石油化工总公司为代表的国有石油公司的石油炼化、销售业务带来了较大的负面影响，增加了中石化在监管成品油市场上的困难。所以，到1998年左右，应三大国有石油公司的要求，也出于维护石油市场健康有序发展的治理目标，国家坚决而迅速地实施了对成品油市场的清理整顿。① 在1999~2004年近5年时间里，国家开展的市场整顿，使一大批不符合国家标准的石油炼化企业、石油批发与零售企业被屏蔽在石油市场之外。国家基于行政权力的行动策略实现了整顿石油市场的目标，也使（与其有浓厚亲缘关系的）国有石油公司获得了基于国家政策壁垒的市场优势。国家对国有石油公司的"偏护"，能够从1998年石油产业大重组及之后的政策中看出。1998年的石油产业改革中国家并没有急切地对石油市场的准入制度进行变革，相当于给予了国有石油公司一种变相的政策保护。其后，1999年出台的《关于清理整顿小炼油厂和规范原油成品油流通秩序的意见》确认了中石油、中石化拥有成品油集中批发的特权（这一政策为后来国有石油集团控制民营与外资石油企业油源埋下了伏笔），同时，还授权两大集团对整顿后不合格的石油资产进行划转、联营、参股、收购。

通过这些相对理性的行动策略，国家在实现其对石油市场进行保护的目标的同时，也较好地满足了国有石油公司的"游说"要求。但是，由于石油市场全球性嵌入度加深，以及石油产业在定价机制、管理体制等方面改革的关联性，国家也明确地认识到了石油市场的开放是迟早的事情。特别是在加入世贸组织的协议中，中国政府承诺于2004年12月对外开放成品油零售市场，2006年12月开放成品油批发市场。这些环境因素以及民营石油企业、外资石油企业要求公平市场竞争的压力，使得国家不得不考虑部分地放开石油市场，以应对民营与外资石油企业的诉求。在确认了三大国有石油公司市场优势地位难以在短期内动摇的情况下，国家再次对石

---

① 可参见《国务院办公厅转发国家经贸委等部门关于清理整顿小炼油厂和规范原油成品油流通秩序意见的通知》（国办发〔1999〕38号）；《国务院办公厅转发国家经贸委等部门关于进一步整顿和规范成品油市场秩序意见的通知》（国办发〔2001〕72号）。

油市场流通体制进行了改革。其主要内容就是放开成品油市场，给予民营石油企业、外资石油企业参与石油市场竞争的机会。国家先后通过制定《成品油市场管理暂行办法》（2004）、《国务院关于鼓励支持和引导个体私营等非公有制经济发展的若干意见》（2005）、《原油市场管理办法》（2006）、《成品油市场管理办法》（2006）等重要文件，给予民营、外资石油企业市场参与一定的制度性支持。通过这些行动策略，国家较好地满足了体制外石油企业，尤其是民营石油企业的市场参与诉求。

（2）"放开不等于没有标准"。2004 年之后成品油市场逐步放开，改变了之前由中石油、中石化两大国有石油公司控制石油批发，以及国家直接干预石油流通市场的状态。但是，国家在开放石油市场上的做法非常策略：在放开市场的同时，也策略性地设置一定的进入门槛与准入标准。在入世条款中，国家承诺在入世后逐步开放中国石油市场，但是，开放石油市场并不意味着没有准入标准地完全开放，并不是无条件的开放（何金祥，2002；王博，2001）。例如，在《成品油市场管理暂行办法》（2004）中就明确规定，申请成品油批发及零售业务的企业应该具有诸如稳定的供油渠道、不低于 4000M³ 的成品油油库等条件。这一标准在后来的《成品油市场管理办法》（2006）中更加提高，调整为 10000 M³，而且对企业的注册资本规模也做了限定，5000 万元的注册资金是最低要求。这些要求对绝大多数的民营石油企业，乃至外资石油企业而言，既是"门缝中的光亮"，更是难以逾越的障碍，实际上是限制了他们对成品油市场的竞争参与。因此，这一点也遭到了众多民营石油企业经营者的质疑和抗议（陈晓舒，2007；王轩，2009）。

从国家的角度来说，国家通过"放开、收紧、再放开""给政策、设门槛"等行动策略，既实现了对石油产业有序、有步骤放开的目标，给予了民营与外资石油企业进行市场参与的可能性，同时又较好地应对了国有石油企业期望延续优势，实现其对石油市场进行有效控制的多重目标。这些策略是国家在面对矛盾性的双重期待下，能够采取的最合理、最有效的行动策略，较好地实现了各方利益、目标的协调整合。

2. "利用油源优势"与"适时收购"：国有石油公司的行动策略

对中石油、中石化等国有石油公司而言，开放国内成品油市场意味着对其直接利润的部分剔除，石油市场的放开对国有石油公司而言是利益的损失。因此，习惯了获取政策保护收益的国有石油公司在市场准入制度的改革上动机并不强。在此情况下，国有石油公司凭借其与政府的天然关系纽带，将自身的利益与国家在石油产业发展上的利益进行捆绑。国有石油公司通过"游说"的方式成功地促使国家在石油市场流通的政策上保护了自己的利益。经验表明，即便是在实现三大公司市场化重组之后，国有石油公司的优势地位并没有发生实质性的改变。以2000年原油加工领域的市场集中度为例，三大国有石油公司仍然占据了94.2%的市场份额（王明明、方勇，2007：20）。特别是1999年国家对石油市场清理整顿的政策中，国家明显地采取了赋予国有石油公司优势地位的政策，中石油、中石化得以获得成品油的集中批发权（即便是进口的原油也要由两大公司进行集中批发）。同样，在2004年、2006年出台的石油市场管理政策中，国家通过设定准入门槛的方式，适度保护了国有石油公司的利益。因为，这些准入指标只有中石油、中石化等国有石油公司的经营企业才能达到资质，而大多数民营与外资石油企业很难达标。因此，国有石油公司成功地动员起了国家对其利益的保护，策略性地实现了自身的利益目标。

在应对民营石油企业、外资石油企业的竞争挑战上，国有石油公司的策略主要是"利用油源优势"和"适时收购"。前者意指通过控制体制外石油企业获取石油的油源来实现对民营、外资石油企业的竞争优势或权力优势。对民营与外资石油企业而言，进军成品油市场主要就在于成品油市场的高利润空间。比如，在1998年之前，民营的石油企业曾一度处于发展的黄金期，石油产业被民营经营业主称为"最赚钱的行业"①。而当国家出台开放石油市场的政策之后，由于从事成品油批发资质标准定得很高，很难有民营石油企业等能够进入批发领域。其后果是数量众多的民营加油站只能通过中石油、中石化的油品销售公司进油。在油市比较景气的时候，民营加油站还能够从两大公司手中获得一定量的石油供应。但是2004年以来，国际油价高位震荡，使国内成品油市场一度陷入"油荒"。在这样的情况下，国有石油公司的策略首先是收紧对民营加油站的供油，只满足自

---

① 《民营加油站遭市场和政策夹击，曾是最赚钱行业》，新浪网，2010年3月22日，http：//news. sina. com. cn/c/2010 - 03 - 22/084317254133s. shtml，最后访问日期：2010年4月18日。

己公司旗下加油站的用油需求。国有石油公司的这种策略在民营等石油企业眼中，实际上是一种蓄意的"卡脖子"行为，借以抢占市场，达到占据市场竞争优势地位的目的（石杏茹，2008）。由于国有石油公司实质上控制着国内石油市场的油源，因此，在国有石油公司优势地位未发生实质性改变的情况下，油源的控制就意味着国有石油企业控制住了民营石油企业的生命线，在石油市场准入的游戏中便拥有了对民营石油企业的权力优势。

由于民营石油企业无法从两大国有石油公司手中获取稳定的石油供应，民营石油企业总是面临着生存的危机。在这种情况下，国有石油公司在与民营石油企业的权力互动中，又采取了"适时收购"的策略。所谓的"适时收购"，主要就是在民营石油企业由于缺乏油品供应而难以维持的情况下，国有石油企业提出收购要约，对民营石油企业进行收买、兼并，从而达到扩展自身营销网络的目的。国有石油企业对民营石油企业的收买高潮主要出现在2004年之后国际石油价格飞涨时期。有报道曾指出，在市场竞争加剧的背景下，石油市场的兼并整合成为成品油市场的一个趋势，中石化、中石油、中海油等石油公司开始大规模收编民营加油站。"2006年1月，中海油通过'油源换股权'的方式收购了上海星城石油有限公司在上海的20座加油站及一座1.66万 M^3 的油库，迈出了向下游延伸的第一步。"（郭燕春，2007）相比于整体收购，国有石油公司并不乐意通过谈判、参股的方式来解决民营加油站的经营问题。石油巨头用高价进行整体收购的行为，对于处在夹缝中的民营加油站来说，无疑有较大的诱惑性（冯冬宁、都镇强，2009）。

3. "强势抗争"与"弱势妥协"：民营石油企业的策略

民营石油企业在石油市场准入的游戏中处于一种相对弱势的地位，主要原因在于其得以生存的不确定性领域——油源——被国有石油公司所控制。在这种情况下，民营石油企业采取了双重行动策略：强势抗争与弱势妥协。所谓"强势抗争"是指民营石油企业通过自组织的方式，建立起民营石油企业的石油商会，借助一种正式的组织渠道来向政府提出公平的市场竞争的诉求，[①] 要求政府能够采取政策切实保护民营石油企业的合法利

---

① 民营石油企业本来也有通过企业联盟的方式来突破国有石油公司主导市场的企图，并一度着手组建中国首家民营集团——长城联合石油集团。由于种种原因，该计划最终没有实现。

益。2003 年，作为国内最大的民营石油企业——湖北天发集团的掌舵人龚家龙酝酿提出，要成立民营石油企业的联合会，借以统合民营石油企业的力量。2004 年 12 月 11 日，全国工商联石油业商会（CCPI）正式宣告成立，标志着中国民营石油企业有了自己的正式组织。通过石油商会，民营石油企业力量多次在全国两会期间，联合一些人大代表和政协委员向国家提出议案，要求在石油产业引入竞争、打破不合理格局，而且目标直指石油上游领域（李天星，2005）。应该说，民营石油企业通过自组织的方式进行一种所谓的强势抗争，较好地实现了民营石油企业与国家、国有石油公司的沟通互动，在一定程度上为维护自身利益起到了较重要的作用。例如，在民营石油企业的油源问题上，由于民营石油企业商会的积极努力争取，国家发改委于 2007 年 8 月下发了《关于做好成品油市场供应加强价格管理的通知》，要求"中石油、中石化集团公司要努力增加原油加工量……千方百计增加市场供给，确保成品油市场供应。两大石油公司对所有成品油经营企业要一视同仁，不得对系统外企业停供、限供成品油"。

所谓"弱势妥协"则主要是指民营石油企业在无法实现继续经营的情况下，采取作价出售、接受收编（特许经营）的策略。对民营石油企业而言，在国际石油价格高涨的情况下，由于中石油、中石化两大国有石油企业主导了成品油批发市场，其无法获得稳定的石油供应就意味着随时存在破产倒闭的可能性。在这种情况下，民营石油企业要么坚持，要么只能进行转让。由于自身行动能力的缺乏，民营企业无法突破两大国有石油公司对其油源的控制，因而，待价而沽，将资产进行整体出售（包括出售给外资石油企业），或者接受国有石油企业的收编，成为其旗下特许经营的石油企业（陈其钰，2007；王恒利，2007），成为民营石油企业的一种理性的行动选择。

4. "打擦边球"：外资石油公司的策略

和民营石油企业一样，外资石油公司同样面临着国内石油市场准入的限制，而不能实现对中国石油市场的完全参与。和民营石油企业的游戏策略有所差别，从涉入中国石油市场伊始，外资石油企业的投资行为就非常具有策略性。其行动策略主要表现为：从石油市场外围业务逐步向成品油市场核心业务发展；以投资换取市场；通过与中国国内石油公司合资合作的方式，进入中国石油市场。通过这种"打擦边球"的行动策略，外资石油公司较为成功地突破了中国石油市场准入政策的限制，部分实现了其进军中国石油市场的目标。

外资石油公司 20 世纪 80 年代末 90 年代初进入中国石油市场时，因国家政策严格限制外资对石油产业的深度进入，所以外资石油企业并没有急于进入中国的成品油等（这里主要指汽油、柴油）核心市场，相反，它主要把投资重点放在石油产业的外围领域，如润滑油市场、液化石油气（LPG）市场、石油储备基础设施建设等领域，并获得了较大的成功。例如，20 世纪 90 年代末，埃克森美孚、壳牌、BP、道达尔、加德士等著名国际石油企业开始大举进军中国润滑油市场。它们凭借资金、技术和品牌优势，控制了国内润滑油的高端市场。到 2003 年末的高峰时期，外资品牌润滑油份额已占国内市场的 22%，占车用高档润滑油和油品添加剂市场份额的近 80%（冯春艳，2007）。而 2004 年之后，随着中国成品油市场逐步有条件的放开，外资石油企业则开始迅速进入成品油终端市场，通过收购民营加油站、与国有石油公司合资建设加油站的方式，成功进入了成品油营销市场。如 BP、埃克森美孚、壳牌等公司与中石油、中石化公司分别在广东、浙江、福建、江苏、天津等地合资建立了近 2000 家加油站（李艳君，2007）。

外资石油公司另一个重要的市场准入的游戏策略主要表现为"以（股权）投资换市场"。在中国石油产业改革之初，国家先后重组中石油、中石化两大石油集团，并对其内部进行了股份制改造，将核心资产打包上市。两大公司都有控股公司在纽约、伦敦、香港、上海等证券交易市场上市，这为外资石油企业以证券交易、参股形式进入中国石油市场提供了良好的机会。如，2000 年中石油首次上市发行股票时，英国 BP 公司就认购了中国石油天然气股份有限公司 2% 的股票。通过这种股权投资方式，BP 公司间接地涉入了中国石油市场，并获得了巨额投资收益。[①] 类似的，埃

---

① 2004 年，BP 公司出售了其持有的中国石油天然气股份有限公司的所有股票，获取投资收益 16.5 亿美元。参见《BP 出售中石油股权》，新浪网，2004 年 1 月 14 日，http://news.sina.com.cn/o/2004－01－14/10171585210s.shtml，最后访问日期：2018 年 9 月 2 日。

克森美孚、壳牌等公司通过购买中方 13.17 亿美元的股票，共换得了中石化旗下近 500 家加油站的经营权。在获得加油站经营权及成品油经营市场之后，这些跨国石油公司便出售了其持有的中石化股份（齐园，2007）。通过这种投资方式，跨国石油公司突破了中国石油市场直接准入政策的限制，成功地实现了进入中国石油市场的目标。

外资石油公司还通过与中资石油公司合资经营的方式，实现了对中国石油市场的进入。"合资"是外国石油公司对中国投资的最主要方式，也是最理想的行动策略。2004 年之前，为保护中国石油市场的安全，中国石油市场实行对外资限制进入的政策。在此情境下，外资石油公司凭借其强大的资本优势、技术优势、管理优势等吸引中国国内石油公司的合资意愿。由于中国国内石油企业在资本、技术和管理等方面的不足，正需要借助外国石油公司的优势，实现自身能力的提升。外资石油公司恰到好处地运用了自身的优势，通过合资的方式，间接进入中国石油市场。其合资的领域，主要涵盖了石油化工、加油站营销业务等。同时，外资石油企业进行合资投入的规模也逐渐加大，如，仅上海赛科石化项目，BP 公司就投资近 14 亿美元；壳牌公司在南海石化项目中投资近 22 亿美元（李艳君，2007）。

实现了在中国石油市场较为稳定的立足之后，外资石油公司则一改合资的倾向，开始追求通过独资、全资兼并的方式加大对中国石油市场的渗透。如 BP 公司在 2002 年通过收购合资公司中方股份，全资拥有了珠海九丰阿科能源有限公司，成为我国第二大液化石油气进口商；2004 年，BP 公司又在佛山独资成立了 BP（佛山）液化石油气有限公司；2005 年，BP 公司完成了对广东中山市燃气有限公司的整体收购（朴石，2005）。

至此可以发现，1988～2008 年，中国石油产业市场参与格局的变化并非单纯的国家及其制度建构、市场机制等形式结构的线性产物（尽管国家和市场机制从形式上看对石油产业市场格局的变迁起到了基础性影响），其深层的动力来源更现实地表现为宏观组织与制度变迁背后的一系列微观政治过程。围绕着石油市场参与、市场准入等问题，国家、国有石油公司、民营石油公司、外资石油公司等行动者，基于各自对游戏环境的判断和对各自行动能力与关键资源控制的权衡，建构起了谈判、交易、妥协的权力游戏。通过这种权力游戏，不同行动者的目标与行动策略得以实现整合与协调，最终实现了组织与制度层面的石油市场参与格局的变化——从政府行政主导下的局部有限竞争格局向以国有石油公司为主导的多元竞争格局的转变。

第七章 从"引进来"到"走出去"：
外部合作战略

1978 年，中共十一届三中全会提出实行改革开放的政策开启了中国经济体制的转型之路。从传统的计划经济体制到现代市场经济体制意味着中国经济治理机制的巨大转变。通过引入市场机制、市场要素，改革企业经营机制等方式，充分实现了"市场"作为重要的社会资源配置与整合机制的功能释放，市场化甚至一度成为主导中国经济发展、经济改革的首要逻辑。与市场化的扩展相伴随，中国参与全球经济生产与分工体系更使中国的经济越来越成为全球经济的一部分。经济互补性和依赖性的增强在一定程度上也改变了中国经济制度变迁的路径与进程。作为中国重要的国有经济产业，中国石油产业的外部合作战略从早期以引进外国资本和技术为主要内容的"引进来"，向 1998 年之后以向外输出资本、技术、服务等为主要内容的"走出去"战略的历史性转变（赵振智、姚文俊，2008；金栋，2003），生动地反映了市场化与全球化叠加背景下国有重大产业的转型。

一 "引进来"：吸引外部合作

1998 年之前，在"封闭 - 行政化"的产业范式下，中国石油产业外部合作战略的实施主要还是在一种封闭的石油体制下，通过有计划、有目的的引入国外资本、石油勘探与生产和石油化工技术的方式进行的。这一时期，石油产业实施"引进来"的战略，核心指向就是要引进国外的技术与资本。改革开放之初，中国的石油产业相较于主要发达国家的石油产业而言，发展水平仍然较低，在原油的勘探技术、开采作业和石油化工等方面技术水平比较薄弱。尽管通过改革开放前老一代石油创业者的艰辛努力，中国已经建立起了比较完善的石油产业体系，但是在高难度、高科技的石油生产上落后于欧美石油强国。除技术上的相对落后，20世纪80年代末90年代中期，中国的石油产业更是进入一个相对困难的时期：各主要油田的原油生产增速减缓，生产难度加大，成本急剧上升，石油产业内的经营与管理体制落后，债务负担沉重，国家有效投入不足，石油产业的发展遭遇了较严重的瓶颈（张春娣，1994；寿铉成，1997）。在石油技术与资本都比较缺乏的情况下，国家适时提出了"引进来"的发展战略，试图借助引进外国雄厚的资本、先进的勘探开采和石油化工技术以及先进的企业管理经验等，在较短的时间里实现中国石油产业的较快发展。

在石油产业实行对外合作，通过"引进来"的方式引入外国石油公司先进的石油勘探、开采、生产技术以及大规模的外资资本（的理念），与当时我国吸引外资的基本设想是一致的。比如，有观点认为："中国建设现代化国家，就要实行改革和开放。一个封闭的国家，不可能吸收世界各国先进的科学技术、先进的生产和经营管理方法以及各国文化中有益的成分，也就不可能迅速地发展本国的经济和文化。吸收国外资金，特别是鼓励外国企业家在华投资是开放政策的一项重要内容。因为这样做不仅可以弥补我国建设中长期存在的资金不足，而且也会给我们带来世界各国的先进技术和经营管理方法。"（张皓若，1987）对中国石油产业而言，引入外部合作主要是在我国石油公司难以独立完成石油勘探、开采作业的一些油气田重点引入外国石油企业的资本和技术。如在20世纪80年代海洋石油的对外合作中，由于我国在海洋石油生产领域基本上没有相关经验和技术，国家也难以拿出足够的资金投入到海洋油气资源开发中（赵秀娟，2009）。在此情况下，国家指定中国海洋石油总公司专门负责与外国石油公司，共同开发我国海洋石油资源。通过引入风险勘探、联合经营等方式（明轩，1999），积极引入外国资本与技术，从事海洋石油资源勘探与开采。

国家通过制定一系列的制度与产业政策，促进石油产业引进外部战略合作。在合作主体公司的指定、基本合作规范、吸引合作的优惠政策等方面，国家先后制定了针对性的条例和政策，为石油产业大力实施"引进来"的外部合作战略提供了制度性的基础支持。早在 1982 年，国家就出台了《中华人民共和国对外合作开采海洋石油资源条例》（以下简称《海上石油资源条例》），确认了海洋石油产业实施对外合作，引进国外石油企业资本与技术的基本战略。《海上石油资源条例》规定，为促进国民经济的发展，扩展国际经济技术合作，在维护国家主权和经济利益的前提下，允许外国企业参与合作开采中国海洋石油资源。在引进外国合作过程中，中国政府依法保护参与合作开采海洋石油资源的外国企业的投资、应得利润和其他合法权益，依法保护外国企业的合作开采活动。国家还指定当时新成立的中国海洋石油总公司（作为具有法人资格的国家公司）享有在对外合作海区内进行石油勘探、开发、生产和销售的专营权。中国海洋石油总公司就对外合作开采石油的海区、面积、区块，通过组织招标，采取签订石油开采合同的方式，同外国企业合作开采石油资源。《海上石油资源条例》还明确了中外合作双方在共同合作开采海洋石油资源中的权利与义务，并给以相应国家政策的保护。① 这一条例成为中外双方进行国内海洋石油业务合作的制度基础。②

在海洋石油工业实行引进来的对外开放政策后不久，国家紧接着又实行了陆上石油资源对外合作的部分开放。③ 1993 年 10 月，国务院发布了《中华人民共和国对外合作开采陆上石油资源条例》（以下简称《陆上石油资源条例》）。该《陆上石油资源条例》基本上承袭了"海洋石油合作条例"的基本内容与风格。《陆上石油资源条例》指出，中国政府欢迎外国企业参与中国陆上石油的合作开采，中国政府将依法保护参加合作开采陆上石油资源的外国企业的合作开采活动及其投资、利润、其他合法权益。国家对参加合作开采陆上石油资源的外国企业的投资和收益不实行征收。在特殊情况下，根据社会公共利益的需要，可以对外国企业在合作开采中

---

① 《中华人民共和国对外合作开采海洋石油资源条例》（1982 年 1 月 30 日）。

② 《中华人民共和国对外合作开采海洋石油资源条例》一直沿用到 2001 年，国家才开始部分修改其中的条款，可参见《国务院关于修改〈中华人民共和国对外合作开采海洋石油资源条例〉的决定》（2001 年 9 月 23 日国务院令第 318 号）。

③ 由于石油资源是战略性资源，世界上几乎所有国家都对此实施严格的保护，特别是在石油勘探、开采等上游领域严格限制进入。因此，国家开始提出的陆上石油资源中外合作，只是部分的合作。

应得石油的一部分或者全部，依照法律程序实行征收，并给予相应的补偿。同样，国家还指定中国石油天然气总公司负责对外合作开采陆上石油资源的经营业务，负责与外国企业谈判、签订、执行合作开采陆上石油资源的合同，在国务院批准的对外合作开采陆上石油资源的区域内享有与外国企业合作进行石油勘探、开发、生产的专营权。①

客观上，通过上述两部合作条例的制定与实施，国家形成并确认了以中国海洋石油总公司、中国石油天然气总公司为主体的，积极引进外国资本、技术，共同开发上游石油资源的制度性框架。②

在形成石油引进外部合作的基本制度性框架的同时，为了增加外资企业对国内陆上、海洋石油资源合作开采的积极性，国家还先后制定了一些配套性的激励政策，如关于外方在开采合作中的税费优惠政策。在海洋石油合作上，国家成立了专门的国家税务总局海洋石油税务管理局，负责对合作开采石油资源的税收实行统一管理、统一征收（高世星，1995）。作为改革开放早期国家为吸引外商投资而制定的一系列激励性的优惠政策法规——《中外合资经营企业法》（1979）、《中外合资经营企业法实施条例》（1983、1986、1987）、《关于鼓励外商投资的规定》（1986）等，也初步对（"引进来"的）中外石油合作的税收管理做了较具体的规定。这些税收政策为吸引外商石油投资，促进国内石油资源中外合作开发起到了重要的制度性支持作用。1991 年，（在将《中华人民共和国外商投资企业所得税法》和《中华人民共和国外国企业所得税法》进行合并的基础上）国家又

---

① 《中华人民共和国对外合作开采陆上石油资源条例》（1993 年 1 月 7 日）。

② 两大条例关于石油引进来的外部合作战略在具体合作实践中的做法可以概括为：在维护国家主权和经济利益的前提下，允许外国公司参与合作开采中国的石油资源。中外合作开发一般采用国际招标方式，外国公司可以单独也可以组成集团参与投标。中标者与中方签订石油合作勘探开发合同，确定双方的权利和义务，合同期限一般在 30 年以内。合作开发合同经外经贸主管部门批准后生效，整个开发周期一般分为勘探、开发和生产三个阶段。勘探阶段由外方承担全部费用和风险，在勘探期内，如果在合同确定的区域范围内没有发现有开发价值的油气田，则合同即告终止，中方不承担任何补偿责任。如果在合同确定的区域范围内发现有开发价值的油气田，则进入开发阶段，中方可以通过参股的方式（一般不超过 51%）与外方共同开发，按双方商定的出资比例共同出资。油田在进入正式生产阶段后，应按法律规定缴纳有关税收和矿区使用费，中外双方可按合同确定的分油比例以实物方式回收投资与分配利润。当遇到亏损风险时，则由各方分别承担。

专门出台了《中华人民共和国外商投资企业和外国企业所得税法》，并再次明确了合作开采石油资源的税收优惠政策。[①] 1994 年，国家实行税制大改革。为保持对外合作开采石油的税收政策的连续性和稳定性，更有利于吸引外资和落实对外开放政策，避免税制改革增加外商投资企业和外国企业的税收负担，国家颁布了《关于外商投资企业和外国企业适用增值税、消费税、营业税等税收暂行条例的决定》及《关于外商投资企业和外国企业适用增值税、消费税、营业税等税收暂行条例有关问题的通知》。在这两份文件中，国家进一步明确了对中外合作开采石油资源的一系列税收优惠：在 18 个税种中，对从事石油资源开采的外国石油公司只征收 10 个税种；按原工商统一税 5% 的税率征收合作油气田原油、天然气的增值税；暂不征收资源税；原油年产量不超过 100 万吨和天然气年产量不超过 20 亿立方米的海上气田免征矿区使用费；在企业所得税方面，也实行了 6 项具体的优惠政策（高世星，1995）。

"引进来"的战略较好地促进了中国石油产业的发展。20 世纪 80 年代以来，中国石油产业通过实施"引进来"的外部合作战略，借助外国石油企业的资本、技术与管理优势，实现了在自有资金与技术不足情况下的稳定发展。例如，通过与外国石油公司的合作与自营勘探开发，海洋石油作为中国第一个全面对外合作的行业，在管理体制、技术实力等方面都得到了锻炼和提升，形成了从海上物探、钻井、测井、完井、平台制造、海上安装、铺管到采油、储油和运输等门类的大规模勘探开发生产体系。中国海洋石油总公司先后同埃索、壳牌、BP、阿莫科、雪弗龙、德士古、阿科、阿吉普、道达尔等跨国石油公司建立起了相互信任的合作伙伴关系（沈虹，1995）。数据表明，截至 1998 年底，中国海洋石油总公司先后与 18 个国家和地区的 68 家外国公司签订了 137 个石油合同，直接吸收外国公司投入勘探风险资金 35 亿美元，开发资金 25 亿美元，共计 60 亿美元；累计获得石油地质储量 16.6 亿吨，建成投产油气田 19 个（明轩，1999；赵颉，1999）。通过引入外部合作，海洋石油工业实现了从无到有、从小到大的快速发展。在与外国石油公司进行石油资源共同开采的过程中，实

---

① 具体参见《中华人民共和国外商投资企业和外国企业所得税法》（1991 年 4 月 9 日）。

现了自身力量的积累与锻炼。因此,这些积极成果甚至被领导人认为(成功的)"高速高效地发展了民族工业"。[①] 同样,在陆上石油合作方面,"引进来"的战略也取得了一定的成效。截至 1997 年底,中国石油天然气总公司成功地进行了陆上对外石油勘探开发合作项目的国际招标以及双边谈判,与 9 个国家和地区的 41 家石油公司签订了合作合同(其中风险勘探合作 28 个),共引进外资 10.4 亿美元(齐园,2005)。除此之外,中国石油天然气总公司还利用直接贷款的方式获得了大规模的外资援助。截至 1996 年底,中国石油天然气总公司累计获得各类外资贷款约 80 亿美元,吸收外商直接投资 7.7 亿美元。外资贷款中,日本能源贷款约 50 亿美元,世界银行贷款 6.2 亿美元,外国政府贷款 8.6 亿美元,商业银行及民间企业贷款等 16.9 亿美元(陈路,1997)。

在海洋与陆上石油开采实行"引进来"的对外合作的同时,石油化工领域也逐步实行了引进外资、技术的对外合作战略。数据表明,截至 1997 年底,中国石油化工总公司共兴办中外合资经营企业 157 家,累计投资总额达 30.2 亿美元,并与 30 多个国家和地区的 100 多家国外公司建立起了直接投资合作关系(赵颉,1999)。其中,BP、壳牌、埃克森美孚、道达尔等著名跨国公司很早就开始投资于中国石化市场。

值得一提的是,实行"引进来"的外部合作战略,中国的三大国有石油公司获得了向外国石油公司学习的机会,尤其是在一些先进的勘探、生产、施工技术,以及企业、项目的作业管理方面。比如,中石化下属的胜利油田在 1992~1997 年先后对外开放了 16 个施工区块,其中风险勘探区块 6 个,开放区块面积 4789 平方公里。胜利油田与美国雪弗龙、马来西亚云顶公司等进行了 6 个对外合作项目。通过这些合作项目,胜利油田学习了外国企业的先进技术和经营管理经验,培养了一批技术和管理人才(刘崇恩,2002)。在中国石油天然气总公司的外部合作项目中,外方公司在项目执行过程中也很好地运用了先进的技术和科学管理方法,如美国埃克森公司在塔里木盆地的地质综合评价技术使中国石油天然气总

---

① 《中国海洋石油总公司的对外合作历程》,中海油网站,2006 年 4 月 12 日,http://www.cnooc.com.cn/data/html/news/2006-04-12/214858.html,最后访问日期:2010 年 4 月 18 日。

公司较好地实现了自身技术与管理能力的提高，对外合作管理逐步实现了
与国际接轨（《石油学报》，2002）。

二 "走出去"：海外扩展之路

20世纪90年代中后期以来，中国石油产业在外部合作战略上实现了
明显的战略转向，逐步实现了从主要引进外国资本与技术，向积极对外扩
展，对外输出资本与技术的发展。这种合作战略的转变，代表了中国石油
产业积极参与国际石油竞争与合作的战略转向，在中国石油产业的发展史
上具有里程碑式的意义。

关于石油产业实施"走出去"战略，早在1992年，中国政府就曾提
出"充分利用国内外两种资源，两个市场"发展中国石油工业的战略方
针，并提出"稳定东部、发展西部、油气并举、实施国际化经营"的石油
战略，从而开启了中国石油产业"走出去"的序幕（舒先林、李代福，
2004）。1993年，中国成为石油净进口国之后，国家就开始意识到中国对
国际石油市场的依赖度会逐步增强。也就是在这个时候，国家开始提出要
在石油行业实行"走出去"的战略，要求在海外建立起稳定可靠的石油生
产和供应基地（中国人民银行塘沽中心支行课题组，2005）。在国家政策
的号召下，中石油作为国有石油公司，率先开始了"走出去"的战略尝
试。通过向外输出石油劳务、工程技术、合作投资开发等方式，中石油先
后在泰国、加拿大、秘鲁、苏丹、委内瑞拉、哈萨克斯坦等国获得了对外
石油合作的投资与合作勘探开发项目（康伊明，2004）。数据表明，截至
1996年末，在实现"走出去"的外部合作战略中，中国石油产业的海外投
资总额达到了30亿美元（Cole，2003）。

但是，从整体上看，1998年之前中国石油产业"走出去"外部合作还
处于初级阶段（舒先林、李代福，2004；张宁，2009）。其主要特征是，
海外石油项目一般都规模比较小，投资额不大；海外经营的油田大多是经
过多年开采，已经进入开采生产后期的项目，开采施工难度大，增产困难；
在海外项目合作方式上，中国石油企业的参与水平还停留在初级阶段，大多
是从事石油开采施工、工程服务等，以合作开采、产量分成的形式与资源国

合作,而且投资收益并不明显(张宁,2009;张士运、袁怀雨,2005)。

中国石油产业真正加速实施"走出去"外部合作战略是在 1998 年之后(隋舵,2005)。中国石油企业的海外扩展增速,输出的资本规模和占有的市场份额开始扩大,从早期只停留于石油上游小规模的石油开采项目,向上下游一体化的大规模项目发展,尤其是通过风险投资和兼并收购等方式,在激烈的国际竞争中收购了一些重要的石油项目和石油公司,并且逐步形成了覆盖中东、北非、俄罗斯、中亚、东南亚、拉美等区域的海外石油投资带(舒先林、李代福,2004;童莉霞,2004)。截至 2005 年底,中国累计实现对外投资 572 亿美元,其中中石油、中石化和中海油三大国有石油公司的海外投资达到 70 多亿美元,投资比例接近所有对外投资额的 1/8。通过海外石油直接投资,三大石油公司累计获取海外权益石油 6000 多万吨(田竞,2007)。

在中国石油产业走出去的外部合作战略中,中石油一直扮演着重要的角色。通过早期国际化经营的经验与能力积累,1998 年之后,特别是在大规模的改制重组之后,中国石油天然气集团公司实现了在海外资本市场上的成功上市。这标志着中国的国有石油公司开始通过资本运营的方式正式走出国门,向海外进军。在海外股票市场成功上市后,中石油扩大了其海外石油业务投资与合作的领域。从上游的石油开采和技术合作,到石油化工项目和石油管道工程建设,从技术合作到大规模的资本运作,中石油逐步在海外石油合作中形成了自己的规模和竞争能力。2002 年 4 月,中石油出资 2.16 亿美元收购了美国戴文能源公司在印尼的油气资产;2003 年 5 月,又在阿尔及利亚阿德拉尔省油田开发、炼油厂建设和经营、销售项目中中标(方雷,2009)。在苏丹,中石油建成了两个千万吨级的大油田,逐步形成了一个集生产、精炼、运输于一体的完整的石油工业产业链(徐淑秋,2006)。在哈萨克斯坦,2004 年 6 月,中石油与哈萨克斯坦国家石油公司签订了《关于共同开展中哈石油管道分段建设投资论证研究的协议》。中哈石油管道的建设,意味着中石油既可以参与哈萨克斯坦石油开采,又可以将其与中亚地区的石油管网相连接(陈辉,2006;徐淑秋,2006)。2005 年之后,中国石油产业海外扩展实现了合作参与方式的巨大转变,开始实施大规模的资本运作,通过兼并与收购的方式实现对资源国石油市场的进入。① 2005 年 10 月，中石油以 41.8 亿美元的总价成功收购哈萨克斯坦 PK 石油公司。PK 公司的收购开创了中国石油公司整体收购海外油气上市公司的先例，收购金额也创造了中国企业海外收购的纪录（陈辉，2006；徐淑秋，2006；张旭海，2007）。2005 年底，中石油还与印度石油与天然气公司合作，联合收购了加拿大石油（PETROCAN）公司在叙利亚 AFPC 区块 38% 的权益。通过大规模向海外石油市场扩展，到 2008 年，中石油的海外石油开采量已达 6220 万吨，其中份额油 3050 万吨，为弥补我国石油进口之不足起到了一定的作用。

在中石油迈出向海外扩展的步伐之后，中海油、中石化也先后进入国际石油市场。就中海油而言，该公司早期的外部合作战略主要以引进国外资本和技术为主，而随着世界石油市场竞争日趋激励，中海油也开始向海外石油市场进军。1999 年以来，中海油实现了公司内部的大规模资产重组，顺利完成了旗下"中国海洋石油有限公司"、"海洋石油工程股份公司"和"中海油田服务股份公司"的上市。2002 年，中海油主动出击海外石油市场，以 5.85 亿美元成功并购了西班牙雷普索尔公司在印度尼西亚的油田，成为印度尼西亚最大的海上石油生产商，形成了每年 4000 万桶的工作权益产量；当年 12 月，中海油与 BP 公司签署资产购买协议，以 2.75 亿美元的价格收购了印度尼西亚东固液化天然气项目 12.5% 的权益；2003 年 5 月，中海油斥资 3.48 亿美元获取了澳大利亚西北大陆架天然气项目上游产品及储量权益。2005 年 3 月，中海油进军油砂资源市场，收购了加拿大 MEG 公司 18.5% 的股权。通过实施大规模的海外收购，中海油逐步形成了范围涉及澳大利亚、东南亚、西非、里海等区域的海外油气资源业务区块（王晨，2006；徐淑秋，2006）。

中石化实施"走出去"的海外业务扩展相对较晚，但是 2001 年以来，在中东地区的石油业务取得了重大的成功。2001 年，中石化与伊朗国家石油公司签订了《伊朗卡山区块风险勘探服务合同》。2004 年，该项目油田正式开采出油。2004 年，中石化又获准开发伊朗 YADAVARAN 油田。同年，中石化还在沙特阿拉伯的露卜哈利盆地 B 区天然气勘探开发项目中中

---

① 《用市场化和国际化破解石油方程式》，新华网，2005 年 12 月 8 日，http://news. xinhua-net. com/newmedia/2005 – 12/08/content_3892824_1. htm，最后访问日期：2010 年 4 月 20 日。

标,并在与沙特阿拉伯国有能源公司——沙特阿拉伯阿美成立的合资公司中占有80%的股份,标志着中国石油企业在中东地区石油业务的实质性突破(张旭海,2007;陈辉,2006)。

尽管中国石油企业在"走出去"的过程中面临着激烈的国际竞争,中国的石油企业在资产规模、盈利能力、技术水平、品牌影响力等方面与国际著名石油公司还存在着较大差距(见表7-1)(秦菁,2007;姜少慧,2006),但是,从中国石油产业外部合作战略的历史演进进程来看,1998年之后石油产业以输出资本和技术为手段的"走出去"战略的实施(对中国石油产业乃至世界石油市场)仍然具有深远的意义:其一,中国石油产业实施"走出去"战略从本质上转变了早期以引进技术和资本为重点的外部合作战略,从而实现了中国石油企业向国际市场的迈进,积极参与国际石油市场的竞争;其二,"走出去"战略有可能改变国际石油市场竞争的格局。中国的石油企业在与国际石油公司进行竞争合作的过程中,逐步实现自身能力的积累与提升,成为世界石油市场上一只不可忽视的力量。中国石油企业开展国际化石油业务,能够充分展现中国大型企业的市场竞争能力与国际形象,为吸引广泛的石油合作起到了重要作用。

表7-1 中石油、中石化与国际石油公司能力比较(2002年)

单位:百万美元,%

	中石油	中石化	壳牌	BP-阿莫科	埃克森美孚
业务收入	41499	40388	135211	174218	191851
利润	5021	297	10852	8010	15320
资产	82952	67816	111543	141558	143174
资产利润率	6.05	0.44	9.73	7.27	10.70
人均业务收入	0.0355	0.0431	1.4858	1.5816	1.9596

资料来源:王维嘉、刘中成,2008。

中国石油产业实施"走出去"的外部合作战略离不开国家在一系列政策上的鼓励与支持,石油企业的海外扩展(明显地)受到了中国政府的强力推动(Ma & Andrews-speed,2006)。20世纪90年中后期以来,国家最终明确并强调了实施"走出去"的战略。2000年中共十五届五中全会通过的《中共中央关于制定国民经济和社会发展第十个五年计划的建议》指出，在"十五"期间乃至更长的一段时间里，一个很重要的内容就是要实施"走出去"的开放战略。基于这一重要战略方针，国家在财税、信贷、保险、外汇等方面制定了一系列的关于对外投资、工程承包、劳务合作等业务的政策措施，并初步建立起了对外经济合作的促进体系、服务体系、保障体系和监管体系等。2004年，国家颁布了《关于对国家鼓励的境外投资重点项目给予信贷支持政策的通知》，出台了鼓励企业海外投资的信贷支持机制。2005年，中共十六届五中全会通过的"十一五"规划纲要中，再一次强调了对"走出去"战略的支持："支持有条件的企业对外直接投资和跨国经营。以优势产业为重点，引导企业开展境外加工贸易，促进产品原产地多元化。通过跨国并购、参股、上市、重组联合等方式培育和发展我国的跨国公司。按照优势互补、平等互利的原则扩大境外资源合作开发。鼓励企业参与境外基础设施建设，提高工程承包水平，稳步发展劳务合作。完善境外投资促进和保障体系，加强对境外投资的统筹协调、风险管理和海外国有资产监管。"① 为贯彻这一精神，商务部于2006年制定了《关于鼓励和规范我国企业对外投资合作的意见》并获通过。该文件强调指出，国家支持有条件的企业按照国际通行规则对外投资和跨国经营，以更好地利用国际国内两种资源和两个市场，增强企业国际竞争力，促进国际交流合作，实现共同发展。② 这些政策为中国石油企业1998年以来的大规模海外扩展提供了制度基础。

除此之外，由于石油资源具有战略性意义，国家间对石油资源的争夺异常激烈。为支持中国石油企业的海外石油竞争与合作，国家还在外交（能源外交）的层面给予了极大支持。例如，通过与世界上160多个国家和地区建立起包括贸易、投资、技术合作、经济援助等双边合作机制（如中国与美国、日本、欧盟、俄罗斯等能源大国建立了能源对话与合作机制③），通过

---

① 参见中国国际商会网，2008年10月31日，http://www.ccpit.org/Contents/Channel_62/2008/1031/138536/content_138536.htm，最后访问日期：2010年4月20日。

② 《国务院支持我国有条件企业对外投资跨国经营》，搜狐财经，2006年10月26日，http://business.sohu.com/20061026/n246007536.shtml，最后访问日期：2010年4月20日。

③ 《中国的能源状况与政策》，新华网，2007年12月26日，http://news.xinhuanet.com/newscenter/2007-12/26/content_7316669.htm，最后访问日期：2010年4月20日。

建立诸如中日韩投资委员会、中非合作论坛、上海合作组织等政府间磋商与谈判机制，有力地推动了中国企业，尤其是中国石油企业在全球范围内的投资、技术与劳务合作。[①]

三 双边互动：合作战略转型的决策分析

从形式制度与组织变迁的角度来看，从"引进来"到"走出去"的外部合作战略的转变，是基于特定的市场与制度环境，在中央政府和国有石油公司的积极主导和推动下实现的。但是，这种偏重于国家能力和市场机制的解释策略容易给人一种高度理性的"错觉"，即围绕着石油产业的外部合作，实现从引进资本与技术到对外输出资本和技术的转变，是市场行为与国家政策的必然结果。在一切外在的技术、制度与市场等要素条件都具备的情况下，这种战略的转变是一种自然而然和事先可以预期的组织与制度变迁过程。基于这种高度理性的预设，从"引进来"到"走出去"，在政府与企业，乃至石油资源国之间就顺理成章地形成了一种"一拍即合"的关系。由于政府和石油企业等行动主体在"走出去"战略上存在着一致的共同利益或目标，作为一种组织变迁现象的外部合作战略转变就成为一种先验式的自然之物；共同的利益或目标构成了石油产业外部合作战略转变的动力来源。

建立在这种高度理性与目标一致的组织认知"错觉"的基础上，市场与制度的分析就有可能忽略在石油产业外部合作战略转变过程中实际存在着的权力关系与权力游戏。组织决策分析的推论方式认为，进入权力关系与权力游戏中的自由行动者，都或多或少拥有最低限度的自由余地，掌握着一定的不确定性领域。或者说在一个宏观的组织与制度变迁中，行动者之间并不一定具有完全一致的目标，相反，每个行动者都有自己特定的利益诉求与行动目标。这些不同行动者之间的利益与目标经常是不一致和相

[①] 参见中国国际商会网，2008 年 10 月 31 日，http：//www.ccpit.org/Contents/Channel_62/2008/1031/138536/content_138536.htm，最后访问日期：2010 年 4 月 20 日。一个典型的例子是，中国在苏丹的石油项目在一定程度上就是两国传统外交的产物。1995 年，苏丹总统巴希尔在访华时向江泽民主席提出，邀请中国石油企业参与苏丹石油建设。后来，国家指定了中国石油天然气总公司承担在苏丹的石油开发合作业务。

互冲突的。围绕着具体要解决的问题，行动者之间需要通过建构权力游戏的方式来实现组织与制度变革中不同行动者间利益与目标的整合。通过权力游戏中行动者之间的谈判、协商和妥协最终实现一种有组织的集体行动，达成行动者之间的最低限度的合作（李友梅，2001）。基于这一组织认知理念，我们可以认为，中国石油产业的外部合作战略转变包含着由政府、国有石油企业等行动者建构的多重复杂的权力游戏。权力游戏现实地存在于政府、国有石油企业等行动者围绕着"走出去"问题而发生的持续互动之中。正是这类双边权力游戏从根本上形塑了中国石油产业"走出去"的战略选择和实现路径。

石油产业外部合作战略从"引进来"向"走出去"的转变，意味着中国石油产业在处理与外国石油资本和技术关系的组织与制度方式上发生了巨大的变革。传统的持自然系统取向的组织理论相信，组织是建立在组织成员的某种共同利益或一致性目标的基础之上。由于每个人都认识到组织中存在着一致的利益目标，因此，特定组织和制度的变迁是基于共同利益的集体行动的产物。也就是说，组织内不存着差别性与冲突性的目标，组织结构是一种高度整合的自然系统（汤普森，2007）。从这种组织理论视角出发，我们很容易将 20 世纪 90 年代中后期以来中国石油企业外部合作战略的"走出去"转向理解为国家和国有石油企业之间基于共同利益目标的行动产物。换言之，在推动"走出去"的外部合作战略上，国家有理由相信国有石油公司与自己拥有相同的利益，因而采取一种与国家政策相配合的市场战略行为。至少国家在推动石油企业"走出去"，借以保证国内石油安全的过程中，国有石油企业也实现了自身的利益目标，如对国际石油市场的参与、石油利润的获取等。但是，这种自然系统取向的理解真实地忽略了在国家与国有石油公司之间存在着的权力关系与权力游戏。这种权力关系与权力游戏提示我们，实施"走出去"的外部合作战略并不是单纯的政府政策建构行为，也不是国有石油企业单纯的市场战略行为；相反，它是政府与石油企业之间权力游戏的结果。

（一）潜藏的不一致：行动者的目标

1. 石油安全：国家最主要的行动目标

首先，在石油企业"走出去"的外部合作战略上，国家作为最重要的行动者起到了重要作用。在经济发展对石油消费的需求日益提高的情况下，1993 年后，中国成为石油净进口国，随着经济以年均两位数的速度增长，中国对国外石油进口的依赖度越来越高。石油供应安全已经成为影响国内经济社会发展的关键问题之一。在国内石油生产有限的情况下，唯一可行的选择就是大力实施"走出去"战略，让中国的石油企业参与海外石油资源竞争与合作。

其次，国家积极推动石油企业"走出去"，还基于国内石油产业发展壮大和摆脱产业困境的考虑。1998 年前后，国家对石油产业进行了规模巨大的重组改制，借以改变早期计划体制阶段石油产业的发展困境。1998 年以前，石油产业基本上是按照一种计划体制的方式在运行，国家对石油产业实施了直接的计划干预，国有石油企业作为国家的行政式企业，不是真正意义上的市场主体，缺乏市场竞争的动力。20 世纪 90 年代中后期，中国石油产业陷入了明显的困难时期——石油企业的运作效率低下，石油产业发展停滞不前。面对这种状况，基于其长期以来干预和规制经济的传统（Wang，2002），作为国有资产总出资人的国家需要考虑如何让国有石油企业摆脱市场化扩展下的发展困境。因此，国家在石油企业"走出去"的游戏中，还考虑到了提升石油产业市场竞争绩效与产业发展的目标。

最后，由于石油是一种战略性的稀缺资源，围绕着石油资源而展开的外部合作战略就离不开国家政治与外交的考量。在某种意义上，国家推动石油企业"走出去"，一个重要考虑就是通过中国石油企业参与海外石油市场，达到加强和巩固中国与一些石油资源国传统外交关系的目的。对某些相对贫穷落后的石油资源国而言，中国石油企业参与其资源的开发实际上是中国实施援助的方式之一。

关于中国政府积极推动石油企业向海外"走出去"的战略，有研究概括了国家在其中存在着的多重目标（Ma & Andrews-speed，2006），至少有四条线索可以界定中国政府鼓励国有石油公司开展海外业务的动因，即中国的能源政策、产业政策、社会政策与外交政策，其中最重要的是能源政策和产业政策。中国政府提出了"两种市场、两种资源"的能源政策。国有石油企业在海外建立石油生产基地有利于满足国内的石油需求。在产业政策上，国际化是政府对国有石油企业产业战略的一部分。20 世纪 90 年代后期，中国的石油企业已拥有数十年的生产经验和管理经验。特别是在改组改制之后，国有石油企业有能力参与国际石油竞争，至少在石油服务领域有自身的优势。（Ma & Andrews-speed，2006）。

2. 能力提升与风险规避：国有石油企业的目标

国有石油企业在"走出去"的外部合作战略上，存在着相互矛盾的两类目标。首先，国有石油企业有实现自身竞争能力提高的目标追求。经过1998～2000 年的改组改制，中石油、中石化等国有石油公司在市场主体性质和经营自主权上发生了重大改变。国有石油公司逐渐实现了政企分离，建立起现代法人治理结构，成为具有较强经营自主权的市场主体。市场化改造之后，国有石油公司作为一个市场主体，存在着和其他企业一样强烈的逐利动机。如何在市场中获取竞争优势，占据更大的市场份额，实现企业经营利润的最大化，成为国有石油公司追求的目标。而石油企业积极参与国际石油市场，就意味着国有石油公司有可能将其业务拓展到海外市场，通过兼并收购海外油气田等方式，控制一定的原油生产量及市场份额。在这层意义上，提升国有企业参与国际竞争的能力就成为其参与"走出去"游戏的目标之一。

1998 年改组改制后，国有石油企业已经形成了一定的市场竞争能力，在技术施工、勘探等方面积累了一定的能力，具备了参与全球市场竞争的初步条件（刘崇恩，2002）。尤其是在 20 世纪 90 年代中后期，国内石油市场处于困难时期，国内石油生产能力过剩，强化了国有石油企业实施"走出去"战略的动力；此外，由于预期到加入世界贸易组织之后，随着国内石油市场的逐步放开，国有石油公司原有的垄断优势会受到削弱，尤其是会受到来自国外跨国石油公司竞争的挑战，因此，中石油等国有石油公司意识到，有必要实施"走出去"战略提升自身能力，在参与海外合作的过程中，通过学习和积累技术与管理经验（Ma & Andrews-speed，2006）。这也构成了国有石油企业实施"走出去"战略的目标之一。

但是，在实施"走出去"的外部合作战略游戏中，不能简单地认为国有石油公司具有与国家完全一致的行动目标（Ma & Andrews-speed，2006）。对国有石油公司而言，实施"走出去"战略，参与海外石油市场的竞争与合作，最主要的一个影响因素在于：作为自主经营和自负盈亏的市场经营主体，它存在如何有效规避市场风险的目标。也就是说，在实施"走出去"的战略中，国有石油企业会面临比国内市场更为复杂的市场环境，面临更多的不确定性，如政治风险、法律风险、决策风险、信息不对称风险、金融财务风险、被动并购风险、技术风险、整合风险等（胡国松、张娟，2007）。出于谨慎性原则，国有石油企业需要权衡"走出去"给企业带来的风险。正是基于规避风险的目标考虑，（正如有研究曾指出）在实施"走出去"的战略中，在企业层面还存在着许多困难与障碍，其中一个重要的"障碍"就是部分石油企业的国际化经营意识不强，缺乏海外扩张的动力。它们要么没有国际化经营观念，要么对海外经营与扩张顾虑太多。一些大型的石化公司在国际化经营方面，缺乏对"往哪里走""怎么走"等问题的长远战略规划（封智勇，2005）。

因此，我们发现，围绕着"走出去"的外部合作游戏，国家与国有石油公司之间的游戏目标并不全然一致。国有石油企业基于规避风险的考虑，基于自身竞争能力的判断，存在着影响"走出去"积极性的限制因素。

（二）压力与机会：权力游戏的环境因素

围绕着石油企业实施"走出去"的外部合作战略，国家与国有石油公司之间实际上存在着一种特定的权力关系，并进行着权力游戏的互动。对国家而言，其提出并主导的"走出去"战略需要得到国有石油公司的配合与支持。在此意义上，国家试图建构起一种有组织的集体行动或权力游戏，以整合国有石油公司的利益目标与行动，动员起国有石油公司与国家的合作。权力游戏中的自由行动者首先要权衡和观察游戏的环境要素可能带来的限制、约束与激励。在国家与国有石油公司之间建构起来的"走出去"的权力游戏中，行动者需要权衡与判断的环境因素至少有两类非常关键：其一，作为压力机制的环境因素；其二，作为激励机制的环境因素。这两类环境因素构成了国家与国有石油公司展开权力游戏的重要结构性前提条件。

1. 作为压力机制的环境因素

在"走出去"的权力游戏中，国家和国有石油公司分别面临着不同来源的压力，这种压力迫使他们不得不考虑实施"走出去"的外部合作战略。这种结构性的压力机制限制了国家与国有石油公司可能的行动选择以及选择的方式。对国家而言，最直接的就是其面临的石油供给安全的环境压力。20 世纪 90 年代中后期，中国对国际石油进口的依赖度大幅提高，国内的石油生产量远远不能实现有效供给。经过近三十年的石油自给自足之后，中国经济的快速增长使人们突然感受到国内石油供给的压力，尤其是对国外石油的依赖。这个时期，中国已经是继美国、日本之后世界上最重要的石油消费国（Downs，2004）。为吸取 20 世纪 70 年代欧美等国遭遇的石油危机的教训，国内石油供给压力的加大使中国不得不求助于外部石油市场。这也就意味着因石油而受制于人，中国有可能丧失某种发展的独立性。中国政府同样也认识到，由于世界石油资源的有限性、不可再生性，世界石油资源终究会归于枯竭。对中国这样一个经济高速发展的国家而言，面临的石油消费压力则更加现实和迫切。

在存在着严重的石油安全威胁的同时，也因我国加大了对国外石油的进口，这使国内石油消费市场、石油消费企业的生产等受到国际石油价格波动的严重影响。20 世纪 90 年代中期以来，国际原油价格下跌，国内石化企业经常陷入亏损境地；原油价格上涨，则又容易造成国内成品油脱销，加大其他部门生产企业的生产成本（赵宏图、李荣，1999）。因此，石油进口依赖度的增加带来的一系列现实的市场困难，更强化了国家关于石油安全的警惕性、危机性和紧迫感。

与国家在"走出去"游戏中的目标相联系，国家在维护国内产业健康发展、促进社会经济稳定和缓解社会就业压力等方面也面临着巨大的压力。20 世纪 90 年代中后期以来，经过 1997 年经济过热后的"软着陆"，国内经济面临着有效内需不足的问题，1998 年亚洲金融危机又使国内经济雪上加霜。在这种情况下，包括石油产业在内的很多国有产业发展困难，生产能力一度过剩，企业绩效滑坡，发生巨大亏损。加上国家推动的朝向市场化的国有企业改革，全社会出现了大规模的下岗失业。对石油企业而言，经过 1998 年以来的主辅分离的改制，有很大一部分从事石油生产服务性行业的职工被迫下岗分流，成为待业与失业者。以中石化为例，1999 年的内部改组使累计 39.36 万人下岗分流，占总职工人数的 33.6%。① 如何有效解决石油企业的剩余生产能力，如何有效缓解石油企业改制后的人员失业问题等，都使国家感受到了推动国有石油企业"走出去"的必要性。

通过一种压力传导机制，国家将其感受到的石油安全和石油供给的压力直接与间接地传递给作为石油生产单位的国有石油企业。有研究表明，1993 年中国成为石油净进口国，国家在感受到石油安全的压力之后，就曾召集来自政府部门、石油企业和学术研究等多个领域的人士就国内能源安全问题进行讨论，并就如何尽可能地获取海外石油资源与尽可能地减少对国外石油依赖展开研讨（Downs，2004）。此后，国家提出了"两种市场、两种资源"，以及"立足国内，积极实施'走出去'"的石油产业外部合作战略。国家号召国内石油企业积极探索"走出去"。

对国有石油企业而言，由于国内石油产业在 1998 年之后进行了大规模重组改制，2001 年中国又加入世界贸易组织，一系列的制度变革使国有石油企业切实体会到了要积极参与全球石油竞争与合作的必要性。石油产业改组使国有石油企业改变了和国家传统的行政隶属的关系，获得了独立自主经营的法人身份。国家与国有石油企业间的关系不再依据行政权力，而是依据产权关系、投资关系、委托代理关系等，国家不能直接决定石油企业的经营决策。由于身份的转变，企业突然意识到追求自身利益目标的真正意义。作为市场竞争主体，如何实现利润与效益的最大化成为国有石油企业需要面对的问题。而当时国内石油市场不景气，加剧了国有石油企业发展的压力，加深了对其外向型合作战略的刺激。时任中国石油天然气集团总经理的马富才在一份报告中强调：要充分利用两种资源、两种资金和两个市场，继续实施国际化经营。要进一步扩大国内石油对外合作。国外石油合作要重点抓好现有项目的运行……对外承包工程、技术、物资装备及劳务出口，要在继续巩固和发展已有市场的同时，进一步开拓市场，提高规模和质量，不断扩大在国际市场的份额。②

---

① 《中国石油化工集团公司年鉴》（2000）第 193 页。
② 参见马富才《认清形势，坚定信心，团结奋战，实现集团公司持续稳定发展——在集团公司 1999 年工作会议上的报告（1999 年 1 月 19 日），载《中国石油天然气集团公司年鉴》（2000）。

2. 作为激励机制的环境因素

首先，在石油企业"走出去"的战略游戏中，也存在着作为激励机制的环境因素——国外石油市场的外部开放性，资源国对石油消费需求的依赖性和欧美等跨国石油公司国际化经营的示范性。它们为中国石油企业积极参与全球石油竞争合作提供了可能性。

所谓国外石油市场的外部开放性，主要是指随着全球经济一体化趋势的加强，各国的石油市场逐步紧密联系起来。在各主要石油消费国石油消费需求日益增强的情况下，各主要资源国在石油上游领域基本实行了对外开放，国际市场准入壁垒逐步被削弱，海外投资环境越来越宽松（郭勇、吕文静，2005），这些都有利于资源国积极吸引外国投资和技术共同参与本国石油资源的勘探与开采。总体来看，全球石油勘探开发的市场仍有较广阔的空间。特别是在石油剩余探明储量集中的中东、非洲、拉美、中亚和俄罗斯等区域，为吸引国外投资商，其中的大部分国家都出台了具有吸引力的优惠政策实行对外招标（田竞，2007）。每年全球都会有几百个勘探开发招标机会向外开放，全球性石油资源开放的局面已经形成（郭建强，2002）。全球石油市场的开放性为中国石油企业实施"走出去"的外部合作战略提供了有利环境。此外，国外石油市场的外部开放性还表现为，在中国加入世界贸易组织之后，中国石油企业有更多的机会利用自由贸易规则、公平竞争规则，广泛参与海外石油资源的勘探开发和生产。

其次，根据经济学的一般原理，供给和需求是高度相关的，对世界上主要的石油资源国而言，其石油产业收益的实现在很大程度上依赖于主要石油消费国的石油消费需求。石油资源国也希望有一个需求稳定的石油市场。在主要石油消费国担心本国石油供应安全的同时，大部分石油资源国也面临着石油需求安全的问题。石油输出国组织（OPEC）就曾多次强调，世界石油市场不但需要石油供应安全，也迫切需要石油的需求安全（刘明，2006）。尤其是在1998年亚洲金融危机之后，亚洲区域经济体对国际石油的需求急剧下降，国际原油价格大幅度下跌，[①] 极大地影响了中东和

---

① 根据 BP 公司的统计数据，1998 年，国际原油迪拜价格从 1997 年的每桶 18.23 美元下降到每桶 12.21 美元，该价格比十年前 1988 年的 13.27 美元还要低。可参见《BP 世界能源统计》（2009 年 6 月）。

俄罗斯等主要产油区的石油生产。在这种情况下，各主要石油资源国都主动寻求外国石油资本与技术参与本国石油生产。

最后，在中国石油企业正式大规模"走出去"之前，欧美和日本等国家和地区的石油企业已经有了长久而丰富的跨国经营的历史和经验，其海外投资开发经验也为中国石油企业实施"走出去"的外部合作战略起到了良好的示范作用。如美国作为最大的石油消费国，很早就开始鼓励企业"走出去"，到海外勘探开发石油资源。20 世纪 90 年代初以来，美国各大石油公司在海外的投资都高于在美国国内的投资。1991 年，美国石油企业海外勘探开发投资的总额为 337 亿美元，是国内投资的两倍。美国大型石油跨国公司拥有的石油储量的一半以上在国外，赢利也主要来自国外。日本是石油资源贫乏的国家，但是日本政府非常重视从组织、技术与经济上鼓励日本公司大力进行海外石油勘探开发。日本公司通过购买股份和签订产量分成合同等多种形式大规模参与海外石油开发，很好地执行了"变他国资源为自己资源"的战略。1996 年，日本海外份额油产量占到了其国内石油消费量的 16%。对于海外石油勘探项目，日本实行由国家石油公团以股份投资和贷款的方式提供资金支持（可达到项目总投资额的 70%）。在遇到不可抗力的情况下，贷款利息可以减免；日本政府设立了专门的海外勘探开发储备金作为资金储备；日本政府还成立了石油技术研究中心，为海外勘探开发提供技术支持。① 欧美日等国家和地区的石油公司实施"走出去"的海外石油战略为中国石油企业在对外合作模式、项目管理、风险评估和参与路径等方面提供了完整的经验示范。

（三）游戏何以可能：行动者的行动能力与资源控制

根据组织决策分析的推论方式，围绕着石油企业"走出去"战略，国家与国有石油企业之间之所以能够建构起一种权力游戏，并且在这种权力游戏中发生诸如谈判、协商和讨价还价的互动，是建立在行动者各自拥有的自由行动能力和对关键资源的控制的基础上。在石油企业"走出去"的权力游戏中，国家是最重要的行动者，处于一种主动积极的位置，而国有

---

① 《国外石油安全战略的主要采取措施和基本内容》，中国建材网，2007 年 3 月 6 日，ht-tp：//www.bmlink.com/bst/24332，最后访问日期：2018 年 9 月 1 日。

石油公司则处在一种相对"被动"的位置。换句话说，所谓的石油企业"走出去"的权力游戏，在一定程度上可以理解为作为"走出去"战略积极推动者的国家是如何通过其策略性行为，动员起国有石油公司的合作意愿的过程。通过这种复杂的微观政治互动过程，国有石油公司在"走出去"战略上（原本与国家目标不一致）与国家的利益目标实现了整合和协调。

1. 国家的行动能力

在中国语境下，国家作为一种行政组织，基于政治授权与合法性的行政权力构成了它在与各类行动主体进行互动时可资依赖的最重要资源。在石油企业"走出去"的游戏中，国家同样凭借其拥有的行政权力以及附属于行政权力的各种资源（如财政资源和政策资源等）来实施对国有石油公司的合作动员。首先，国家对国有石油公司传统上具有的行政权威，能够对国有石油公司施加较重大的影响。1998年的石油产业体制改革之前，国家对石油产业实施直接的行政规制。在这种行政计划的体制下，国家对国有石油企业具有强大的行政权威与直接的行政权力，可以直接实施行政规制。即便是在改革之后，国有石油公司已经转变为具有自主性的法人实体，国家不能直接决定石油公司的市场行为，但国家作为国有石油公司的出资人和政策监管者仍然能够对其施加重大影响。至少，从改革后的实际情况来看，中石油、中石化等国有石油公司的高层领导人事安排方案最终都是由国家决定的。因此，可以认为，1998年之后，国家依然能够对国有石油企业施加巨大的影响。

其次，在石油企业"走出去"的游戏中，国家对石油企业的权力优势，还来自国家掌控了强大的财政资源。1994年分税制改革之后，中央政府的财政能力逐步增强（杨卫华，2005），国家可以在一系列的制度改革上动用规模巨大的财政资源（见图7-1）。在推动国有石油企业"走出去"的权力游戏中，这部分财政资源（作为一种关键资源）就构成了国家可以和国有石油企业进行交换的条件和重要基础，也构成了国家在权力游戏中主要的行动能力来源。国家可以通过财政补贴和税收优惠等资源动员国有石油公司进行合作。

最后，与国家掌握财政资源的行动能力类似，1998年之后，中国作为

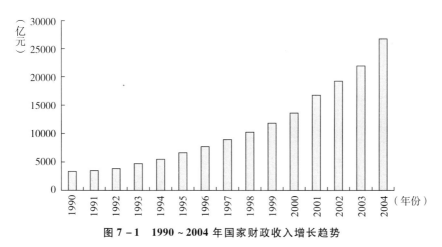

图 7 - 1　1990～2004 年国家财政收入增长趋势

资料来源：《中国统计年鉴》（2005）

全球最大的外商直接投资（FDI）流入国之一，已经拥有了较大规模的外汇储备。1998 年之前，国家实施石油产业的"引进来"战略，一个重要原因就在于积极吸引国外资金，为国内经济与社会建设积累外汇。20 世纪 90 年代中后期以来，中国已经基本上告别了所谓的"全民创汇"时代，外汇储备在中国已经不再缺乏，而且有了剩余（见图 7 - 2）。规模庞大的外汇

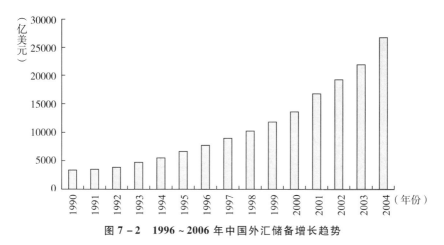

图 7 - 2　1996～2006 年中国外汇储备增长趋势

数据来源：根据国家外汇管理局网站提供的中国历年外汇储备数据整理。

储备使国家有能力鼓励和支持国有石油企业"走出去"，参与海外油气田项目的并购、参股、合作开发等。

2. 国有石油公司的行动能力

在"走出去"战略的权力游戏中,国有石油公司处于被动员和被整合的位置。相比于国家,国有石油公司的行动能力要弱一些,主要原因在于,国有石油公司即便是在 1998 年改革重组之后,仍然没有、也不可能彻底摆脱国家对其施加的重要影响。这主要是因为中石油等国有石油公司是国家出资的国有控股公司,由国有资产监督委员会代表国家进行资产监管。中石油、中石化等国有石油公司的组建章程明确规定国有石油公司具有对国有资产进行保值增值的责任,接受国资委的监管。加之,中石油等国有石油公司仍然依赖于国家给予相应的财政补贴和政策扶持等来维护其在国内石油市场的优势地位,国有石油公司在国家面前就难以形成较强的特定权力互动能力。

但是,在"走出去"的游戏中,国家又不可能完全地限定国有石油公司的行动余地,主要原因在于,国家为了实现其保证石油供应安全的目标,需要中石油等国有石油公司作为市场竞争主体投身于国际石油资源市场的竞争合作。在市场化的发展阶段,国家不可能通过行政命令的方式直接决定国有石油公司是否实施"走出去"的外部合作战略。它需要动用一定的关键性资源来与国有石油公司进行一种权力游戏的谈判与交易,实现国有石油公司对"走出去"战略的配合。也正是在此意义上,国家对石油公司存在着一定的依赖,也就意味着国有石油公司通过控制这种自由余地,拥有了相对于国家的某种特定的权力优势,使其能够在"走出去"战略的游戏中,具有一定的与国家进行权力互动和讨价还价的余地。

在"走出去"的权力游戏中,国有石油公司的自由行动能力还来自于其本身已经形成的作为中国石油产业整合者的地位与角色。1998 年之前,基于国家的行政授权,中石油等国有石油公司对中国石油产业实施分割经营。改革重组之后,三大国有石油公司的优势权力依然没有得到实质性的削弱。对国家而言,国有石油公司起到了整合国内石油产业的重要作用,而且这种作用发挥仍然是不可替代的。组织替代的交易成本过高,使国家对国有石油公司整合国内石油产业的制度安排产生了路径依赖;而民营石油企业、外资石油企业还不足以对三大国有石油公司的行业主导地位形成根本性的冲击。在此意义上,无论国有石油公司(在游戏规则许可范围内)向国家提出什么要求,国家都需要加以重点考虑。也就是说,三大国有石油公司凭借其传统形成的行业整合的能力,能够在"走出去"的战略游戏中形成一定的权力能力。

(四) 交易与合作: 游戏中的行动策略

在"走出去"的权力游戏中,国家是最主要的行动者。基于保证自身石油供给安全的游戏目标,国家需要动员中石油等国有石油公司,使它们能够响应国家的政策号召,积极实施"走出去"战略,参与海外油气资源的收购和开采,尽可能地获取海外石油资源。由于不能如1998年以前那样直接决定国有石油公司的经营决策、投资方向等,国家需要通过建构起与国有石油公司的权力游戏,实现对国有石油公司目标与行动的整合。在这种双边的权力游戏中,国家和国有石油公司都具有相对的行动能力,都拥有能够使对方采取合作的关键性资源。理性的自由行动者在对游戏环境有较充分的认识和判断的基础上,凭借能够给对方施加权力影响的行动能力,采取一系列的策略性行动,最终使游戏能够较好地实现自身的利益目标。

1. 发出政策信号: 国家关于"走出去"的试水

为动员国有石油企业使其在"走出去"战略中积极响应与合作,国家最初实施了较为谨慎与理性的行动策略。中国政府在历次重要的制度变迁中呈现的一个主要行动策略就是先试探性地发出政策信号,借以观察政策对象部门的反应。在石油产业"走出去"战略正式出台之前的1992年,国家就开始提出"充分利用国内外两种资源,两个市场"发展中国石油工业的战略方针(舒先林、李代福,2004;赵志敏、殷建平,2007)。中国共产党第十四次代表大会也提出:要积极开拓国际市场,促进对外贸易多元化,发展外向型经济,积极扩大中国企业的对外投资和跨国经营。[①]1993年,中国成为石油净进口国后,国家则明确提出了要在石油工业实施"走出去"的战略(中国人民银行塘沽支行课题组,2005)。李鹏也提出:"发展石油工业要立足国内,走向世界,利用好两种资源、两个市场。在平等互利的基础上积极与国外实行多种形式的合作,如参与国外油气资源

---

① 《江泽民在中国共产党第十四次全国代表大会上的报告》(1992年10月12日)。

的勘探与开发，承包对外工程，建立稳定的进口原油市场，以保障国家油气的长期稳定供应。"（徐振强，2002）可以认为，作为一种信号释放，国家希望国有石油公司能够认识到"走出去"的重要性和紧迫性，积极响应国家的政策号召。换言之，在20世纪90年代早期，国家首先抛出了石油企业实施"走出去"外部合作战略的议题。

2. 赞同与犹豫：国有石油公司的回应

基于传统的行政权力的逻辑，对国家提出要在石油行业实施"走出去"战略的政策信号释放，国有石油公司的普遍反应是赞成，并将之作为一种重要的产业发展政策来进行"贯彻"。中国石油天然气总公司的反应比较积极，1993年，该公司先后在泰国和秘鲁进行了海外油田资产的收购与合作开发，走出了中国国有石油企业海外扩展的第一步。到1997年，中石油总公司在海外油气勘探开发上取得了突破性进展，在苏丹、秘鲁、伊拉克、委内瑞拉和哈萨克斯坦等国的石油项目初见成效。中石油总公司累计在海外中标和签约14个项目，总计获得份额油可采储量4亿吨，份额油产量达到97万吨。① 国有石油公司在态度上对国家提出的"走出去"战略持普遍赞同是不容置疑的，这从国有石油公司的早期工作报告中就能明显看出。中国石油化工总公司曾提出，"总公司和企业要把认真学习党的十四大文件作为第一位重要的工作。在经营战略上要实行国际化经营，就是要与国际市场接轨，开展全方位对外合作，包括直接到国外投资办厂，扩大产品、技术、劳务出口和对外工程承包等"②。

然而，在持普遍赞同态度的同时，习惯了传统计划保护的国有石油公司也策略性地表现出行动犹豫，借以表达自己（对于"走出去"）的担忧。国有石油企业清醒意识到自身实力与国外大石油公司相比存在着巨大的差距。无论是在经济规模、盈利能力、投资能力和风险规避能力，还是品牌经营、市场开发、对国际经营惯例和法律政策的熟悉程度，都远不及跨国石油公司。1998年改革之后，国有石油公司虽然已经转变为市场法人主体，有自己独立自主的经营决策权，国家不能对其进行直接的控制，但海外石油项目一般都具有较大的风险，具有国内垄断地位的国有石油公司

---

① 《中国石油天然气工业年鉴》（1998），第7页。
② 《中国石油化工总公司年鉴》（1994上），第7页。

（基于风险规避的考虑）"走出去"的意愿实质上最初并不很强烈。尽管在态度上表达了对国家政策的支持，但在实际"走出去"的步伐与力度上，国有石油公司却表现出了几分犹豫，其表现之一就是国有石油企业明显缺乏国际化经营的意识和海外扩张的动力，对"走出去"的企业战略缺乏清晰的规划（封智勇，2005）。从中国石油企业实施"走出去"的外部合作战略的历史进程来看，尽管早在20世纪90年代初，国家就提出了石油企业实施"走出去"的战略方针，但是（基于一种行动策略的考虑），国有石油企业（以较大规模）跟进的速度明显滞后（Ma & Andrews-speed，2006）。国有石油公司开始以较大规模、积极主动投身于海外扩展是1998年之后，甚至是在2002年之后才从起步阶段进入到扩大发展的阶段（熊启滨，2005）。如中国海洋石油公司到2002年才开始以较大规模进入海外石油市场；① 而作为国内石化产业垄断者的中石化在2001年与伊朗国家石油公司签订《伊朗卡山区块风险勘探服务合同》之后，才实现海外业务的突破，而且只是局限于中东地区的有限区域（徐淑秋，2006；张旭海，2007；徐振强，2002）。也就是说，从国家最初提出石油企业实施"走出去"战略，到国有石油公司真正以较大规模进行海外扩张，中间隔了近十年的时间。这种十年的迟滞进入行为，除了技术和政治等方面的原因，也包含着国有石油公司"犹豫"的策略性考量。

3. 再动员与特许权保护承诺：国家对国有石油公司的新激励

在国家发出特定的政策信号之后，国有石油公司并没有在实际行动上采取积极的跟进。它们在实施"走出去"的外部合作战略上存在着与国家政策号召并不完全一致的目标，因此，国有石油公司策略性地采取了一种相对犹豫不决的回应方式，试图利用国家的战略获得政府对其从事海外业务的支持（Ma & Andrews-speed，2006）。由于自身感受到国内石油供应安全十分紧迫的压力，国家非常迫切地需要国有石油公司采取积极的行动，真正广泛、深入地参与全球石油合作竞争。但鉴于国有石油公司"走出去"的动力并不十分明显，国家又相应地采取了一系列新的策略性行动，以增强对国有石油公司的激励。

---

① 2002年1月18日，中海油出资5.85亿美元收购西班牙雷普索尔石油公司。

首先，国家掌握着强大的政治资源与财政资源，这使国家具备了相应的行动能力，能够通过一种不明言交易的方式，对国有石油公司施加影响，换取国有石油公司对"走出去"战略的配合。1998 年之后，尤其是进入 21 世纪以来，国家在鼓励和推动国有石油企业"走出去"的战略上，实施了强大的政治动员。通过强调"走出去"获取海外石油资源对国家经济与社会安全的重要性，国家不断地给国有石油公司传递了一种明显的政治压力与社会压力。有研究表明，中国国有石油公司海外业务拓展的动机，"除了公司特定的目标需求之外，国有石油公司明显感受到了来自政府的直接压力与激励。政府希望国有石油公司能够尽可能地获取海外石油与天然气资源，以支持国家的能源安全战略"（Ma & Andrews-speed，2006）。在国家眼中，国有石油公司实施"走出去"战略，获取海外石油资源，支持国家的能源安全，是一种政治使命，也是国有企业体现其对国家和社会应承担的责任的象征。

1998 年，国家开始努力缓解中国对国外石油资源的依赖问题，也大力鼓励国有石油公司积极"走出去"，参与海外石油资源的并购和联合开发，以获取更大发展。在历次重要的党和国家的全国性会议上，党中央和政府多次强调了要实施"走出去"的开放战略，并将实施"走出去"战略与中国经济发展方式的转型和实现科学发展紧密联系起来。[①]《中共中央关于完善社会主义市场经济体制若干问题的决定》（2003 年 10 月 14 日）强调，鼓励国内企业充分利用扩大开放的有利时机，增强开拓市场、技术创新和培育自主品牌的能力；在中共十六届三中全会上，时任国家主席胡锦涛明确要求：继续实施"走出去"战略，逐步建立国外能源和原材料基地；2005 年，中共十六届五中全会也指出，必须不断深化改革开放，实施互利共赢的开放战略，支持有条件的企业"走出去"，按照国际通行规则到境外投资，鼓励境外工程承包和劳务输出，扩大互利合作和共同发展。[②] 这些政治话语，充分展现了国家试图有效激励和动员起国有石油企业（在"走出去"战略上）合作的政治努力。

---

① 可参见 2000 年以来历次的政府工作报告。

② 参见《中共中央关于制定国民经济和社会发展第十一个五年规划的建议》（2005 年 10 月）。

同样，我们也可以从国有石油公司的话语中洞察出国家这种政治动员的努力。时任中国石油天然气集团总经理的马富才，在 2004 年集团公司的工作会议报告中就不无激动地表示："新一届中央领导集体非常关心我们集团公司的跨国企业集团建设……胡锦涛总书记出访俄罗斯、哈萨克斯坦，直接推动中俄、中哈油气合作。① 吴邦国委员长对我们推进'两个转变'、建设跨国企业集团的部署给予充分肯定。温家宝总理两次主持国务院会议，研究我国油气资源可持续发展问题，并就提高油气资源对经济发展的保障能力做出重要指示……党和国家领导同志多次听取集团公司工作汇报，就发展石油工业、发展跨国企业集团、实施'走出去'战略做了一系列重要指示。黄菊副总理鼓励我们说：中石油是国有经济布局调整、结构优化、大企业做大做强的重点。利用国外资源要靠你们，确保国家石油安全任务压在你们身上。曾培炎副总理指示：'石油天然气是重要的能源矿产和战略性资源，关系国家经济和社会发展，关系国家安全。'充分表达了新一届中央领导集体对我们这支队伍的极大信任，对我们建设具有国际竞争力的跨国企业集团寄予殷切期望。我们一定要时刻牢记党和国家的重托，把党中央、国务院的亲切关怀作为强大动力，加快推进具有国际竞争力的跨国企业集团建设。"②

20 世纪 90 年代中后期以来，中央政府的财政收入和国家外汇储备规模不断扩大，国家已经具备了激励国有石油企业实施"走出去"战略的强大经济能力。作为一种激励策略，国家在进行政治动员的同时，还通过制定一系列的政策以及提供资金（包括直接的资金补贴和间接的资金支持），鼓励和扶持国有石油企业积极实现"走出去"，参与国际石油市场的竞争与合作，获取海外石油资源，保障国内石油安全。2000 年以来，国家又在财税、信贷、保险、外汇、国别导向等方面制定了一系列政策措施，促进包括国有石油公司在内的中国公司在海外实施投资、工程承包、劳务合作等。这些鼓励性的政策文件主要有：《境外投资联合年检暂行办法》（2002）、

---

① 这些项目由中石油承担。

② 《抓住机遇，加快发展，全力打造具有国际竞争力的跨国企业集团——马富才同志在集团公司 2004 年工作会议上的报告》，（2004 年 1 月 6 日），载《中国石油天然气集团公司年鉴》（2005），第 35 页。

《境外投资综合绩效评价办法（试行）》（2002）、《关于对国家鼓励的境外投资重点项目给予信贷支持政策的通知》（2004）、《国别投资经营障碍报告制度》（2004）和《关于鼓励和规范我国企业对外投资合作的意见》（2006）等。①

国家出台的这些资金扶持政策，使国有石油企业更有可能从金融信贷机构获得信贷支持，用于企业的海外石油投资。以国家进出口银行为例，截至 2005 年 3 月末，该行境外投资类贷款余额为 200 多亿元人民币，支持了合同金额约 60 亿美元的境外投资项目。从项目类型上看，境外资源开发项目贷款占境外投资类贷款总额的 67.54%，境外投资设厂项目贷款占 24.7%，境外基础设施建设项目贷款占 7.67%。从投资贷款涉及的区域看，该行贷款主要集中在苏丹、哈萨克斯坦、委内瑞拉、印度尼西亚、韩国、阿尔及利亚、厄瓜多尔、泰国、墨西哥、赞比亚等国家（王智，2005）。从中我们可以发现，国家对中国企业实施海外投资的信贷重点用于扶持和鼓励中国国有石油公司在海外石油市场的扩展。

作为国家对国有石油公司"走出去"的策略性鼓励和支持，在与国有石油公司的权力游戏中，国家还通过给予特许权保护的方式来对国有石油公司实施激励。所谓"特许权保护"主要是指，国家通过保护中石油等国有石油公司在国内市场的优势地位（如成品油集中批发权）等方式，促使国有石油公司积极实施"走出去"战略。国家的主要意图在于，通过确认对三大国有石油公司国内利益的保护，使国有石油公司不用过分担心其国内市场份额、地位和收益等会受到民营石油企业和外资石油企业等竞争者的挑战，进而削弱其传统的市场优势。从而免除国有石油公司的"后顾之忧"，增强其进军海外市场的意愿。

从国家对石油产业改革的历程来看，我们可以很清晰地发现，国家在推动石油产业改革过程中所埋下的伏笔——给予国有石油公司以较高的市场保护，使国有石油公司在政策、市场、资源等方面对国家存在一定程度的依赖，这也使国家仍然掌握着对国有石油公司施加有效影响的权力。早在 20 世纪 90 年代初期，国家提出实施石油企业"走出去"战略伊始，中

---

① 参见中国国际商会网，2008 年 10 月 31 日，http://www.ccpit.org/Contents/Channel_62/2008/1031/138536/content_138536.htm，最后访问日期：2010 年 4 月 20 日。

石油等国有石油公司仍然处于国家计划体制的保护之下，基于国家的行政授权，很轻易地就实现了对国内石油市场的分割控制，获取了其他非体制内石油企业无法企及的高额收益。而在1998年之后，尽管国家在石油产业管理体制、石油企业组织形式、石油定价机制、市场参与和市场竞争机制等方面实施了复杂的组织与制度变革，但是这些改革的背后，国家并没有完全取消国有石油公司某些关键性的市场权力。

例如，在石油产业管理体制与石油企业组织形式上，尽管改革与重组实现了国家与石油企业关系和企业市场身份的转变，但这种朝向市场化的改革，并没有完全切断国有石油企业与国家的紧密联系。三大国有石油公司仍然实际地承担着中国石油产业整合与协调的功能。国家特定的石油政策如投资政策和价格政策的变革等，都会充分采纳和参考国有石油公司的意见。在石油定价机制上，尽管1998年以来逐步实现了与国际市场的接轨，但是改革后的定价机制并没有实质性地改变国有石油公司影响价格的能力，比如，关于国内成品油价格的涨跌调节，国家的规定是当国际油价连续22个工作日涨（跌）幅超4%时，相应调整国内成品油价格（张丽雪，2007）。有意思的是，是否需要做出调整还需要参考中石油等国有石油公司是否向国家发改委提出调价申请。[①] 这间接地给予中石油等国有石油公司价格控制权。同样，在国内成品油流通市场，国家实施的相关改革虽然实现了成品油市场尤其是成品油批发经营权的开放，但是国家同时也设定了严格的门槛，使民营与外资石油企业很难真正进入国内石油市场，从而间接地保护了国有石油公司的市场优势地位。作为国家的一种行动策略，国家通过保护国有石油公司在国内的市场权力，策略性地实现了与国有石油公司的一种"隐性"交易，即以"国内市场"换取国有石油公司积极实施"走出去"战略。

4. 与国家合作、积极投资：石油公司的策略调整

围绕着"走出去"战略，国有石油公司与国家之间进行着一系列的策

---

① 参见《发改委4日上午透露尚未收到两大石油公司调价报告》，金融界网站，2007年9月4日，http://finance.jrj.com.cn/news/2007-09-04/000002634481.html，最后访问日期：2010年4月20日；《中石化否认油价调整先由石油公司申请》，网易新闻，2008年11月13日，http://news.163.com/08/1113/04/4QJQENH60001124J.html，最后访问日期：2010年4月20日。

略性互动。在建构起来的权力游戏中，为了实现对国有石油企业的差异性游戏目标的整合，动员它们对国家战略的合作与配合，国家采取了政治动员、政策与经济支持、特许权保护，乃至能源外交等行动策略，实现了与国有石油企业的某种"交易"。通过这种基于权力游戏的交易，国家较好地满足了国有石油公司的游戏目标，至少是有效地克服了国有石油公司对海外石油业务风险的"担忧"，使他们真实地获得了来自国家的各种支持。

面对国家的鼓励和支持策略，国有石油公司最终大力配合国家战略。1998 年以来，特别是 2002 年以来，中石油、中石化、中海油等国有石油公司真正加大了"走出去"的步伐和力度。无论是在投资范围，还是在投资规模等方面，国有石油公司都实现了历史性突破，开始积极参与激烈的全球性石油资源竞争。以中国石油化工集团为例，2005 年，公司积极实施"走出去"战略，到海外寻找油气资源，开拓石油和石化工程市场。针对进口原油逐年增加的严峻形势，通过进口渠道多元化，提高长期合同比例、优化原油结构、优化原油运输、开展第三方贸易和采取灵活市场策略等方式，在全球优化采购原油资源，初步建立了比较稳定的进口原油供应体系。同时，一批海外油气资源项目和石油石化工程项目取得重要进展。累计实施或已签订了 36 个海外油气勘探开发项目，全年新增权益石油可采储量 1623 万吨，获得权益油 88 万吨。全年新签海外石油和石化工程合同 14.8 亿美元，完成合同额 4.8 亿美元。[①] 同样，中国石油天然气集团的海外业务也取得了较大进展，国际业务步入规模化发展阶段。2005 年，中石油加大海外油气勘探开发力度，精心组织项目运作，在非洲、中亚、中东、南美和东南亚等五大海外生产发展区全面实现增储上产，进一步确立了国际大石油公司的地位。当年，公司完成了原油作业产量 3582 万吨、权益产量 2002 万吨，同比分别增加 18.9%、21.9%；海外工程业务实现 192 亿元的营业收入，同比增长 14%；新签合同额 25.5 亿美元，增长 51%。[②]

值得指出的是，在国有石油公司积极配合国家战略，加大实施海外业务扩展的过程中，为了更好地体现其对国家战略的合作，尽可能多地获取海外石油资源，国有石油公司在海外投资时，并不一定严格按照"成本 -

①《中国石油化工集团公司年鉴》（2006）第 1 页、第 4 页。
②《中国石油天然气集团公司年鉴》（2006）第 4 页。

收益"的经济学逻辑进行。相反，对特定区域的特定项目，国有石油公司并不考虑项目的投资收益，而只考虑能否获得项目经营权，能否获得更多的石油资源。这导致很多海外石油投资项目实际经济效益低下，不符合效益原则。中国石油企业为了中标海外石油项目，其（服务）报价普遍偏低，个别企业甚至以低于成本的价格投标，把中标当成最终的成功，往往在履行完若干合同后才发现项目利润实在太少（姜少慧，2006）。2005 年，中海油收购优尼科公司的失败也提示人们关注中国石油公司海外并购的经济收益。中海油在准备收购优尼科公司时，国际石油价格持续走高，这个时候收购无疑会（在被收购对象的资产评估上）形成高额的收购成本，而且也不符合国际石油并购的惯例。

从上面的论述我们可以认为，1988～2008 年中国石油产业外部合作战略的变化（从"引进来"到"走出去"）包含了一系列复杂的微观政治过程。在这一过程中，国家、国有石油围绕着实施"走出去"战略的问题，持续地进行着复杂的双边权力游戏与互动。由于国家和国有石油公司都具有一定的自由行动能力，都拥有一定的可以与对方交易、谈判的关键性资源，因此，中国石油产业的外部合作战略从"引进来"到"走出去"的转变并非遵循绝对的形式制度逻辑——目标一致情境下的先验理性与结构决定论逻辑。换句话说，尽管国家拥有强大的政治权威和行政权力，但它并不能完全地决定这种外部合作战略的组织与制度的变革。国有石油公司作为游戏的参与者，具有与国家并不绝对一致的游戏目标，因此，在双方建构起来的权力游戏中，国家通过与国有石油公司的策略性互动，实现了"走出去"的产业组织与制度变革。也即，国家通过有意识地建构起与国有石油公司的权力游戏，来实现对其游戏目标与行动的整合，有效地动员起国有石油公司对"走出去"战略的响应与合作。

第八章 朝向深层权力游戏的产业
治理与新产业社会学

一 产业转型权力机制的再确认

20 世纪 80 年代末以来，随着中国市场化改革的推进以及中国经济与全球市场的深度接轨，中国石油产业逐步实现了发展范式的巨大转型。以 1998 年中国石油产业的大重组为标志，中国石油产业逐步实现了从早期"封闭 – 行政化"发展范式向"开放 – 市场化"范式的转变。作为一种复杂的组织与制度变迁，它包含了四个维度的重要内容：在石油及石油产品的定价机制上，实现了从政府计划定价到朝向反映市场规律、与国际石油市场接轨机制的转变；在石油产业的企业组织形式上，从 1998 年之前的国家行政式企业向现代企业制度的变革；在石油产业的市场参与或市场竞争格局上，实现了从国家主导下的局部有限竞争格局，向以国有石油公司为主导的多元竞争格局的转变；在外部合作战略上，实现了从早期以引进外国资本和技术为导向的"引进来"战略，向以输出资本和技术为导向的"走出去"战略的深刻转型。

从组织研究的角度来看，中国石油产业范式的转型意味着在定价机制、组织形式、市场参与、外部合作等方面，产业组织方式与制度实现了巨大转变。随着市场化与全球化趋势的不断延展，中国石油产业逐步形成了与市场机制、全球市场相互适应、相互嵌入的发展范式。从旧的产业范式向新的范式转变后，国家及其行政职能逐步从对石油产业的直接规制及干预中"退身"出来，逐步引入了反映市场规律的市场机制。市场开始作为一种资源的配置机制引导石油产业的发展及其方向。尤其是在石油产品的定价机制上，决定石油产品价格的不再是具有传统计划色彩的国家统一定价。新的石油定价机制在与国际石油市场接轨的过程中，逐步地实现了市场供需机制、成本－收益机制等在形成石油价格中的功能发挥。至少在一定程度上朝向了市场规律，并开始反映全球石油市场的紧密关联性。

同样，国家对石油产业管理体制的重组改革，使国家对石油产业的治理不再简单地依靠行政体制下的行政权力，国有石油公司也逐步从旧体制下作为国家的行政附属，向作为有自主经营权的现代市场法人身份转变。国家与国有石油企业的关系主要通过产权、投资关系来体现。通过建立起符合现代市场经济要求的现代企业制度，建立起现代公司制的内部治理结构，国有石油企业开始以真正意义上的市场竞争主体参与到激烈的市场竞争中去。"自主经营、自负盈亏、自担风险"以及追逐经济利润和经济效益成为引导国有石油企业市场行为的基本原则。市场化改造的结果实现了国家对大型国有企业进行改革的目标，并有效地打造出了以中石油、中石化和中海油为代表的有较强市场竞争力的现代大型国有石油企业集团。

中国石油产业的范式转变，也包含着石油市场参与或竞争格局的转变。1998 年以来，随着中国石油产业市场化改革的深入，市场参与格局或竞争机制实现了较大的制度变迁。在新范式之下，包括民营石油企业、外资石油企业等在内的数量众多的体制外石油资本获得了参与市场竞争的机会，中国石油市场的参与者不再局限于三大国有的石油公司。无论是在市场份额，还是在品牌营销等方面，民营石油企业和外资石油企业都为中国石油市场带来了新的元素，并给传统的国有石油企业带来了一定的冲击和挑战，从而激活了石油市场的竞争机制。在有效的市场参与结构实现多元化转变的同时，中国的石油市场逐步实现了开放度的提高，市场准入的大门开始打开。无论是在石油炼化领域，还是在成品油销售领域，由国有石油公司基于国家行政授权的绝对优势格局开始被打破。民营石油企业、外资石油企业逐步成为中国石油市场不可忽视的重要力量。与此同时，三大国有石油公司之间也开始形成有效的市场竞争。通过打破专业化分割控制，中石油等国有石油公司实现了上下游、产销的一体化发展。在三大国有石油公司之间，竞争的格局开始形成。

在石油产业范式转型的过程中，外资石油企业向中国石油市场的渗透，一方面体现了市场机制引导的作用，另一方面则可以被理解为国家大力实施"引进来"的外部合作战略的效果显现。在"封闭 – 行政化"范式阶段，中国石油产业在发展资金、技术上相对落后，需要引入外国石油企业的资本、先进技术和管理经验。在石油产业的部分领域实施"引进来"战略有利于中国石油企业自身能力的积累和提升。而 20 世纪 90 年代中后期之后，国内石油资源供给的有限性使中国对海外石油资源的依赖性增强，在此背景下，中国石油企业真正开启了"走出去"，迈出海外扩展的步伐。从"引进来"到"走出去"反映了中国石油产业发展过程中全球战略眼光的形成。积极有效地实施"走出去"战略，参与全球石油市场的竞争与合作，提升国有石油企业的国际竞争与合作能力，是中国石油产业发展的一个重要战略转型，更折射出中国国家经济实力的提升。

中国石油产业在 1988～2008 年的范式转型，本质上是一种组织与制度变迁现象。这种变迁不能简单地从正式组织或形式制度的层面去理解。根据组织社会学决策分析的推论方式，研究发现，无论是石油定价机制、组织形式，还是石油市场参与、外部合作，石油产业正式层面的组织与制度变革仍然只是一种表层的结构聚合物。尽管中国石油产业的范式转型是在市场化、全球化等宏观的结构性背景下逐步实现的，而且范式转型本身也包含着市场机制的引入、向全球市场的嵌入等，但是，在正式组织与制度层面，将市场、国家及其制度建构等与石油产业范式转型进行简单化、直线型的相关性处理，还不足以揭示中国石油产业范式转型的深层动力。组织社会学决策分析作为一种有穿透力的分析工具，为我们提供了洞察产业组织与制度变迁深层动力的有效方式。

作为一种组织与制度现象，中国石油产业在定价机制、组织形式、市场参与、外部合作等方面的深刻转变，背后隐含着一系列复杂的权力游戏。这种权力游戏可以理解为一系列有组织的集体行动，或者说是不同行动者之间就特定的组织与制度变革问题而建构起来的一种权力互动过程。本研究发现，只有将定价机制、组织形式、市场参与、外部合作等不同方面的组织与制度变迁置于一种权力关系及权力游戏的视域内才会发现，中国石油产业范式的转型并不完全是如市场主义、制度主义、网络主义的产业分析所认为的那样，市场机制、国家及其制度安排、社会关系网络是决定产业发展变迁的决定性机制。相反，正是在具体的组织与制度变革过程中，不同行动者之间基于特定的行动能力以及对组织环境、其他行动者可能的行动策略等的判断与权衡，而建构起一种特定的权力游戏，才使某种正式化的组织与制度变革成为可能。换言之，在中国石油产业定价机制、组织形式、市场参与以及外部合作等方面的正式组织与制度的变革，本质上是由特定的权力游戏所形塑的。权力游戏作为一种有组织的整合机制使不同行动者之间的差别性利益目标、行动策略能够实现一种最低限度的整合。通过各方都共同遵守的互动规则的权力游戏，不同行动者之间能够实现一种（使各方都能）基本满意的利益目标的相对均衡。或者说行动者之间通过游戏中的谈判、交易、讨价还价达成了一种最低限度的合作，从而实现了正式组织与制度层面的变革。

结合前文的分析，研究发现，在产业分析中引入组织决策分析的推论方式，较好地实现了对市场、制度、网络等产业解释机制的补充和整合。具体而言，在市场主义的解释范式下，特定产业的发展都是市场机制作用的必然结果。资本、技术、人力资本、信息等市场要素是决定产业发展的基本要素，而市场的供需关系、产业的比较竞争优势等又决定了产业发展的具体导向、路径。这种市场主义的产业解释承袭了新古典经济学"应然"的分析特点，在市场机制与产业发展之间建构起了一种简单的线性联系。制度主义视角的产业解释，凸显了国家及其制度建构、产业政策对产业发展的决定性意义，强调了社会的认知、文化意义系统对产业发展模式的形塑作用。但是，这种视角的理论解释忽视了具体制度变革过程中微观的互动过程所具有的决定性影响。也就是说，制度主义视角的理论解释用制度建构去解释产业的发展，却无法回答这种特定的制度何以可能，为什么是这一制度而非另一种制度成为决策的方案等问题。网络主义视角的理论解释没有形成如市场主义和制度主义那样系统化的理论分析框架，这种解释视角只是从比较宽泛的层面，在产业网络、社会资本与产业发展间建立了一种经验性的描述关系。而组织决策分析的引入，超越了正式与非正式的组织与制度，超越了市场、制度、网络的形式分析框架，将对产业发展的解释纳入对具体的权力关系及权力游戏的勾勒与分析中，将正式结构与微观领域的行动有效地融合，因而能够更深刻地揭示出决定产业发展及其制度变迁的深层结构与动力来源。

具体而言，在中国石油产业定价机制从政府计划定价向逐步与国际市场接轨的过程中，充满了国家、国有石油公司、石油消费者之间的微观权力互动。在定价机制变革的游戏中，这些行动者的利益目标并不完全一致，甚至相互冲突。国家、国有石油公司、石油消费者之间组成的正式关系结构并不能完全决定定价机制的变革过程。相反，国家、国有石油公司、石油消费者等作为有一定行动能力的自由行动者，都存在着对定价机制变革施加影响的可能性，都能够拥有或多或少的不确定性领域和自由余地。它们之间经常地发生着持续的谈判、讨价还价、妥协等权力互动。因此，本研究发现，决定中国石油产业定价机制变革的并不是简单的正式层面的国家行政权力，而是国家、国有石油公司、石油消费者之间形成的权力关系与权力游戏。在定价机制变革的过程中，我们可以发现，国家尽管主导了价格机制的改革，却没有完全决定定价机制变革的模式、进程等。在推动市场化的价格机制变革的过程中，国家也需要充分权衡制度变革在其他层面的可能后果，也需要充分考虑和照顾石油消费群体的利益。因此，研究发现，在推动石油定价机制变革的过程中，制度变迁遵循的并不是正式层面诸如市场、制度、网络的逻辑，而是更深刻的一种权力游戏的逻辑。

作为一种典型的组织变迁现象，石油产业的管理体制与企业组织形式的变革从正式结构的逻辑来看，无非就是在国家、国有石油总公司、石油生产企业（油田企业）之间基于行政隶属关系而形成的垂直等级结构中进行的。国家因为具有强大的行政权力而处于金字塔的顶端，国有石油总公司、石油生产企业只能服从国家的行政命令和具体安排。在这种正式的等级结构中，国有石油总公司、石油生产企业似乎不可能有自己的自由余地。在此认知思维下，1998 年以来中国石油产业的管理体制与企业组织形式的变革就是国家强力推动的结果。但是，通过引入组织决策分析的推论方式，研究发现，石油产业组织形式方面的制度变革并不直接是国家行政权力的作用结果，其中包含了国家、国有石油总公司、石油生产企业之间复杂的权力互动。国家、国有石油总公司、石油生产企业之间围绕着组织形式改革的方案、石油企业自主性等具体问题进行了激烈的讨价还价。也就是说，制度变革并非如人们简单化认为的那样，是在国家的行政权力体系下基于"命令－服从"逻辑而推动的结果。正是由于在国家、国有石油总公司、石油生产企业之间建构起了一种基于各自行动能力与资源控制的权力游戏，作为主导者的国家才有可能实现对国有石油总公司、石油生产企业等行动者差异化的行动目标、行动策略进行整合，动员起它们对由国家所主导的组织形式变革的合作（即便是一种最低限度的合作）。同样，对国有石油总公司、石油生产企业而言，在这种权力游戏中，它们并没有完全丧失自由行动的余地，通过它们的策略性行动，或多或少地保护了自身的目标与利益。组织形式改革的结果表明，国家最终实现了其改革的目标，实现了石油产业的重组改制；国有石油总公司的行业地位与权威也得以维持，成为行业整合性的石油集团公司；而石油生产企业尽管没有获得其预期的目标，但最终还是获得了补偿，获得了（与总公司一样的）独立自主的法人身份。因此，可以认为，石油产业管理体制与组织形式的变革本质上是国家、国有石油总公司、石油生产企业之间权力游戏的结果。

石油产业的市场参与结构或竞争机制的变革本质上是关于石油市场放开或市场准入变革的问题。根据市场主义的解释，石油市场的开放度提高与市场竞争的扩展是市场化发展的必然结果；制度主义的解释则认为，石油市场竞争扩展主要是作为产业推动者的国家有意识的产业政策推动的结果。然而，这些解释都忽视了在市场参与格局的制度变革中，国家、国有石油公司、民营石油公司、外资石油公司之间建构起来的权力游戏，忽视了游戏中这些行动者的策略性行动对正式层面制度变革的影响。本研究发现，在石油产业市场参与格局的制度变革中，或者说在中国石油市场准入逐步放开的制度变革中，国家、国有石油公司、民营石油公司与外资石油公司之间实际上进行了一系列的微观权力互动。在市场参与的渐进式制度改革过程中，这些行动者的行动表现出了高度的策略性。在市场准入的放开和限制上，国家、国有石油公司与民营石油企业、外资石油企业之间进行了复杂的权力互动。每个行动者面对对方的行动决策，都权变性地采取了自己的行动策略。通过这些策略，国家、国有石油公司、民营石油企业、外资石油企业等都实现了一定的利益目标，或者说使自身的损失降到最低。国家实现了既逐步开放石油市场，又保护国有石油公司的利益目标；国有石油公司维护了自身的市场优势地位；民营与外资石油企业也获得了形式上的市场准入，参与到了石油市场的竞争。基于此，我们也可以确认，国家、国有石油公司、民营与外资石油企业之间复杂的权力游戏构成了中国石油产业市场参与格局变迁的深层机制。

同样，在石油产业的外部合作战略上，从"引进来"到"走出去"的战略转变，表面上看是由国家强力主导、国有石油企业积极配合的结果。在推动这一制度变革的过程中，国家与国有石油企业的目标完全一致。在一种"一拍即合"的"耦合"下，国家与国有石油企业共同努力去推动"走出去"战略的实施。然而，研究发现，即便是在看似利益目标高度一致的"走出去"战略中，也存在着国有石油公司（相对于国家而言）自身的隐性目标。中国石油企业实施"走出去"战略的经验历程也表明，存在于国家与国有石油公司之间特定的差异化目标，使这种外部合作的战略变革受到限制。研究发现，在推进石油企业"走出去"的战略过程中，国家与国有石油公司之间建构起了持续的双边权力游戏。正是这种特定的权力游戏，使国家能够动员国有石油公司在实施"走出去"战略上的配合。国家通过持续动员与给予特许权保护的行动策略，实现了与国有石油公司之间的不明言交易，实现了国有石油公司对"走出去"战略的积极合作。

至此，可以确认，1988～2008年，中国石油产业范式在定价机制、组织形式、市场参与、外部合作等方面的巨大转型，是具体行动领域不同行动者之间所建构起来的权力关系及权力游戏的结果。换言之，在形式层面的组织与制度变革过程中，不同行动者之间持续进行的权力游戏，构成了中国石油产业从"封闭－行政化"范式向"开放－市场化"范式转型的深层结构或动力来源。

二 产业治理与新产业社会学

（一）关于组织与制度及其变迁的动力来源

依据传统的关于组织与制度的封闭系统与自然系统的理论解释，在组织与其成员之间、结构与行动之间，似乎只存在着唯一确定性的关系。这种关系要么是先验决定性的，要么是基于某种情感的需求，或者是共同的目标与愿望（克罗齐耶、费埃德伯格，2007）。在这样一种传统的认知框架下，我们很难发现组织与制度背后还存在着能够反映自主性的领域。在正式的组织与制度之下，没有给不确定性留下任何空间，作为行动者的个体也只是同质化的，是组织结构的一部分。当我们依据这种理论意识形态去认识和理解组织与制度时，就很容易想当然地认为是某个先验存在的结构作用的产物。比如说，关于产业组织与制度，（我们会认为）国家能够利用其行政权力强制性地推动某种组织与制度变革。在国家及其制度建构与产业之间，似乎只要具备了能够充分满足这种"方程式"的变量，特定的产业组织与制度形态就是一种可以推导出来的结果。同样，那种坚信市场神话的产业解释，似乎也不约而同地遵循了同样的逻辑，只要充分尊重市场规律，让价格、供需、竞争等市场机制充分实现功能释放，那么，特定的产业发展就是一种投入产出的函数关系。如前文所言，关于组织与制度的这种正式化和结构化的理解很容易陷入一种决定论的窠臼。那么，如何才能从这种"僵化"的意识形态中走出来，如何才能发现人类社会中组织与制度的真实存在样态？这应该是一个有意思的社会学问题。

组织社会学的决策分析作为一种独特的推论方式，试图超越传统组织社会学中关于"组织"与"制度"的形式化理解，尤其是超越了韦伯意义上的科层制组织的内涵。这样一种超越正式与非正式的组织分析模式，使我们能够从最微观的具体行动领域来揭示和勾勒出潜藏在正式组织与制度中的深层形态。这种深层的微观行动领域更有可能是组织与制度实践的真实且本质的过程。组织决策分析的基本预设是，任何一种正式的组织与制度或结构都不可能完全限定作为行动者个体的自由行动余地与不确定性领域。尽管正式的组织结构或者制度在总体性的层面限定了组织成员行动的范围、规则、方向，但是，进入权力关系与权力游戏中的行动者都或多或少拥有自己的自由余地。基于自身的行动能力，行动者之间会围绕着某个具体的组织与制度问题，现实地发生着权力互动。通过这种权力游戏，行动者有可能动用起其他人的资源来实现为我所用的目的。当然，行动者也需要拿出一些能够吸引其他人注意的资源，来实现一种交易和交换。

按照决策分析的基本预设，组织与制度并非如其呈现在人们面前的那样，具有确定性的边界和明确的目标。相反，真实存在着的组织与制度却是一个个具体的微观的权力互动领域或游戏领域。这种权力游戏不是固定不变的，它没有确定性的边界与目标，是一种开放的、权变性的建构之物。在这种建构起来的游戏中，不同行动者实现着资源、权力、利益、目标等方面的交易和协调。这也进一步提示我们，既然组织与制度的真实存在并非一种确定性结构，那么，如何理解组织与制度的变迁，或者说组织与制度变迁的深层动力来源是什么？组织社会学的决策分析已经给出了寻找答案的方式：通过勾勒出不同行动者所具有的行动能力、关键性资源、自由余地和不确定性领域，行动的组织环境以及行动者采取的行动策略，来揭示行动者之间围绕着某个具体问题而展开的一系列复杂的权力关系与权力游戏，进而发现某种特定的组织与制度变迁的深层动力来源。

（二）关系重构：产业治理中的市场、制度与网络

根据组织社会学决策分析的推论方式，任何组织与制度现象背后都包含着一系列的微观政治过程。在这种微观的政治过程中，不同的行动者围绕着某个具体问题建构起某种复杂的权力关系及权力游戏。这种权力游戏作为一种工具或手段使互动中行动者的利益、目标实现最低限度的整合，进而实现一种合作的秩序。

那么，在现实层面的产业治理上，如何实现良性的产业制度变迁与产业治理，组织社会学决策分析的推论方式或许可以为我们提供一个有用的观察视角或分析工具。正如前文所言，中国石油产业范式的转变是不同行动者围绕着具体问题而建构起来的权力关系与权力游戏的结果。作为一种超越了正式结构与非正式结构，超越了结构与行动二元对立的分析方式，组织社会学决策分析似乎可以给我们这样一个重要启示：在具体的产业治理中，作为主导者和参与者的政府应该从传统的治理思维中走出来，克服那种基于正式结构的治理机制的缺陷。在具体的产业治理问题中，政府应该利用自己掌握的优势资源，通过一种策略性的行为，建构起与其他相关行动者的特定权力关系及权力游戏。通过这种权力游戏，实现对其他行动者利益、目标与行动的整合，动员他们进行有效合作。

也就是说，在现实的产业治理过程中，国家可以有效地、策略性地发挥市场、制度与网络等治理机制的作用。通过某种特定的权力游戏来实现对市场、制度与网络等机制间关系的重构。在具体的产业治理中，国家作为重要的行动者，可以有效地利用市场、制度与网络等治理机制的作用，将其作为一种可动用的行动资源与行动策略，与游戏中的其他行动者进行资源的交换，借以动员他们进行合作。现实领域的产业治理其实并不只是遵循如市场、制度、网络等单一逻辑。通过建构起行动者间的权力游戏，可以有效地对市场、制度、网络等机制的效用进行整合。换言之，在权力关系与权力游戏的意义上，实现对市场、制度与网络等机制间关系的重构，这样能够有效地降低产业治理的交易成本，有效地克服市场失灵的外部性、国家的制度失灵带来的非预期后果以及网络或社会资本的负功能。

（三）转型期中国产业治理问题意识与新产业社会学

经过改革开放四十年的经济增长，中国经济发展与全球政治经济体系的关联度和依赖度日益提升，每一个经历或见证中国经济增长奇迹的人都不会拒绝承认市场化、全球化对新兴大国经济发展的重要意义。然而，美国特朗普政府上台给全球化的经济体系带来诸多的不确定性，中国在全球政治经济格局中的突出位置，都势必启发研究者、政策观察者们思考这样一个问题：这种变化了的全球政治经济格局，是否会使包括中国在内的世界主要经济体的经济发展战略，尤其是主导型、关键性产业的治理进入一个全新的变革时代？中国的经济发展与产业治理是否会沿着全新的路径或逻辑向前推进？很显然，对中国经济成就及未来趋势的讨论似乎从来就没有停止过。毕竟 2008 年缘起于美国次贷危机的全球性经济危机的消极影响还没有完全褪尽；蔓延在传统欧洲大陆的主权债务危机以及移民问题又使欧洲主要经济大国的发展步履艰难；同样，日本在 20 世纪 90 年代的泡沫危机后似乎一直就没有了复苏的动力。在此背景下，经济上日益崛起的中国必然会成为全世界关注的对象。然而，近年来，受到全球经济不景气等因素的影响，中国国内的经济增长也开始步入所谓的新常态。比如，传统的钢铁、水泥、冶金等产业出现大量的产能过剩，长江三角洲与珠江三角洲区域具有传统优势的低端加工制造业的大规模衰退与转移，大量非理性资本向房地产市场的涌入，传统国有企业再次面临结构性重组与机制转变的难题，大量民营与私营企业缺乏发展相对缓慢，等等。为此，在中国新一轮经济产业结构调整以及国家大力实施供给侧改革的背景下，如何从更深的层面（尤其是从经济社会学的角度出发）对中国经济产业的发展与治理给予理解和分析，毫无疑问具有重大的战略意义和理论价值。

关于中国重要产业的发展与治理，人们已经习惯于传统的基于市场机制的主流产业经济理论以及以东亚经济奇迹为经验而构建起来的发展主义等理论的解释及认知方式。但是，客观而言，传统的西方自由竞争理念的经济理论、产业组织理论，以及基于日韩经验建构的发展型国家、产业政策范式的理论，都难以较好地回应当下中国一些重要产业在发展与治理中衍生、隐含着的一系列结构性问题。比如，（1）产业治理及制度变迁过程中隐含的微观政治及微观组织机制的问题。中国产业的治理及变迁尽管是在宏大的市场化改革背景下，以国家为重要力量作用的结果，但大量深度的经验观察却表明，产业治理及制度变迁并非遵循一种线性的科层制权力逻辑，市场机制的发挥不仅会受产业制度环境因素的影响，而且会受到产业不同主体间利益博弈的影响。这一现象在诸如电力、通信、石油、金融等垄断型产业的市场准入变革中表现得更为生动和贴切。（2）产业治理资源的大规模、高密度、长时段投入与产业治理绩效悖论的问题。近些年来，在一些涉及经济增长与民生福利的产业，国家及各级地方政府不断加大对产业发展与治理的资源支持（包括政策资源、财政资金支持、信息、技术和人力资源等多方面的支持），但这些产业治理绩效不甚理想。典型的比如中国房地产业，近些年陷入了越调控房价越上涨的"怪圈"。（3）产业治理中国家、市场与社会的边界重构与关系调适的问题。在中国的语境下，产业治理本质上是一个社会过程，产业治理政策的构建与实施建立在国家、市场、社会之间权力互动的基础之上。但是一些特定产业规制政策的实施没能关照或平衡好国家、市场组织与社会主体之间的利益关系，导致舆论对此争议不断。典型的产业比如在信息技术高度发展的背景下，不断涌现出的网约车、共享单车等新行业，极大地冲击了传统出租车行业、市民群体等主体的利益，国家对这些产业的有效治理实质上就涉及对国家、市场、社会之间权力边界、利益分配格局的重构和调整。（4）经济产业发展与治理过程中社会基础构建的问题。产业的发展与治理在实践过程中往往会受到特定的社会结构、民情与文化特征的影响。日韩的经验表明，企业组织中劳动者的较高程度的组织承诺、认同感等社会特质是保证企业、产业发展的重要社会条件。而中国的一些关键性的产业治理，如煤炭、石油、稀土等资源型产业在原产地的开发与发展并没有实质性地惠及地方社区，其中也涉及产业发展与治理的社会基础问题。

基于对中国关键性产业发展与治理的经验变迁的观察，以及这种产业变迁与传统主流理论范式之间的张力或堕距，我们深刻地意识到，在新一轮的产业结构调整与转型阶段，有必要重新检视既有理论研究的局限及治理实践的悖论，深入探寻和分析中国关键性产业发展与治理的深层逻辑。我们意识到，中国制度情境下的产业发展及其治理，本质上应该嵌入到中国特定经济社会发展阶段的历史传统、政治文化、社会特质之中。这种植根于特定制度结构的产业治理又紧密而现实地表现为一系列的微观政治过程或权力游戏。对此，我们似乎可以大胆地研判，一种建立在组织社会学决策分析基本推论方式与中国产业治理现实问题意识基础上的新产业社会学或将成为可能，这将为我们提供一种不同于传统产业经济理论的关于产业治理的新智识。

参考文献

阿瑟·刘易斯，2002，《经济增长理论》，商务印书馆。

埃里克·弗鲁博顿、鲁道夫·芮切特，2006，《新制度经济学：一个交易费用分析范式》，上海人民出版社。

安龙江，1994，《石油流通体制亟待规范》，《发展》第 11 期。

安维复、梁立新，2008，《究竟什么是"社会建构"——伊恩·哈金论社会建构主义》，《吉林大学社会科学学报》第 6 期。

彼得·诺兰，2000，《中国石油和天然气工业的机构改革：半公司——从直接行政控制到控股公司》，《战略与管理》第 1 期。

毕德东，2006，《中国成品油市场的"三国演义"》，《大经贸》第 11 期。

柴盈、何自力，2006，《论完全理性与有限理性——对现代经济学理性假设的反思》，《华中师范大学学报》（人文社会科学版）第 5 期。

常海虹，2008，《我国成品油定价机制改革策略研究》，硕士学位论文，江苏大学。

陈冬梅，2006，《成品油定价机制：渊源、现状与路径选择》，《北京石油管理干部学院学报》第 5 期。

陈厚森，1998，《关于加快石油企业改革的几点思考》，《实事求是》第 2 期。

陈辉，2006，《中国石油公司的"走出去"与中国石油安全》，硕士学位论文，上海国际问题研究所。

陈立，2001，《中国石油天然气行业的结构调整与监管改革》，《国际石油经济》第 2 期。

陈路，1997，《陆上石油行业利用外资的回顾与展望》，《中国投资与建设》
    第 11 期。

陈其钰，2007，《5000 座民营加油站待沽，年底或掀出售高潮》，《上海证
    券报》7 月 19 日。

陈仕新、万静，2008，《垄断法出台，民营加油站盼能合法竞争》，《经理
    日报》7 月 27 日。

陈晓舒，2006，《民营油企：一场涉外的集体婚姻》，《中国新闻周刊》6
    月 18 日。

程玉春、夏志强，2003，《西方产业组织理论的演进及启示》，《四川大学
    学报》（哲学社会科学版）第 1 期。

崔贵维，2004，《国内石油市场现状与趋势分析》，《石油大学学报》（社会
    科学版）第 4 期。

邓汉慧、张子刚，2004，《西蒙的有限理性研究综述》，《中国地质大学学
    报》（社会科学版）第 6 期。

邓翔、胡国松，1996，《关于我国石油工业体制模式的思考》，《经济理论
    与经济管理》第 6 期。

邓聿文，2008，《政府应强制两巨头给民营油企留条生路》，《商界》（评
    论）第 11 期。

董星亮，2004，《中国海洋石油总公司跨国经营战略研究》，硕士学位论
    文，天津大学。

董秀成，2005，《国内成品油价格改革现状：问题和思路》，《中国能源》
    第 9 期。

范晓屏，2007，《社会资本、资源筹措能力与工业园区发展——以浙江工
    业园区为实证》，《科学学与科学技术管理》第 3 期。

方雷，2009，《国有石油企业"走出去"战略思考》，《企业技术开发》第
    6 期。

费埃德伯格，2005，《权力与规则：组织行动的动力》，上海人民出版社。

封智勇，2005，《中国石化企业国际化经营分析》，《化工管理》第 11 期。

冯春艳，2007，《外资公司在中国油气领域的投资特点及发展趋势》，《中
    国石油和化工经济分析》第 20 期。

冯冬宁、都镇强，2009，《中石化、中石油、中海油等巨头频举金钱大棒：
    淄博民营加油站进退维谷》，《鲁中晨报》9月21日。

弗兰克·道宾，2008a，《打造产业政策：铁路时代的美国、英国和法国》，
    上海人民出版社。

弗兰克·道宾，2008b，《经济社会学》，上海人民出版社。

傅琦，2007，《中国石油加工业竞争力评价和分析》，中国标准出版社。

高柏，2006，《新发展主义与古典发展主义——中国模式与日本模式的比
    较分析》，《社会学研究》第1期。

高柏，2008a，《经济意识形态与日本产业政策：1931～1965年的发展主
    义》，上海人民出版社。

高柏，2008b，《中国经济发展模式转型与经济社会学制度学派》，《社会学
    研究》第4期。

高国顺，2004，《亚当·斯密的经济增长因素分析——亚当·斯密的经济
    增长理论研究之一》，《湖北大学学报》（哲学社会科学版）第1期。

高世星，1995，《中国对外合作石油税收的优惠政策》，《国际石油经济》
    第3期。

高兆刚，1998，《打好石油企业改革攻坚战，加快建立现代企业制度》，
    《石油企业管理》第4期。

苟三勇，2006，《新形势下政府进行石油产业管制的对策建议》，《商业时
    代》第21期。

管清友、何帆，2007，《中国的能源安全与国际能源合作》，《世界经济与
    政治》第11期。

郭才，1997，《深化我国石油流通体制改革的政策取向分析》，《经济研究
    参考》第A3期。

郭建强，2002，《加入WTO对我国石油行业的影响及战略对策》，硕士学
    位论文，对外经济贸易大学。

郭京福，2004，《产业竞争力研究》，《经济论坛》第14期。

郭燕春，2007，《中外石油巨头争相收编民营加油站》，《中国商报》11月
    16日。

郭勇、吕文静，2005，《我国石油企业实施海外投资战略的必然性及其困

境、机遇与挑战》，《经济研究参考》第 71 期。

哈罗德·德姆塞茨，1999，《所有权、控制与企业——论经济活动的组织》，经济科学出版社。

哈耶克，2003，《个人主义与经济秩序》，上海三联书店。

韩宁会，2003，《人际关系学派注重"人的因素"的启示》，《中国人才》第 1 期。

韩学功，2006，《中国石油经济体制改革之我见》，《国际石油经济》第 4 期。

韩颖，2009，《油价连续上调究竟孰是孰非》，《产权导刊》第 8 期。

郝吉，2008，《我国成品油价格改革的困境与对策》，硕士学位论文，中国社会科学院研究生院。

何金祥，2002，《我国石油产业的国际竞争力与加入 WTO 对我国石油产业的影响》，《国土资源情报》第 11 期。

何雄浪、李国平，2006，《基于分工演进、社会资本的产业集群形成与发展机理分析》，《科技管理研究》第 9 期。

何中华，2010，《马克思主义哲学研究中"范式"概念》，《中国社会科学报》1 月 14 日。

侯钧生，2001，《西方社会学理论教程》，南开大学出版社。

胡国松、张娟，2007，《石油企业跨国并购中的风险与防范》，《天府新论》第 5 期。

胡乐明，2001，《公共物品与政府的作用》，《当代财经》第 6 期。

华泽彭、殷建平，1992，《合理的政策调整是振兴我国石油工业的关键》，《中国工业经济研究》第 5 期。

黄莉，2006，《我国石油行业市场结构值得关注》，《宏观经济管理》第 1 期。

黄运成等，2007，《中国石油金融战略体系构建及风险管理》，经济科学出版社。

惠宁，2006，《社会资本与产业集群的互动研究》，《西北大学学报》（哲学社会科学版）第 2 期。

吉国秀、王伟光，2006，《产业集群与区域竞争合作机制：一种基于社会网络的分析》,《中国科技论坛》第 3 期。

计通,1995,《1990~1994 年我国各油田原油产量》,《国际石油经济》第 2 期

贾若祥、刘毅,2003,《产业竞争力比较研究——以我国东部沿海省市制造业为例》,《地理科学进展》第 2 期。

江泽民,2006,《实施引进来和走出去相结合的开放战略》,《江泽民文选》(第二卷),人民出版社。

姜少慧,2006,《对中国石油企业海外投资的思考》,《天然气经济》第 5 期。

姜增伟,2007,《商务部将进一步做好开放条件下石油市场管理工作》,中国政府网,http://www. gov. cn/gzdt/2007 - 01/31/content_513580. htm,最后访问日期:2018 年 9 月 2 日。

金栋,2003,《走出去:石化行业的思路与途径》,《国际经济合作》第 7 期。

卡罗尔·索尔坦等,2003,《新制度主义:制度与社会秩序》,《马克思主义与现实》第 6 期。

康伊明,2004,《对中国石油公司"走出去"战略的思考》,《地质技术经济管理》第 2 期。

克罗齐埃,2002,《科层现象》,上海人民出版社。

克罗齐耶,2008,《法令不能改变社会》,上海人民出版社。

克罗齐耶、费埃德伯格,2007,《行动者与系统——集体行动的政治学》,上海人民出版社。

库尔特·勒布,1999,《施蒂格勒论文精粹》,商务印书馆。

李桂华,2005,《经济学理论与产业竞争力》,《前沿》第 4 期。

李怀,2005,《组织社会学的研究视野与问题:转型中国的组织现象研究学术研讨会综述》,《社会》第 2 期。

李慧中,1998,《中国价格改革的逻辑:1978~1998》,山西经济出版社。

李靖华、郭耀煌,2001,《国外产业生命周期理论的演变》,《人文杂志》第 6 期。

李连仲、李连第,2000,《发展我国大型石油跨国公司的探讨》,《中国工

业经济》第 2 期。

李胜兰，2008，《社会资本与产业集群企业合作效率研究》，《中山大学学报》（社会科学版）第 5 期。

李寿生，2001，《21 世纪中国石油和化学工业产业结构调整分析》，《化工之友》第 12 期。

李书田，2006，《对我国成品油价格形成机制改革的探究》，《价格与市场》第 2 期。

李天星，2005，《民营石油企业的春天》，《中国石油和化工》第 6 期。

李文，2001，《继往开来走出去，开拓海外新天地》，《国际石油经济》第 3 期。

李雪，2007，《国资委规定电信石油等央企须上缴 10% 利润》，《北京商报》12 月 12 日。

李艳君，2007，《跨国石油公司在华投资新动向》，《中国石油和化工经济分析》第 20 期。

李毅中，1999a，《实施战略性改组是搞好国有企业的重大举措》，《人民日报》11 月 11 日。

李毅中，1999b，《统一思想，团结奋斗，努力开创改革发展新局面》，载《中国石油化工集团公司年鉴》（2000）。

李友梅，2001，《组织社会学及其决策分析》，上海大学出版社。

李友梅，2008，《改革开放 30 年：中国社会生活的变迁》，中国大百科全书出版社。

李玉洁，2008，《国际安全形势下我国石油储备战略的思考》，《中国国土资源经济》第 8 期。

李岳，2004，《油市竞争博弈论》，《中国石油企业》第 3 期。

理查德·斯韦德伯格，2005，《经济社会学原理》，中国人民大学出版社。

廖雪科，1997，《对成品油流通体制改革的思考》，《广西商专学报》第 3 期。

林毅夫、李永军，2003，《比较优势、竞争优势与发展中国家的经济发展》，《管理世界》第 7 期。

刘长杰、张向东，2006，《中石油中石化碾碎半数民营加油站》，《经济观察报》4 月 10 日。

刘崇恩，2002，《胜利油田进入国际油气资源市场的策略研究》，硕士学位
　　论文，大连理工大学。

刘传江、李雪，2001，《西方产业组织理论的形成与发展》，《经济评论》
　　第 6 期。

刘宏杰、李维哲，2007，《中国石油消费与经济增长之间的关系研究》，
　　《国土资源情报》第 12 期。

刘剑平、朱和，2003，《国外大石油石化公司进军中国市场现状与策略分
　　析》，《石油化工技术经济》第 6 期。

刘俊宝，2007，《外资经营模式对我国加油站发展趋势的启示》，《石油库
　　与加油站》第 3 期。

刘克雨，1994，《多视角观察，多方位思考：现代石油企业制度及石油工
　　业管理体制研讨会综述》，《国际石油经济》第 4 期。

刘克雨，1998，《国外石油工业管理体制的基本情况及其启示》，《国际石
　　油经济》第 1 期。

刘明，2006，《中国与发展中国家石油合作前景广阔》，《亚非纵横》第
　　1 期。

刘平等，2008，《变动的单位制与体制内的分化——以限制介入性大型国
　　有企业为例》，《社会学研究》第 3 期。

刘树铎，2005，《外资长驱直入，两大集团"火拼"零售终端》，《商业时
　　代》第 19 期。

刘毅军，1998，《对中国石油产业战略性重组的思考》，《中国经贸导刊》
　　第 7 期。

刘玉照，2006，《遭遇修路事件的村庄选举双重选择的集体行动》，《社会》
　　第 5 期。

刘中成，2004，《中国石油产业市场结构与绩效研究》，硕士学位论文，河
　　南大学。

卢梭，2004，《社会契约论》，陕西人民出版社。

卢叶春，2007，《论跨国石油并购及对中国石油企业的启示》，硕士学位论
　　文，对外经济贸易大学。

马富才，2004，《抓住机遇，加快发展，全力打造具有国际竞争力的跨国企业集团——马富才同志在集团公司 2004 年工作会议上的报告》，载《中国石油天然气集团公司年鉴》(2005)。

马富才，《认清形势，坚定信心，团结奋战，实现集团公司持续稳定发展——在集团公司 1999 年工作会议上的报告》(1999 年 1 月 19 日)，载《中国石油天然气集团公司年鉴》(2000)。

马克斯·韦伯，1997，《经济与社会》，商务印书馆。

马歇尔，1991，《经济学原理》，商务印书馆。

曼昆，2001，《经济学》，中国人民大学出版社。

曼瑟尔·奥尔森，1995，《集体行动的逻辑》，上海人民出版社。

明轩，1999，《海洋石油工业发展的回顾与展望》，《石油企业管理》第9期。

尼尔·弗雷格斯坦，2008，《市场的结构：21 世纪资本主义社会的经济社会学》，上海人民出版社。

牛芳，2007，《国内成品油市场竞争的新格局》，《石油化工技术经济》第5期。

牛晓帆，2004，《西方产业组织理论的演化与新发展》，《经济研究》第3期。

彭斐，2009，《国内油价谁说了算》，《记者观察》第8期。

彭剑琴、俞志华，1999，《论石油集团公司重组改制与结构调整》，《国际石油经济》第5期。

朴石，2005，《跨国石油公司在华业务的三个新动向》，《中国石化》第6期。

齐园，2005，《我国石油工业国际化进程分析》，《对外经济贸易大学学报》第3期。

齐园，2007，《跨国石油公司在我国市场的竞争战略及其效果分析》，《企业活力》第1期。

齐中英、梁琳琳，2007，《我国石油定价制度的路径选择》，《价格月刊》第4期。

秦菁，2007，《中国石油企业国际化经营的 SWOT 分析》，《中国石油和化工经济分析》第 17 期。

秦菁，2007，《中国石油企业国际化经营战略研究》，《石油库与加油站》
    第 6 期。

渠敬东等，2009，《从总体性支配到技术治理——基于中国 30 年改革经验
    的社会学分析》，《中国社会科学》第 6 期。

任勇，2007，《多元主义、法团主义、网络主义：政策过程研究中的三个
    理论范式》，《哈尔滨市委党校学报》第 1 期。

邵德刚，1999，《从产业组织理论看中国石油石化集团的重组》，《国际石
    油经济》第 5 期。

邵万钦，1998，《国外石油公司上市分析及国内石油企业上市模式》，《石
    油企业管理》第 3 期。

沈虹，1995，《我国海洋石油对外合作出现新局面》，《中国海上油气》（地
    质）第 1 期。

盛洪，1995，《外部性问题和制度创新》，《管理世界》第 2 期。

施士俊，1995，《我国原油、成品油市场的现状和预测》，《现代节能》第
    S2 期。

石杏茹，2008，《民营油企：活力系于"公平"待遇——访全国工商联石
    油业商会秘书长马莉》，《中国石油石化》第 24 期。

《石油学报》，2002，《中国石油天然气集团公司对外合作取得丰硕成果》，
    《石油学报》第 1 期。

史丹，2003，《我国当前油价机制的效果、缺陷及完善措施》，《中国工业
    经济》第 9 期。

史忠良，2007，《新编产业经济学》，中国社会科学出版社。

寿铉成，1997，《加大投资体制改革力度，提高石油工业经济效益》，《国
    际石油经济》第 4 期。

舒先林、李代福，2004，《中国石油企业跨国经营的现状分析》，《世界经
    济与政治论坛》第 5 期。

斯蒂格勒，1989，《产业组织与政府管制》，上海三联书店。

斯科特，2002，《对组织社会学 50 年来发展的反思》，《国外社会科学》第
    1 期。

斯科特、戴维斯，2011，《组织理论——理性、自然与开放系统的视角》，中国人民大学出版社。

宋连生，2005，《工业学大庆始末》，湖北人民出版社。

宋鲁，1994，《市场经济与建立现代石油企业制度》，《国际石油经济》第6期。

宋则，1998，《对国有企业改革"抓大放小"的再认识》，《经济与管理研究》第3期。

隋舵，2005，《国际石油资源博弈与中国的石油外交战略》，《学习与探索》第3期。

孙建业，2008，《积极适应企业集团管理体制的新变化：完善中国石油管理体制的初步思考》，《北京石油管理干部学院学报》第5期。

孙艳莉，2009，《三分天下新格局》，《中国石油石化》第11期。

孙竹、李阳，2007，《国内成品油定价"原油成本法"评析》，《中国石化》第9期。

孙竹、王伟光，2007，《成品油批发市场开放后竞争格局短期难以改变》，《中国石化》第2期。

田竞，2007，《中国石油企业跨国经营战略分析》，硕士学位论文，对外经济贸易大学。

童莉霞，2004，《关于中国石油行业发展海外投资的研究》，国家商务部网站，http：//caitec. mofcom. gov. cn/aarticle/a/c/200404/20040400203170. html？2095317315＝1033222094，最后访问日期：2004年4月25日。

童永锐，1999，《中国原油价格的改革》，《石油化工技术经济》第6期。

王宝石、张琳，2002，《中国石油工业体制变迁的博弈论分析》，《西安石油学院学报》（社会科学版）第4期。

王冰凝，2007，《中海油进入零售领域，民营加油站面临整合，国内成品油市场三足鼎立局势凸显》，《中国矿业报》10月23日。

王冰凝，2009，《国研中心专家：国内高油价时代终将到来》，《华夏时报》7月24日。

王博，2001，《入世问题上的三个误区》，《金融博览》第7期。

王彩玲，2010，《成品油价格机制问题分析》，《中国石油企业》第Z1期。

王晨，2006，《中国海洋石油的国际化之路》，《中国检验检疫》第 6 期。

王丹，2007，《中国石油产业发展路径：寡占竞争与规制》，中国社会科学出版社。

王冠，2008，《行政垄断对中国石油产业结构的影响分析》，硕士学位论文，山东大学。

王国成，2009，《理性经济行为的实质与科学化演进》，《中国社会科学院研究生院学报》第 1 期。

王国志，2005，《石油工业与三次产业的关系分析》，《燕山大学学报》第 6 期。

王恒利，2007，《高油价下民营加油站的抉择：卖身还是苦撑?》，《东方早报》9 月 25 日。

王甲山等，1999，《大庆油田税负的回归预测模型及其分析》，《大庆石油学院学报》第 4 期。

王梦奎，2001，《经济全球化与政府的作用》，人民出版社。

王明明、方勇，2007，《中国石油和化工产业结构》，化学工业出版社。

王平，2005，《中国石油：利为谁所谋》，《中国改革》第 5 期。

王秋石，1997，《微观经济学》，江西人民出版社。

王维嘉、刘中成，2008，《中国石油产业结构与绩效研究》，《沿海企业与科技》第 4 期。

王轩，2009，《民营油企在夹缝中艰难生存》，《沪港经济》第 1 期。

王燕梅，2008，《石油工业管理体制改革与市场机制的建立》，《国际石油经济》第 2 期。

王以超，2003，《中石油兵败俄罗斯，收购石油公司股权再次夭折》，http://finance. sina. com. cn/g/20030228/1206315592. shtml，最后访问日期：2018 年 9 月 2 日。

王佑，2007，《中石油上市：资源霸主并非仅靠垄断》，《第一财经日报》11 月 5 日。

王智，2005，《企业'走出去'多方来护航》，《经济日报》6 月 7 日。

王仲君，2002，《古典市场均衡理论的意义与当代经济学的发展》，《西南师范大学学报》（人文社会科学版）第 6 期。

韦森，2001，《社会秩序的经济分析导论》，上海三联书店。

卫志民，2002，《20 世纪产业组织理论的演进与最新前沿》，《国外社会科学》第 5 期。

翁定军，2004，《超越正式与非正式的界限：当代组织社会学对组织的理解》，《社会》第 2 期。

吴继侠，2007，《我国石油企业跨国经营的风险分析》，《徐州师范大学学报》（哲学社会科学版）第 5 期。

吴磊，2003，《中国石油安全》，中国社会科学出版社。

吴翔、隋建利，2008，《石油定价机制比较及其改革对策研究》，《价格理论与实践》第 10 期。

武璟，2007，《我国石油定价机制的研究》，硕士学问论文，对外经贸大学。

习文静，2007，《中国石油产业市场结构的发展趋势分析》，《山西财经大学学报》第 6 期。

夏大慰，1999，《产业组织与公共政策：芝加哥学派》，《外国经济与管理》第 9 期。

夏丽洪等，2007，《2006 年中国石油工业综述》，《国际石油经济》第 4 期。

肖兴志、张嫚，2007，《产业经济学》，首都经济贸易大学出版社。

谢晓凌，1999，《进一步深化我国成品油流通体制改革》，《经济研究参考》B6 期。

熊启滨，2005，《中国石油工业海外投资问题研究》，博士学位论文，华中科技大学。

徐传谌、谢地，2007，《产业经济学》，科学出版社。

徐若然，2006，《中国石油定价机制研究》，硕士学位论文，西南财经大学。

徐淑秋，2006，《中国石油企业国际化战略研究》，硕士学位论文，对外经济贸易大学。

徐振强，2002，《石化集团公司国际石油合作决策研究》，硕士学位论文，大连理工大学。

严绪朝，1998，《中国石油大重组》石油工业出版社。

杨帆，2008，《改革开放以来中国的利益集团与社会主义法制》，www. blogchina. com/20081004611334. html，最后访问日期：2018 年 9 月 2 日。

杨嵘，2001，《寡占型市场结构与石油产业组织效率》，《河北学刊》第 1 期。

杨嵘，2002，《中国石油产业组织研究》，博士学位论文，西北农林科技大学。

杨嵘，2004a，《石油产业政府规制改革的国际借鉴》，《生产力研究》第 10 期。

杨嵘，2004b，《中国石油产业市场行为分析》，《石油大学学报》（社会科学版）第 4 期。

杨卫华，2005，《分税制的改革》，《决策》第 3 期。

杨英，2002，《从中国成品油零售市场发展看两大国有石油集团公司的定位及对策》，《商业经济文萃》第 4 期。

叶传华，2005，《双寡头市场价格博弈分析：以我国国内成品油市场竞争主体为例》，《财会通讯》第 1 期。

叶桐，2005，《石油定价机制改革方向：建立即使市场化的石油价格发现机制》，《第一财经日报》02 月 02 日。

余晓敏，2006，《经济全球化背景下的劳动运动：现象、问题与理论》，《社会学研究》第 3 期。

余永定，2008，《美国次贷危机：背景、原因与发展》，《当代亚太》第 5 期。

袁宏明，2009，《成品油价格的改革逻辑》，《中国投资》第 8 期。

袁宁，2007，《我国成品油定价机制的弊端及对策分析》，《经济管理》第 4 期。

苑雅文，2007，《环黄渤海合作区域产业集群的社会网络分析——以韩国对华投资为例》，《天津社会科学》第 2 期。

约翰·坎贝尔等，2009，《美国经济治理》，上海人民出版社。

约翰·迈耶、布莱恩·罗恩，2008，《制度化的组织：作为神话和仪式的正式结构》，载张永宏《组织社会学的新制度主义学派》，上海人民出版社。

詹姆斯·汤普森，2007，《行动中的组织——行政理论的社会科学基础》，上海人民出版社。

张春娣，1994，《论我国石油工业的投资与发展》，《国际石油经济》第6期。

张福琴等，2007，《我国石油工业可持续发展的探讨》，《中国科学工程》第12期。

张海霞等，2007，《我国石油市场竞争主体培育研究》，《未来与发展》第1期。

张皓若，1987，《关于我国对外开放和吸引外资政策——"北京八七"第三世界广告大会发言》，《国际贸易》第5期。

张蕾累，2007，《中国石油市场价格机制现状及改革措施分析》，硕士学位论文，对外经济贸易大学。

张丽雪，2007，《国际油市变动下中国石油价格形成机制改革研究》，硕士学位论文，河北师范大学。

张明松，2007，《构建我国石油工业的现代管理体制》，硕士学位论文，西南财经大学。

张宁，2009，《走出去：中国石油企业的战略思考》，《中国经贸》第6期。

张士运、袁怀雨，2005，《中国石油海外投资现状、问题及对策》，《中国国土资源经济》第11期。

张书平，2007，《中国成品油价格形成机制的现状与未来研究》，硕士学位论文，对外经济贸易大学。

张卫平，1994，《加强宏观控制，深化石油流通体制的改革——浅谈对石油流通体制改革的认识》，《广西商业经济》第4期。

张文宏，2003，《社会资本：理论争辩与经验研究》，《社会学研究》第4期。

张希森，1995，《中国原油和成品油流通体制的改革》，《国际石油经济》第3期。

张旭海，2007，《中国石油企业国际市场进入模式研究》，硕士学位论文，对外经济贸易大学。

张旭海、武玉平，2005，《后入世过渡期中国成品油市场结构及策略研究》，《石油化工管理干部学院学报》第2期。

张学、张伟明，2006，《真实的谎言：原油价格与成品油价倒挂》，《中国经济时报》2月24日。

张一鸣、潘英丽，2009，《我为祖国献石油——大庆谱写世界石油产业奇迹》，《中国经济时报》9月21日。

张谊浩、陈柳钦，2004，《经济全球化背景下的经济制度变迁》，《上海行政学院学报》第2期。

张永宏主编，2007，《组织社会学的新制度主义学派》，上海人民出版社。

章迪诚，2006，《中国国有企业改革编年史》，中国工人出版社。

赵宏图、李荣，1999，《建立我国战略石油储备势在必行》，《国际石油经济》第2期。

赵颉，1999，《二十年石油和化工引进外资成绩斐然》，《中国石油和化工》第1期。

赵庆诗，2008，《20世纪70年代石油危机与美国石油安全体系：结构、进程与变革》，博士学位论文，复旦大学。

赵秀娟，2009，《对外开放先行者——访原石油工业部副部长、中国海洋石油总公司第一任总经理秦文彩》，《中国石油企业》第9期。

赵振智、姚文俊，2008，《我国石油工业的国际化经营之路》，《石油教育》第2期。

赵志敏、殷建平，2007，《三大集团稳健拓展国际化经营》，《中国石油和化工》第15期。

钟飞腾、林峰，2006，《石油中国》，中华工商联合出版社。

中国人民银行塘沽中心支行课题组，2005，《拓宽资本流出渠道，实施海外股权并购：谈我国石油企业"走出去"的必经之路》，《华北金融》第8期。

周立等，2007，《我国成品油定价机制改革回顾与前瞻》，《中国石化》第01期。

周清杰，2009，《谁为高油价埋单》，《中国报道》第8期。

周石生，2008，《"嵌入型"集群红外资企业与本土企业的发展》，《中国商界》第8期。

周雪光，2003，《组织社会学十讲》，社会科学文献出版社。

周耀东，2000，《市场竞争和政府管制——中国产业组织理论问题的综述》,《上海经济研究》第 11 期。

周耀东,2002,《现代产业组织理论的沿革和发展》,《经济评论》第 4 期。

朱芳,2004,《关于我国石油企业跨国经营战略的思考》,硕士学位论文,
　　西南石油大学。

朱和,2005,《正视我国成品油零售市场的开放》,《中国石油和化工》第
　　1 期。

朱华晟,2004,《浙江传统产业集群成长的社会网络机制》,《经济经纬》
　　第 3 期。

朱瑜等,2008,《产业网络中嵌入影响机制及其效应研究》,《科技管理研
　　究》第 2 期。

诸文娟、刘宏伟,2006,《中国石油行业产业结构分析》,《资源与产业》
　　第 5 期。

祝灵君,2003,《政治学的新制度主义:背景、观点及评论》,《浙江学刊》
　　第 4 期。

宗禾,2004,《让石油定价机制更科学》,《经济日报》5 月 11 日。

Andrea Boltho. 1985. "Was Japan's industrial policy successful?", *Cambridge
　　Journal of Economics* 9: 187 – 201.

Bat Batjargal & Mannie M. Liu. 2002 . "Entrepreneurs' Access to Private Equity
　　in China: the Role of Social Capital," *William Davidson Working Paper*,
　　April.

Bat Batjargal. 2003. "Social Capital and Entrepreneurial Performance in Russia:
　　a Longitudinal Study", *Organization Studies* 4: 535 – 556.

Bernard D. Cole. 2003. "Oil for the lamps of China—Beijing's 21st – Century
　　Search for Energy," *Institute for National Strategic Studies*, National De-
　　fense University McNair, Paper 67.

Brian Uzzi. 1996. "The Source and Consequences of Embeddedness for the Eco-
　　nomic Performance of Organizations: the Network Effect," *American Socio-
　　logical Review*, Vol. 61, No. 4, pp. 674 – 698.

Brian Uzzi. 1999 . "Embeddedness in the Making of Financial Capital: How So-
　　cial Relations and Networks Benefit Firms Seeking Financing," *American*

Sociological Review, Vol. 64, No. 4, pp. 481 – 505.

Bruce Blair, Chen Yali & Eric Hagt. 2006. "The Oil Weapon: Myth of China's Vulnerability," *China Security*, pp. 32 – 63.

Burt, R. S. 1992. *Structure Holes: the Social Structure of Competition*. Harvard University Press.

Christian Lechner & Michael Dowling. 1999. "The Evolution of Industial Districts and Regional Networks: the Case of The Biotechnology Region Munich/Martinsried," *Journal of Management and Governance*, 3: 309 – 338.

Chyau Tuan & Linda F. Y. Ng. 1995. "Evolution of Hong Kong's Electronics Industry Under a Passive Industrial Policy," *Managerial and Decision Economics*, Vol. 16, No. 5, Special Issue: *Hong kong: The Economy in Transition*, pp. 509 – 523.

Don E. Waldman & Elizabeth J. Jensen. 2007. "Industrial Organization: Theory And Practice," *Addison-Wesley*.

Doron, G. 1979. "Administrative Regulation of an Industry: The Cigarette Case," *Public Administration Review*, Vol. 39, No. 2, pp. 163 – 170.

Erica S. Downs. 2004. "The Chinese Energy Security Debate," *The China Quarterly*, 177: 21 – 41.

Gao Shixian. 2002. "The Review and Evolution on Energy Strategies and Policies," *China National Energy Strategy And Policy* 2020.

Ghosh, D. N. 1992. "Free Marketism: Precept and Practice," *Economic and Political Weekly*, Vol. 27, No. 18, pp. 927 – 928.

Giovanni Dosi & Richard R. Nelson. 1994. "An Introduction to Evolutionary Theories in Economics," *Evolutionary Economics*, 4: 153 – 172.

Giovanni Dosi & Sidney G. Winter. 2000. "Interpreting Economic Change: Evolution, Structures And Games," http://www. lem. sssup. it/WPLem/files/2000 – 08. pdf.

Granovetter, M. & R. Swedberg. 1992. *The Sociology of Economica Life*. Boulder, Colorado: Westview Press.

Haijiang H. Wang. 1999. *China's Oil Industry and Market*, ELSEVIER.

Harold Demsetz. 1971. "On the Regulation of Industry: a Reply," *The Journal of Political Economy*, Vol. 79, No. 2, pp. 356 – 363.

James R. Lincoln et al. 1996. "Keiretsu Network and Corporate Performance in Japan," *American Sociological Review*, Vol. 61, No. 1, pp. 67 – 88.

Jin Zhang. 2004. *Catch-up and competitiveness in China: the Case of Large Firms in the Oil Industry.* London & New York: Routledge Curzon.

Joel M. Podolny & Karen L. Page. 1998. "Network Forms of Organization" *Annual Review of Sociology*, 24: 57. 76.

John Humphrey. 2003. "Globalization and Supply Chain Networks: the Auto Industry in Brazil and India", *Global Networks* 2: 121 – 141.

John L. Campell. 1998. "Institutional Analysis and the Role of Ideas in Political Economy," *Theory and Society*, Vol. 27, No. 3, pp. 377 – 409.

Jones, S. R. H. 1999. "Government Policy and Industry Structure in New Zealand, 1900 – 1970," *Australian Economic History Review*, Vol. 39, No. 3.

Kenneth Kraemer & Jason Dedrick. 2001. "Creating a Computer Industry Giant: China's Industrial Policies and Outcomes in the 1990s," http://escholarship. org/uc/item/7x26b75s, June.

Mamata Parhi, "Dynamics of Inter-firm Linkages in Indian Auto Component Industry: a Social Network Analysis," http://www. druid. dk/conferences/winter2005/papers/dw2005 – 341. pdf.

Manfred Neumann. 1990. "Industrial Policy and Competition Policy," *European Economic Review*, 34: 562 – 567.

Mark Granovetter. 1985. "Economic Action and Social Structure: The Problem of Embeddedness," *The American Journal of Sociology*, Vol. 91, No. 3, pp. 481 – 510.

Mark Y Wang. 2002. "The Motivations Behind China's Government-Initiated Industrial Investments Overseas," *Pacific Affairs*, Vol. 75, No. 2, pp. 187 – 206.

Nitin Nohria & Carlos Garcia-Pont. 1991. "Global Strategic Linkages and Industry Structure," *Strategic Management Journal*, Vol. 12, Special Issue: Global Strategy, pp. 105 – 124.

Paul Windolf & Jurgen Beyer. 1996. "Co-operative Capitalism: Corporate Networks in Germany and Britain," *British Journal of sociology*, Vol. 47, Issue no. 2, June.

Peter Nolan. 2002. "China and the Global Business Revolution," *Cambridge Journal of Economics*, 26: 119 – 137.

Philip Andrews-speed, Stephen Dow & Zhiguo Gao. 2000. "The Ongoing Reforms to China's Government and State Sector: the Case of the Energy Industry," *Journal of Contemporary China*, 23: 5 – 20.

Richard R. Nelson. 1995. "Co-evolution of industry structure, Technology and Supporting Institutions and the Making of Comparative Advantage," *International Journal of the Economics of Business*, Vol. 2, No. 2.

Robin Pearson & David Richardson. 2001. "Business Networking in the Industrial Revolution," *Economic History Review*, 4: 657 – 679.

Sanjaya Lall. 1995. "Malaysia: Industrial Success and the Role of the Government," *Journal of International Development*, Vol. 7, 5: 759 – 773.

Sanjaya Lall. 2004. "Reinventing Industrial Strategy: the Role of Government Policy in Building Industrial Competitiveness", *G – 24 Discussion Paper Series*, United Nations, April.

Shelby D. Hunt & Robert M. Morgan. 1995. "The Comparative Advantage Theory of Competition," *Journal of Marketing*, Vol. 59: 1 – 15.

Stephen P. Borgatti & Pacey C. Foster. 2003. "The Network Paradigm in Organizational Research: a Review and Typology," *Journal of Management*, 6: 991 – 1013.

Susan Helper & Janet Kiehl. 2004. "Developing Supplier Capabilities: Market and Non-market Approaches," *Industry and Innovation*, Vol. 11, No. 1/2, 89 – 107.

Tatsu kambara & Christopher Howe. 2007. *China and the Global Energy Crisis: Development and Prospects for China's Oil and Natural Gas*, Edward Elgar.

Thomas Koenig & Robert Gogel. 1981. "Interlocking Corporate Directorships as a Social Network," *American Journal of Economics and Sociology*, vol. 40, No. 1, pp. 37 – 50.

Uzzi, B. , & Gillespie, J. 1999. "Corporate Social Capital and the Cost of Financial Capital: an Embeddedness Approach," in R. Leenders, & S. Gabbay (eds.), *Corporate Social Capital and Liability*. Boston, MA: Kluwer Academic Publishers, pp. 446 – 459.

Vernon Henderson. 1997. "Externalities and Industrial Development," *Journal of Urban economics*, http: // www. huduser. org/ periodicals/ cityscpe/ vol1num1/ ch5. pdf.

Victor Nee. 1989. "A Theory of Market Transition," *American Sociological Review*, 54, 5: 663 – 81.

William J. Baumol. 1982. "Contestable Markets: an Uprising in the Theory of Industry Structure," *The American Economic Review*, Vol. 72, No. 1 pp. 1 – 15.

Winter, S. G. et al. 2003. "A Baseline Model of Industry Evolution," *Journal of Evolutionary Economics*, 13: 355 – 383.

Xin Ma & Philip Andrews-speed. 2006. "The Overseas Activities of China's National Oil Companies: Rationale and Outlook," *Minerals & Energy*, Vol. 21. No 1: 17 – 30.

Yanrui Wu. 2003. "Deregulation and Growth in China's Energy Sector: a Review of Recent Development," *Energy Policy*, 31: 1417 – 1425.

Ziad Haider. 2005. "Oil fuels Beijing's New Power Game," March 11.

后　记

　　本书是我博士学位论文修改后的作品，也是我在上海大学社会学院刻苦研究和学习的结晶。之所以在八年之后才着手将博士论文出版，一个主要的考虑是对自己的学术训练和学术积累仍然不够自信。确实也如此，最初着手修改书稿时，我会觉得自己当年的写作实在是难以翻读，文字粗糙、思想幼稚。当然，无论如何，这个是自己曾经辛辛苦苦努力的产物，仍然觉得倍加珍惜。

　　本书的议题聚焦于中国石油产业的发展变迁，运用组织社会学决策分析的基本推论方式考察和揭示产业变迁背后所隐含的权力游戏机制，试图呈现一种不同于市场、制度与网络等视角的产业分析路径。不管理论上的目标是否真正达成，但这确实体现了我个人的一种企图，即尝试将经济社会学的制度学派与法国组织社会学的决策分析在方法论及分析方式上加以融合。

　　本书的成稿得到了太多师友的帮助。诚挚感谢上海大学社会学院李友梅教授、刘玉照教授对我的巨大帮助和无微不至的关心，两位导师改变了我的人生命运，使我能够不断进步；真心感谢美国杜克大学社会学系的高柏教授在我访学期间给予的非常周到的关心和指导；由衷感谢新加坡国立大学冯秋实老师、吉林大学董运生老师、上海财经大学刘长喜老师、上海社科院张虎祥老师、南京工业大学童宗斌老师、上海交通大学韩瑞霞老师、上海商学院张莉老师、上海财经大学马俊玲老师、中央财经大学李国武老师等师友曾经给予的重要鼓励和交流。此外，还有很多老师和朋友也对本书的内容给予过很多重要的建议，也一并表示感谢。

　　本书能够出版，还要感谢社会科学文献出版社胡庆英、冯莹莹等老师的辛苦工作，谢谢！

　　最后，我要对我的父母、妻子和女儿表示深深的感谢，谢谢他们的默默支持。

　　由于本人学术能力有限，书中难免有错误、疏漏之处，恳请学界同人批评指正。

梁　波

2018 年 9 月 3 日

图书在版编目（CIP）数据

石油产业发展的组织社会学分析／梁波著． -- 北京：
社会科学文献出版社，2019.5
（南昌大学社会学文库）
ISBN 978 - 7 - 5201 - 3928 - 1

Ⅰ.①石… Ⅱ.①梁… Ⅲ.①石油工业 - 工业发展 -
组织社会学 - 研究 - 中国 Ⅳ.①F426.22

中国版本图书馆 CIP 数据核字（2018）第 264984 号

·南昌大学社会学文库·
石油产业发展的组织社会学分析

著　　者／梁　波

出 版 人／谢寿光
责任编辑／胡庆英
文稿编辑／冯莹莹　胡庆英

出　　版／社会科学文献出版社·群学出版分社（010）59366453
　　　　　　地址：北京市北三环中路甲 29 号院华龙大厦　邮编：100029
　　　　　　网址：www.ssap.com.cn
发　　行／市场营销中心（010）59367081　59367083
印　　装／三河市尚艺印装有限公司

规　　格／开　本：787mm × 1092mm　1/16
　　　　　　印　张：14.25　字　数：228 千字
版　　次／2019 年 5 月第 1 版　2019 年 5 月第 1 次印刷
书　　号／ISBN 978 - 7 - 5201 - 3928 - 1
定　　价／79.00 元

本书如有印装质量问题，请与读者服务中心（010 - 59367028）联系